开个小店

个人创业者避坑指南

沈帅波 著

中国经济出版社
CHINA ECONOMIC PUBLISHING HOUSE
·北京·

图书在版编目（CIP）数据

开个小店：个人创业者避坑指南／沈帅波著. --
北京：中国经济出版社，2023.10（2024.1 重印）
ISBN 978-7-5136-7497-3

Ⅰ. ①开… Ⅱ. ①沈… Ⅲ. ①商业经营－经验 Ⅳ.
① F715

中国国家版本馆 CIP 数据核字（2023）第 183030 号

责任编辑　黄傲寒
责任印制　马小宾
封面设计　任燕飞装帧设计工作室

出版发行　中国经济出版社
印 刷 者　北京富泰印刷有限责任公司
经 销 者　各地新华书店
开　　本　710mm×1000mm　1/16
印　　张　18.25
字　　数　274 千字
版　　次　2023 年 10 月第 1 版
印　　次　2024 年 1 月第 3 次
定　　价　68.00 元
广告经营许可证　京西工商广字第 8179 号

中国经济出版社　**网址** www.economyph.com　**社址** 北京市东城区安定门外大街 58 号　**邮编** 100011
本版图书如存在印装质量问题，请与本社销售中心联系调换（联系电话：010-57512564）

作者自序

记录创业时代的每一个角度

我写过很多文章和书，其中不乏所谓高屋建瓴的，不乏仿佛站在“上帝视角”的经济分析、商业战略分析。它们中有的被数以千万计的高管和企业家阅读，有的被各大企业内部当作解读当下中国经济的重要参考。但我想，这些都不足以实现我的野望——做一个真正的用户视角的、接地气的、穿越周期的商业观察者。

我想其中一定是缺少了什么。后来，随着我游历了越来越多的地方，见到了越来越多的人，我发现，那缺少的东西，便是回到每一个创业传奇的起点。

我由于运气的缘故，所接触的企业家和企业大多数都已经在各自的领域成了头部。但更多普通人的梦想，都是开一个小店，创立一个小公司。我想，在中国传统的成王败寇逻辑中，这些故事缺少人来记录。这世界上更多的人，没有那些波澜壮阔的改变命运的契机，但他们的奋斗本身依然值得被尊重和记录。他们是爱他们的人和他们爱的人的爸爸妈妈、兄弟姐妹。他们也曾仰望星空和脚踏实地。对更多人而言，他们的故事，有比所谓的伟大的创业故事更大的启发意义。

这就是这本书的意义所在。

这本书中的每一个故事都来源于真实的粉丝投稿。他们中有人怀揣着赤子之心，有人肩负着养家糊口的责任。有人屡败屡战，是真正的乐观主义者。他们中还有人永不妥协。他们在很多维度上并不比我所认识的商业大人物们差。

这本书中有很多 MBA 课程不会告诉你的，也不会关心的街头智慧。但我想，这些正是在中国做生意的必须技能。

这本书记录了很多失败，而失败在很多人眼中是不值得被记录在书上的。但我认为，这些失败能够给每一个想创业的朋友足够多的启迪，它们的价值或许远高于成功。

这本书描述了很多细节，这些细节是我认为最动人的部分。真正的创业从不只是自上而下的推论，而是一个又一个真实的、想当然导致的坑，和一次次不懈的填坑。是一次次打破自己错误认知的过程，是一次次对抗自身劣根性的过程。

这本书里有饭店、咖啡店、书店、洗衣店等，满足你一切创业想象的案例。如果你看完了还是想去创业，就一定要去做！

这本书中的大多数故事在我的长视频账号上都有解读版。很高兴这个栏目在各大平台吸引了超过 500 万名观众，播放量突破 1 个亿。

但文字版进行了深度的再创作，根据文字和视频的信息接受形态不同，进行了深度调整。

我相信，每一个能看到这篇序言的朋友，都怀揣着拥有自己的一方小天地的梦想。祝你前程似锦！前路光明！

沈帅波

2023 年 10 月 12 日

推荐序一

让我们开个小店，少年与海，踏歌而行

“小店”是个巨大的生态系统，尤其是在餐饮业。

中国餐饮连锁店经过最近10年的高速发展，连锁率却也只有不到20%，与发达市场的40%相比，至少还有一半的路要走。

这意味着，数以百万计、大约80%的餐厅，都是以两三家甚至一家的个体店面形式而存在的。它们是整个餐饮业态中，竞争最为白热化、“内卷”最为严重、生命周期交替最为频繁的绝大多数。

在刚刚经历的新冠疫情期，连锁率数字的上涨背后或许还有一个残酷的真相，那就是伴随史无前例的倒闭潮而成的“水落石出”效应。也就是说，连锁店死亡数量多了，存活数量没增加，于是比例被扩大了。

小店凋零逝去，也让整个世间失去了烟火气。

然而，肉眼可见，小店创业者仍在前仆后继。大环境下，各行各业出现了“人才挤出”效应，“大厂离职青年”“中产创业者”纷纷盯上了现金流看似诱人的餐饮业。

而同时，作为餐饮“小白”，他们也往往被赋予了某种“论茬生蔬菜”的抬头。

可以预见，未来几年的餐饮业中，他们的鱼贯而入，将

会制造大量的供应链需求，极大促进产业链上游的成熟增长；也会制造大量的加盟需求，进一步利好加盟连锁品牌规模扩张。

这也是过去 3 年，很多加盟品牌异军突起，甚至冲击、超过万店规模的原因。

在广阔而肥沃的加盟赛道，创业者最容易踩进“一将功成万骨枯”的死亡陷阱。当然，陷阱也会孕育新物种，就像这本书的作者、我的好友沈帅波，当年还不是加盟的奶茶店、馄饨铺悉数阵亡，才成就了今天一代知名“破产财经作家”。

我见过搞餐饮失败后搞培训、搞咨询的，但搞成知名财经作家的，他还是第一人。

当我像往常看他的文字一样，认真痛快读完这本书时，便第一时间直呼：值得推荐给所有“韭菜”，哦不，是所有想干餐饮的小白们！

这本书是一位亲身被市场的镰刀“割”过的人，真诚告诫各位小白的防割指南。当然，如果你真的热爱餐饮业，已决定投身餐饮业，这也是一本必读的扫盲手册。

让我们开个小店，少年与海，踏歌而行。迎接行业“内卷”与理性消费并行，大浪淘沙中，曲折前进的餐饮业新周期正在到来。

餐饮老板内参创始人／秦朝

2023 年 5 月 13 日于北京

推荐序二

开个小店，忙时迎客，闲时生活

小店经济一直是商业世界的一个奇珍异宝。

开个小店，是多少人的“出世避喧”之选？

开个小店，是多少人的“入市谋生”之择？

收到波波的《开个小店：个人创业者避坑指南》，我几乎是一气呵成读完了全本。波波以风趣的口吻讲述着鲜活的故事，讲述着烟火小店背后亦有深刻的商业逻辑、通透的人情世故；揭示着“开个小店”的人，一半是出于兴趣，却还有一半是为了谋生。

感谢波波带领我们走进小店创业者的世界，让我们有机会与那些勇敢逐梦的人分享小店创业者的故事、挑战和胜利。在这本书中，我们将领略小店经济独特的文化和人情味，感受到小店经济的商业创新和灵活性，领悟到小店经济背后深厚的商业本质。

最终，无论我们是否选择开个小店，都祝愿我们拥有心中的温暖小店，怀揣美好的梦想，忙时迎客，闲时生活，每一天都充满希望！

微盟集团副总裁／凌芸

2023 年 9 月 27 日

目录 CONTENTS

岁月静好，只因有人替你踩过那些坑

柳暗花明，前人创业逆袭致富有心经

标签阅读指南

定位

恶性竞争

非可抗力

风口

供应链

合伙人

经营模式

赛道选择

行业规则

选品

选址

岁月静好，
只因有人替你踩过那些坑

小龙虾馆：天时难，地利难，人和也难

从年入 14 亿元，到拖欠农民工工资，小龙虾馆馆主、美食界“老炮”破产的背后，一条外表无比光鲜、实则困难重重的产业链渐渐浮出水面……

01 百万错觉

世界上，有一种错觉叫作“感觉对方一天能做好几百万元的流水”。这种错觉经常出现，尤其在你看到近几年的夏季龙虾馆生意火爆、食客人挤人的时候。这大概就叫作“可视范围内的巨大偏见”吧。

长沙是吃小龙虾的好地方。我上次去长沙，问了一圈业内人士关于这行经营的一些情况。“‘小龙虾自由’的背后其实就是一个字——难！天时难，地利难，人和也难。”这个火了 7 年的网红餐品，看起来生意兴隆，实际收益却远没有一般人想象中那么好。

一句话，开龙虾馆有风险，入行须谨慎！

02
需求惊人

让我们先把目光聚焦到街头餐馆里小龙虾的价目表。以浙、沪为例，在没有自主品牌的街头小店里，一些小虾的价格大约是 100 元 /3 斤。当然，去掉头的话估计就剩下 1 斤了。在大众点评 App 上，小龙虾馆里小龙虾的价格在人均 150~200 元。

然而，这远比奶茶要高出数倍甚至数十倍的客单价根本挡不住食客们对小龙虾的狂热。有需求自然就有供给。《中国小龙虾产业发展报告（2020）》显示，中国小龙虾产值从 2016 年的 564.1 亿元，上涨到了 2019 年的 4110 亿元，足足翻了 7 倍。仅 2018 年食客在外卖平台上就吃掉了约 4.5 万吨小龙虾，虾壳连起来可以绕赤道近 3 圈。

03
季节玄学

我有一位开龙虾馆的朋友，以下简称高老板。高老板在餐饮行业摸爬滚打十几年，目前算是长沙小龙虾餐饮业内叫得上号的人物。他 2016 年开店，多年过去了，生意做得相当克制，只发展了 40 多家连锁店。

然而，即便是这样的老牌餐饮企业，至今的营收情况仍然是赚 5 个月，平 4 个月，亏损 3 个月。为什么会这样呢？因为消费小龙虾的季节性实在是太强了，旺季只有 5 月到 9 月。运气好的时候盈亏持平，运气差一些的时候就免不了亏损。这或许就是小龙虾行业所面对的第一个世纪难题——“天时难题”。

若只经营小龙虾这一个品类，一年之中只有 5/12 的时间是能赚钱的，很难持续经营下去。因此，大部分街边小店都是旺季卖虾，淡季换成火锅、羊蝎子、烤肉等品类。越来越多的餐馆甚至只是把小龙虾当作引流菜来卖。

小龙虾的价格受到季节影响，波动非常大，就和股价一样跌宕起伏，原因主要在于养殖端。早春和晚秋的小龙虾进货成本非常高，而且供应量小，食客也少。

04
三六九等

说到进货，自然要说到小龙虾行业所面对的第二个世纪难题——“地利难题”。在讨论这个问题之前，我想请大家回答另一个问题：当你吃小龙虾的时候，你吃的究竟是什么？当然你吃的肯定不是寂寞。我想知道的是，你吃的是线下龙虾馆、美团 / 饿了么上的外卖，还是直播平台或者电商平台上卖的类似 99 元 /3 斤的小龙虾？要知道，不同渠道的小龙虾定价区段、目标群体和应用场景差别很大。与此同时，小龙虾产地很多，且品质分三六九等，这里面水自然就很深了。

众所周知，很多街边店都会把龙虾产地当作招牌。比如冠以“盱眙龙虾”之类的名号，就能卖得稍微贵一些。但其实，普通的小店很难买到好虾，或者只能买到大餐饮公司挑剩的虾品，更有甚者还被中间商坑蒙欺骗。

说起小龙虾产区，有名气的其实就那么几个：要么是苏系（以江苏盱眙、南通、兴化、金湖为主产区），要么是赣系（以鄱阳湖为主产区）。这些地方的中小型公司主要靠入股小龙虾产地的工厂或派出买手团队定向采购来获得货源，且往往签订排他合同以确保自己门店的货源充足。像大家熟知的盒马鲜生这种级别的企业就会在小龙虾的名产地布局买手团队采买、挑选优质小龙虾，作为开店“散户”，你是很难在这方面有竞争力的。①

活虾的价格分为三类，个头小的 10 多元 / 斤，稍大的 30 多元 / 斤，个头再大一些的 50 多元 / 斤，挑拣剩下的死虾会被再次分拣。个头大的、虾尾有弹性的，迅速去掉虾头，以 20 元 / 斤的价格卖给餐馆做虾球（注意了，小龙虾是个“期货”，价格每年都不一样）；个头小的，或者死的时间

① 注：资料来源于扬子晚报《全面进驻南京盒马，盱眙龙虾“二次创业”开启加速度》。

较长，虾壳有些变形、烂掉的，则会单独放进一个盆里，有专人来收购，2~3 元 / 斤。收购人的说法是“用来当饲料”，至于是不是真的当饲料，就难说了。由于小龙虾死后气味很重，一般使用这类虾品的龙虾馆会将其去掉头部，保留尾部的肉，佐以大量的油以及调味料来掩盖气味。所以有些外卖和电商平台卖的价格很低廉的小龙虾嘛，可以说是一言难尽了……

高老板对我说，如果虾的品质一般，点外卖就千万不要点蒜蓉口味的，因为相对麻辣口味，蒜蓉口味要做得好吃难度很高。

05 巨头破产

还有一个连高老板这样的小龙虾领域的“高级玩家”都解决不了的问题——小龙虾的供应链问题。损耗是小龙虾运输中难以避免的问题。由于小龙虾在物流运输过程中会互相残杀，所以最终到达目的地时会产生 1/6~1/5 的损耗。虾农在交付的时候一手交钱一手交货，这些损耗就被摊到了中间商头上。当然，在末端还是由接盘侠买单。如果物流中加入水和泥鳅来提高小龙虾的存活率，中间商通常会加上水和泥鳅的等比例价格来出售。于是，到达目的地时，成交价格往往就翻了 1 倍（这里还没有涉及中间商赚差价的问题）。

那么有没有企业尝试过解决这些问题呢？我想给大家讲一个真实的故事，这个故事要从小龙虾界赫赫有名的某个小龙虾品牌说起。

某品牌主营小龙虾和川渝系风味菜，经营了大约 20 年，事业巅峰期全国有上百家门店，还拿过 3 轮融资，融资金额达 3 亿元。但就是这种级别的餐饮“老炮”，竟然在 2019 年资金链断裂，不仅拖欠的员工工资、供应商款项、债务加起来高达上亿元，而且大部分的线下门店都关闭了。其老板更是被列为失信被执行人。

该品牌的资金链断裂，主要原因在于，它想要解决小龙虾从养殖到门店的供应链问题，但需要投入的资金成本，实在太高了。

前文已经说过，小龙虾市场价格波动非常大，这个波动从本质上看，主要是受到了供应链的影响，比如早春和晚秋产量小且成本高、产销渠道不够透明、工业化程度低、配送成本高、配送难度大等。

该品牌选择把解决方案放到埃及——就是那个有金字塔的埃及！我们经常在网上看到海外某个地方小龙虾泛滥，当地居民直呼应该让中国人帮忙解决问题的玩笑话，该品牌却把这句玩笑话变成了现实。小龙虾作为外来入侵物种来到了埃及，尼罗河水温适宜且盛产小龙虾爱吃的罗非鱼鱼苗，导致小龙虾在这里“快落地成长”……但跟国内不同的是，埃及人不吃小龙虾，而吃罗非鱼，这就导致尼罗河的小龙虾泛滥，而罗非鱼产量大大降低。

得天独厚的养殖环境加上相对低廉的人工费，让埃及的小龙虾成本价只有 3 元 / 斤，从埃及开罗机场到北京首都机场航空费是 3 美元 / 公斤，加上清关费 1.2 美元 / 公斤，合计成本也就 18～19 元 / 斤。同比国内早春、晚秋时节 70～80 元 / 斤的成本价，简直太便宜了。该品牌老板在尼罗河一下子开了 4 个小龙虾加工厂，又耗资 1 亿元打造了从埃及到中国的小龙虾专属航线。但这种供应链搭建简直就是吞金兽，好不容易折腾下来，却发现一堆问题，成本也没有预期中那么低。最大的问题在于小龙虾品质在国外比在国内更难控制，且在国内小龙虾养殖高峰的 6—8 月期间，埃及虾的成本反而比国内贵了不少……

当然，该品牌的衰败不只是供应链的问题，还涉及许多其他因素。转型后入驻高端商场，也是一个重要的原因。要知道，这跟一些面馆做消费升级是两回事。面馆把自己的店开进了商场，再搞搞装修和故事包装，就完成了消费升级，产品单价从 15 元升级到了 30 元。小龙虾就不同了，它的夜宵属性非常重，但大部分商场的营业时间为晚上 10 点前。哪怕晚上 10 点前商场的生意流量特别好，也难免将夜场小龙虾食客挡在了商场之外，从而无法抵消租金高、营业时间短的影响。当然，拥有庞大体量的该品牌并没有因此气数全尽，外卖业务得以保留，可以说是不幸中的万幸。

06
人的因素

一切生意的问题除天时、地利之外，根本上还有人的因素。小龙虾行业还面对着第三个世纪难题——“人和难题”。

第一是竞争导致小餐馆的生存空间不断遭到挤压。一些专门经营外卖业务或纯电商业务的店，为抢夺市场份额打起了价格战，以它们的体量，能把价格压得非常低，其中有的甚至低过了常规虾子的成本价。

不过，虽然有外卖和电商之类的渠道给线下小店压力，但是这对诸如高老板一样的经营者的影响并不太大。因为高老板的店主营大虾子，这类虾子本身价格就比较高，一般涉及的场景就是宴请、商务社交。然而，绝大多数的街头小店就没这么幸运了，面临轰轰烈烈的价格战，压力自然倍增。街头小店的消费人群与电商外卖的消费人群重合度很高，而价格则是这些消费者进行抉择的第一关注点。所以有开龙虾馆想法的人，面临的首要问题，就是该怎么应对价格战。

第二是街边小店的龙虾好不好吃全看厨师。这是因为龙虾本身腥味少而且做法多，对厨师的依赖度极高。有些店里还为此专门雇用了负责烧虾的厨师。

依旧以高老板为例，他的解决方法就是砸钱。砸钱进行酱料研发，再以中央厨房的形式把酱料送到全国各地的门店。他凭借这样的生产模式，把对厨师的依赖度降到最低。但是，采用这种解决方法的基础必然是一定的门店体量和资金能力，普通小店创业者可能根本无法借鉴。于是，砸钱雇用大厨成了他们的最后一根救命稻草，毕竟独家味道和大路货味道还是有一些区别的。据我所知，有一些店里，烧虾的厨师年薪在 15 万元以上，而且老板包吃包住。这个收入其实是相当不错的，相当于在上海年入 25 万元左右。但是如果小体量的创业者完全把龙虾馆的命运寄托在厨师身上，那又很有可能迎来种种悲催的结局……所以利益分配和激励制度就显得格外重要了，提高厨师对店铺的忠诚度，才不会陷入人走茶凉或者被挖墙脚的境地。

总之，小龙虾市场曾经的巨擘都落得惨淡收场，足见小龙虾这趟水，可不是简简单单就能蹚过的。由此可见，做生意是不能一头热的。参与者越扎堆的赛道，问题可能也就越多。就像小龙虾这一行，“里面的人想出来，外面的人想进去”，活脱脱一座围城。依我看，小龙虾这个赛道，还是可以入的，但需要看清问题，想好解决方案，再开始投入，这样生意才能做得稳当。

汉堡店：
十座美食城，九座都是坑

当年靠运气赚的钱，现在靠实力赔掉。为了不让更多人重蹈覆辙，我特意编写了这份避坑指南……

01
避坑指南

几乎每个做生意的人都想避坑，但总有一些人前赴后继地跳进同一个坑。

事情就是这么凑巧，短短的半年时间内，我身边就有三位朋友跳进了同一个坑。

第一位朋友 Jesse，在某高档写字楼边上的美食城里开了一家快餐店。本想着吸引白领们来吃饭，带动带动人气，但后来发现每天真正有效的营业时间只有午休的两个小时，其他时间快餐店基本处于无人问津的状态。这么算下来，每个月付了全额房租，但真正有效的营业时间只有 21×2=42 小时（按照平均每月 21 个工作日来计算）。

第二位朋友虾虾很有生意头脑，三年前选择了某地铁口的美食城，开了一家奶茶店。本来以为地处要塞，占据了出站的必经之路，肯定食客络绎不绝；然而事与愿违，不到两年的时间，该地铁站新开了一个更为便捷的出口。这样一来，必经之路变成鸡肋，客流量优势几乎消失，这第三年的生意，想当然就是一个“亏”字。

同样是“三年之痒”，这个悲剧又在我的第三位朋友身上发生了一次。这位朋友自称阿汤哥，他选择了一座地理位置相对优越、交通便利的美食城，开了一家手抓饼店。但是人算不如天算，刚入驻没多久，店外的主干道就迎来了修路。这条漫漫长路一修就是三年，与他的租期重合了80%。这家手抓饼店的经营状况也就可想而知了。

上述三个案例中，别看美食城都不是导致“破产”的最终因素，但是你发现没有，这些小店都将美食城作为“选址最爱”。这年头的餐饮行业很难绕开“美食城”这三个大字。不过美食城的水其实很深，在入驻之前，你必须考虑好以下问题。

一是地段问题。无论你的店铺主打线下用餐还是线上外卖，美食城的地段问题都是至关重要的。如果周边地区人烟稀少，那么生意就很难做。

二是高峰期问题。如果你想入驻的美食城周围只有写字楼，没有社区，那么你很有可能会落入高峰期陷阱，即用全额房租换来某一个固定高峰时段的有效营业，而其余时段却被温水煮了青蛙。

三是成本问题。美食城里油烟味很重，就餐体验不会太好，外卖业务就成了主要盈利点。跑量做外卖，就必须把成本压得很低，餐饮的品质很可能会打一些折扣，长此以往还是会损害口碑。

四是分流问题。美食城总体看起来面积不大，但因为每一个店面都比较小，所以，林林总总也有将近百家小店。人流分流到这么多店，其实分摊下来每家店没有多少。而且火的往往就那么几家，食客每次吃饭都要排队。所以我强烈建议大家，创业前去实地蹲点看看，蹲全天，或者更严谨一些，蹲一星期，基本上就看出来人流的实际情况了。

五是附加收费问题。许多美食城的餐具是统一回收进行清洁的，店主要支付一笔款给物业。这类附加收费无形中增加了创业者的成本。要想见招拆招，讨价还价的江湖生存本领必不可少。

02
汉堡恩仇录

给大家讲一个真实的故事。

小帅上大学期间，在学校附近的一家炸鸡店做过兼职，练就了做炸鸡和汉堡的手艺。大四实习的时候，正逢各大外卖平台烧钱抢占市场，他意识到了潜藏的商机——做外卖。

当时平台管理还不像现在这么严，没有什么严格的入驻条件。所以他和他们宿舍的几个人一起干，在校内租了一个研究生宿舍，月租只有几百元；买了两个电饼铛、一个插电的锅，用来煮鸡蛋、热牛奶，就这样开始了生意。

小帅店铺的餐品相对简单：当时他做手抓饼，都是买半成品，自己煎烤肠，放片生菜还有一些酱料；牛奶也是买袋装的，简单加热一下。最大的优势是价格不贵。平均一张手抓饼能赚 2 元钱，多的时候一天能接到大约 180 单，一单能挣三四元。这样的打法走的是薄利多销的路线。因为出餐速度快、送餐距离近，小帅的店铺一度在学校的外卖榜上位居第一。

想象一下，在那个网络游戏火遍大江南北的年代，许多同学宅在大学宿舍里打游戏。一间开在学校里、等待十几分钟就能由同学送货上寝室门的手抓饼店，简直是游戏爱好者梦寐以求的了。良心服务，一单起送，轻松搞定早餐问题，小帅的店铺当然格外受人欢迎。

大学的小创业成功，让小帅赚到了人生的第一桶金，也萌生了继续走餐饮这条路的想法。于是刚毕业的小帅，将目光放在了美食城上。

毕业后的小帅在大学城门口的地下美食城盘下了一家汉堡店。当时人流量很不错，送餐也方便，租金大约是 1000 元 / 月，完全在可以接受的范围内。这家店原先的店主是一位非常慷慨的大哥，在将店铺转让给小帅之后，又把自己的进货渠道分享给了小帅。大哥低价转让了全部炸鸡设备不说，还不收转让费。小帅接手店面之后，定做了几个广告牌，装修总共只花了几百元。又添置了一些设备，总费用只有七八千元。房租半年一付，每次付七八千元。这样算下来，你一定会觉得每年只需要花 15000 元左右，就能开一家店，实在是太划算了。但事实绝非如此。

我们不妨来算一笔账：每个汉堡成本 4~5 元，包括两片面包、中间的肉饼（成本在 2~3 元）、生菜以及酱料（不算人工成本和房租、物业等费用）。按照每个汉堡成品卖 8 元来算，每天可能也就 30~40 单，随后又增加了几种价格在十几元的套餐。算下来一单只能挣到 5 元左右，一天能挣 150~200 元，一个月也就 4500~6000 元。

除去房租水电，一个月只能剩下 2000~3000 元。再减掉衣食住行的支出之后所剩无几。每天十几个小时起早贪黑辛勤创业，一个月下来最多剩下 1000 元钱。对比每天工作 8 小时、月薪 3000 元的上班族，小帅的时薪明显更低。

由于当时生意比较差，小帅天天在柜台里发呆，观察美食城里其他店的销售情况。他与美食城里其他商户聊天得知，其中大部分创业的人，都是小打小闹的小商小贩，因为没有好看的学历，所以才在这里开店，天天起早贪黑，收入不稳定，保险福利都没有。

03
价格大战

看到这里，你不禁感到困惑：小帅为什么要定那么便宜的价格呢？这还得从他选址在美食城说起。他在美食城开了店才发现，之前上班时积累的炸鸡腿的经验早已不好使了。以前用的炸鸡锅非常大，而现在用的小锅，油的温度、炸的时间都不一样。面包放的时间久了就会发霉，一般只有几天的保质期。种种原因导致小帅在开业前期就浪费了很多原材料的钱，价值为五六千元。

另外，他的店的选址和定位驴唇不对马嘴——没人天天吃汉堡，一家汉堡店最适合开到商场里，让需要氛围感的情侣来消费。开在烟熏火燎的美食城里，食客肯定不会太多。好在后来有了外卖业务，情况才稍有好转。

炸鸡、汉堡的成本并不低，且原材料种类颇多：酱料、面包、汉堡中间的肉饼、鸡腿、鸡翅、各种包装袋、包汉堡的纸……一个鸡腿成本在 2 元左右，一箱一共 200 多个，进货少了人家根本不卖。当然也有进价便宜的鸡腿，但揣着良心做生意的小帅又不想降低品质。

再说说时间成本。炸鸡腿所需的时间比较长，需要将近 20 分钟，没有客人愿意等这么久。汉堡店每天晚上都会产生剩饭剩菜，小帅和伙计们为了省晚饭钱，总是内部消化这些食物，吃到恶心反胃。再加上小帅选址的美食城相对低端，8 元 / 个的汉堡，如果分量小了，客人肯定吃不饱。再看旁边一家卖面条的店，一份板面就卖 8 元，分量特别足。轰轰烈烈的价格战就此打响。

其实，现在回头看，毕业后小帅应该继续做下去，让小店慢慢升级正规化，租一个没有堂食的专门做学生生意的铺子接着做外卖。进驻这家美食城无疑是一个错误的决定，方方面面的弊端将小帅推向了破产之路。这就是我们常说的：努力不一定最重要，选择才更重要。

“目前已经回归打工人身份了，在三线城市一个月赚 6000 元，有保险，有房贷。日子过得很普通、很平淡。偶尔接点私活，自己做做视频账号，现在加入了考证一族，如果考过的话工资应该能到 8000～10000 元 / 月。”

“不要轰轰烈烈地去创业。要把创业当作副业，慢慢搞，水到渠成就变成主业了。大部分人的一辈子都很平淡，创业的时候大家都以为自己是主角，其实大家都是普通人。”

小帅如是说。

咖啡店：梦里文艺醒时难，三种困局各不同

一个残酷的现实就是，爱喝咖啡和开个咖啡店，还真不是一回事儿。

背后没有资本支撑的个人创业者将何去何从？

01 群雄逐鹿

网上有个段子说，文艺青年的三大创业杀手分别是：花店、书店、咖啡店。

但是对于咖啡有情怀与经营好一家咖啡店之间的距离，可能比地球到火星还远……

有人说这或许是因为年轻人过于理想主义，脱离了商业本身的逻辑，抱着一边赚钱一边享受的心态，自然容易亏损。但从接下来这几位粉丝朋友的真实经历来看，事实并非如此：这几位粉丝经营的咖啡店之所以倒闭，并不是因为他们缺乏商业逻辑。恰恰相反，他们每个人都经过了充分的调研和认真的思考，但终究难逃各种主客观因素的制约……

下面，我用三个经典案例，聊聊咖啡店这个已经被别人盘到“包浆”的经营品类以及它的生意经。不过在这之前，我们很有必要回顾一下国内咖啡行业的江湖历史。

相较于现在咖啡赛道的群雄逐鹿，其实，几年前咖啡市场的热潮尚未掀起……

当时，大部分都市白领的咖啡消费停留在星巴克、Costa 等比较大的品牌，还没有诞生瑞幸、Manner 等精品咖啡或是体验型咖啡品牌，国内咖啡市场可谓一片蓝海。

如今的咖啡江湖，不再有武林盟主倚天屠龙，反倒如同春秋五霸群雄逐鹿。如果你细心观察生活，便可以轻松发现当前市面上主流的咖啡店模式，大致可分为以下五种——

第一种是初代咖啡连锁品牌，以上岛咖啡为例，店里牛排、西餐、咖啡、奶茶无所不卖。

第二种是以星巴克为代表的“第三空间”，人们可以在店里闲聊、办公。

第三种是以瑞幸为代表的超小型门店，在城市中形成了巨大的网络。

第四种是超大型咖啡店，本质上已经不单纯是咖啡店了，还有场地租赁、活动承办的业务。

第五种是精品咖啡店，例如 Seesaw、Manner 等，其受众是对咖啡品质有更高追求的新中等收入群体。

02
C 端缺位

有个女人叫小贝，是一位野路子出身的“咖啡市场分析师”（玩笑）。

基于对咖啡行业敏锐的嗅觉，瞅准了商机的小贝毅然决定开一家属于自己的咖啡店。

在开店前，小贝了解到一些企业有很多团建、聚餐、开会、社交、派对、路演等活动相关的场地需求。因此，她将满足 B 端企业商务社交需求作为主打定位，在成都开了家超大型咖啡店，足有上下 4 层，总面积达 1000 平方米。

然而，门店从 2018 年 6 月 12 日开始营业，到 2022 年 1 月 24 日正式歇业，只存活了短短 3 年半的时间。

小贝前期投入了约 600 万元。其中最大的开支在店铺改造与装修上，为了追求温馨优美的环境，小贝一砸钱就超过 400 万元。

此外，大店的房租高达 15 万元 / 月，需要雇用 15~30 名员工，用人成本高达 15 万元 / 月。小贝前期还对员工进行了大规模培训，因此单月的运营成本高达 30 万元。

表 1-1　小贝的超大型咖啡店概况

小贝的超大型咖啡店	
门店概况	成都二级街道临街店铺，4 层楼，1000 平方米
成本结构	咖啡设备——40 万元
	面包机加各种各样的餐饮设备——40 万元
	家具器具——120 万元
	店铺改造和装修——超过 400 万元
	房租——15 万元 / 月
	人工——15 万元 / 月
	培训——10 万元
	总计——约 600 万元
市场定位	“咖啡店 + 场地租赁”的复合业态，主要面对 B 端用户的企业商务社交需求
波波点评	个人独立经营咖啡店，缺乏资本支持和抗风险能力。在新冠疫情后，C 端市场已经成为红海中的红海，小贝的超大型咖啡店很难调头

听到这，普罗大众的心都在滴血了。但好在巨额斥资的小贝也得到了不错的回报。

凭借“咖啡店 + 场地租赁”的复合业态，小贝收获了很多 B 端客户。当时许多互联网、地产、快消零售企业都来找她做空间租赁和活动策划的落地执行，咖啡店毛利可以达到 80%。小贝很快就赚到了第一桶金，在 2 年内就回本了。如果形势一直这么发展下去，其实这次创业可以说是非常成功的。

然而，命运的转折点不期而至。2020 年，新冠疫情来了，小贝的咖啡店直接停业了 3 个月，房租、工资、物料成本……全都像大山一样压在了小贝身上。

新冠疫情前，由于小贝在 B 端生意很好，所以忽视了在 C 端积累口碑。

而新冠疫情后，据小贝统计，B 端用户的消费频次降低了至少 70%，小规模的会议活动（20 人以内）复购频次只有 2~4 次 / 月，大型活动（50 人以上）基本归零。

靠着寥寥无几的 C 端业务，小贝几乎入不敷出。但坐以待毙没有用，小贝迅速展开自救，在大众点评、小红书、微博做线上推广，并研发了很多新品进行促销，然而都收效甚微。

当时，C 端生意已经是红海中的红海：追求品牌的人去了星巴克，追求性价比的人去了瑞幸，追求独特口感的人去了各种精品咖啡店。而小贝的超大型咖啡店其实很难调头，最终只能落入一个尴尬的境地。所以，在一段时间的苦苦支撑后，小贝选择了及时关店止损。

小贝的超大型咖啡店倒闭，背后不容忽视的因素是新冠疫情对于餐饮行业的无差别打击。在生死存亡之际，大多数咖啡店品牌能活下来，往往离不开资本的支持。而个人独立经营咖啡店，往往是缺乏这种坚强的后盾的。在这种“前有狼，后有虎，中间夹个二百五”的环境中，想要杀出一条血路，真是难上加难。

03
流量退潮

前面我们说过当下咖啡店的五大模式，然而，有一种跳出三界外、不在五行中的存在，那就是网红咖啡店。

如今你打开小红书搜索“咖啡店”，一定会发现各种 KOL 去网红咖啡店探店打卡的笔记。

这类咖啡店大多店面比较小，开在偏僻的社区或者弄堂里，经过改造后就会凭借独特的装修风格，成为吸引年轻人周末打卡拍照的胜地。

有这样一位女店主，她叫小 Y，她的网红咖啡店于 2021 年 5 月开业，至今仍在坚持营业。

小 Y 是一个出生于 1997 年的女孩，她本身就喜欢喝咖啡，并且也学过一些相关的课程。在上班 2 年后，她对工作产生了厌倦感，果断裸辞，并对开一家网红咖啡店信心满满。

因此，她一开始就是以开一家网红店为目标的，希望吸引年轻人打卡。

她选址在某一线城市中一个非常老的社区。她盘下的店铺原先是一家 20 世纪六七十年代风格的老式理发店，距离地铁站仅 1.3 公里，但不是特别好找，因此房租非常便宜，一年只要 5 万元。

由于社区里基本是老人，因此把店开在老社区就意味着放弃了社区流量。想要打造网红咖啡店，必须靠差异化的装修和体验来取胜。为了营造出 Vintage 的感觉，小 Y 对这间占地 60 平方米的小店进行了大改造，大家可以想象成“超级文和友的最小单位”。

其实，小 Y 并没有小贝那么财大气粗——30 万元的启动资金，还是和另一位志同道合的朋友合资的，覆盖了前期的软装、硬装、培训、物料等成本。

小 Y 的开局可以说是比较顺利的。还没开店，就有很多 KOL 联系她要来探店，且都是不收钱的，给小 Y 省下了很大一笔宣传费用。而在小红书、大众点评上高密度的推广，让这家网红咖啡店很快吃到了第一波流量红利，火了起来。

但好景不长，这家店依旧没有逃脱网红咖啡店的宿命，那就是容易过气。因为，该来的 KOL 都来过了，该打卡的人也都打完卡了，褪去了新鲜感与神秘光环，咖啡店迎来了流量落潮。

此时，小 Y 的咖啡店面对着一个悲凉的转折点：在工作日的时候，每天只有一两单，周末也只有零零散散的 20～30 单，只能不瘟不火地营业着。

眼看咖啡店没什么水花了，她的合伙人转而找了一份工作，只在下班后来店里看看。

基于这个案例，我们可以看出，大多数网红咖啡店逃离不了速生速死的命运。如果你想加入这场游戏，必须清楚以下几点——

第一，网红咖啡店前期往往需要在装修上大量投入，凭借差异化的装修风格去迎合追求新奇的年轻人。但当下的审美和风格偏好瞬息万变，你的装修风格可能流行一阵子就过时了。

第二，网红咖啡店的赚钱效应，很多时候是根据开店时间边际递减的，不断有新兴网红店冒出来取代你。因此网红咖啡店的生命周期就在 2～3 年，如果前期赚不到钱，后期就更赚不到了。

第三，网红咖啡店的本质是博人眼球，需要不断的花式营销，以及较高的运营能力，但它的复购率甚至比不上社区周边靠性价比活下来的店。

04
外卖陷阱

咖啡店是一个奇怪的品类：剑走偏锋的店铺难免定位小众，小而美的精致店铺速生速死，主打线下业务时竞争激烈，全靠外卖又难以存活。

有个男人叫恒星，尽管他并不是一颗真正的恒星。他开了一家咖啡店，取名为“魔法咖啡”。然而，“魔法咖啡”并没有魔法，无法改变这家咖啡店历时 3 个月即宣告倒闭的命运。

在商业逻辑上，恒星有着较为理性的差异化思考。和大部分咖啡店主的思路不同的是，恒星把咖啡店开在了仓库里，专门做外卖业务。

为什么专门做外卖业务？面对质疑，恒星这样解释：

一方面是他资金有限，没有装修、加盟的本金，但又想拥有一家属于自己的小店；

另一方面是他辞职后辗转于认识的一些朋友的店铺，其间看到过七八家不接待堂食的咖啡店，觉得专门做外卖业务应该也有市场。

于是恒星卖掉了自己的摩托车，加上自己的存款和家里的资助，硬是凑了 8 万元出来。

为了将开店成本压到最低，恒星只是将仓库简单改良了一下，换了几个电灯泡，定做了一个水吧，采买了一些基本的、能够满足营业需要的用品。在办营业执照上，恒星也费了很大的工夫。理论上讲，仓库是办不出营业执照的，临近开业的前一周，恒星一番打点，找代办跑程序才把营业执照办妥。前后总共只花了 5 万元，就把店开出来了。

历经坎坷，“魔法咖啡”终于在 2021 年的大年初六正式营业了，然而盈利效果却远不如恒星预想的那样美好。

开业第一个月生意冷清，几乎只能维持在 3~4 单 / 天，还是找朋友刷单的。

第二个月情况稍好一些，停止了刷单，但也仅维持在 5~6 单 / 天。这么算下来，一个月的单量在 150～180，而一单只有 20 元的收入，一个月的收入只能勉强支付房租。

到了第三个月，咖啡店就无法维持运营了，恒星自己也疲于应对，因此放弃了。他折价卖了设备，转让了门店，最后留下了咖啡机作为这段创业史的纪念。

对于这段创业经历，他反思道，自己其实做了很多看起来很严谨实则没太必要的前期调研：比如，去了好几家咖啡厅、西餐厅打工、做学徒，以及去云南咖啡豆原产地考察，等等，都与自己想要落地的外卖咖啡模式毫无关系。

但我认为恒星创业中最核心问题，其实正是出在纯做外卖业务上。

如果将咖啡店的零售业务大致拆解为三类——到店喝、自提、外卖，外卖业务其实只占了 1/3，尽管利润高，但也有其局限性。

外卖最大的痛点，就在于品质不高，在历经长时间的配送后，口感已经差了一大半，因此大多数咖啡店的外卖业务都是靠到店和自提来拉动的。

而自提，也就是 Take Away 模式，近年来在白领群体中流行起来，小程序下单，顺路到店自提，这一模式的业务量逐年增长。

而恒星主动放弃了前两类零售业务，并且还要在白牌的情况下，去搏只占 1/3 的外卖业务的成功，这就非常不明智了。

随着时代的发展，咖啡已经成为很多年轻人的生活必需品。

毫无疑问，未来咖啡市场仍会是增量市场。根据统计，2020 年中国年人均饮用咖啡杯数仅为 7.9，预计 2023 年中国年人均饮用咖啡杯数可达 10.8。

由于“高频 + 成瘾”的特性，咖啡一直是一门好生意。

但它在快速普及化的同时，也在快速资本化。

从初代咖啡连锁品牌上岛咖啡，拥有 3000 家门店火遍全国；到后来咖啡市场群雄逐鹿，星巴克、瑞幸、Manner、Seesaw 等品牌在资本的助推下快速崛起；再到前段时间，蓝瓶咖啡再度风靡上海……咖啡品类始终处于变化发展之中，而咖啡业态也在不断细分：无论是追求性价比、品牌还是独特口感，你都能找到合适的店。

反观个人咖啡店创业者，尽管他们的失败总是能找到一些看似合理的原因，我却更多地看到了一些共性：诸如他们前期的精打细算，无头苍蝇般的调研，面对突发情况时的不堪一击。纵使开店一时成功，背后缺乏资本支持，也难逃速生速死的命运。

一个残酷的现实就是，爱喝咖啡和开个咖啡店，还真不是一回事儿。

小吃店：
人算不如天算，做好“最坏打算”

人生在世，总是会遇到各种突发事件。就在李先生觉得自己快要熬出头的时候，一场大火把商场中庭烧得面目全非。李先生的新店和他的创业生涯也都付之一炬。

01
我能行

有人创业是为了致富，有人创业是为了理想，有人创业是为了情怀，也有人创业是为了证明“我能行”。我们今天故事的主人公李先生，正是这样一位生性要强的创业者。

李先生是某企业的副总，家有一位事业非常成功的长辈。多年以来，他感觉自己一直生活在家中这样一位“牛人”的影子里，干得再好，别人也会说是因为他的长辈厉害。所以，李先生一直想通过自己的努力干好一件事情，让那些说闲话的人通通刮目相看。

在一个风和日丽又平淡无奇的日子，李先生在网上看到了某餐饮品牌的融资信息。他猛然想起自己的一个朋友也曾在朋友圈发布关于这个品牌的内容。抱着先了解一下的态度，李先生就去找了这位朋友咨询。朋友立即给李先生介绍了一位招商经理。

招商经理告诉李先生，李先生的这位朋友就在这个餐饮公司工作，现在已经身居高位。而这位朋友也慷慨地表示，自己可以让李先生拿到员工价。于是，李先生觉得这买卖可以试试，从此就开启了自己动荡的创业之路。

02
好事多磨

加盟第一步就是选址。当时的品牌方给出了两种选址方式。一种是让品牌方的开发经理到当地来找位置，但是品牌方表示现在来加盟的人很多，都在排队，因此需要等很久。另一种则是，李先生所在区域的负责人表示，如果自行选址再提交给品牌方审核，就可以把李先生排到加盟者的第一位。

李先生一听，觉得排名靠前那再好不过，早开业自然早赚钱。于是他自己动手，到 58 同城平台上找门面。李先生之前从来没做过这方面的工作，当时的第一反应就是要找个人流量大的地方。

李先生是一个相信直觉的人，而相信直觉的人总会遇到“一见钟情”的时刻。这天，李先生一眼看中一个门面，位于十字路口，左手蜜雪冰城，右手华莱士。李先生当时就觉得这个位置简直就是得天独厚，要啥有啥。但是这个门面的租金特别高，面积只有不到 16 平方米，年租金却要 16 万元。

然而，自从相中了这个门面，李先生大有一种“众里寻他千百度，蓦然回首，那‘店’却在灯火阑珊处”的感觉，他的眼里仿佛完全没有其他门面的存在了。思索之后，李先生决定将这间门面的店主约出来聊聊。

聊过之后，李先生发现，这位店主也是通过转让获得的这个门面，所以李先生还需要再付 6 万元的转让费给这位店主。综上，如果要拿下这个门面，总共要支付 22 万元。李先生当时没想过要投资这么高的数目，还是犹豫了一下。但是他转念一想，这么小的面积能干这么大个买卖，这位店主肯定很厉害。本着多个朋友多条路的心态，他就先加了店主的微信。

熟悉的剧情再次上演，相信直觉的李先生与店主“一见如故”，不过可惜，是“事故”的“故”。茫茫人海中，有些人之所以跟你惺惺相惜，并不是因为你们真的灵魂契合，而是因为别人情商非凡。你以为你是他的唯一，其实你可能只是他私域流量池里的一条鱼。

没聊多久，店主主动来联系李先生，要求再次见面，并提出只收16万元的租金，6万元的转让费就当作他入股李先生的小吃店的资金，两个人一起创业。李先生听了觉得这主意不错，自己本职工作很忙，两个人合伙正好可以多个人一起干。

至此，李先生觉得十拿九稳，这生意绝对没问题、绝对要飞黄腾达，满脑子都是自己要发财了。其实，这个门面里面破破烂烂，而且油烟味很重，但是李先生当时已经完全被冲昏了头脑，觉得这个地方就是自己发财的通天之路。戏谑之处便在于，倘若你随机采访10位破产者，你会发现，在他们刚刚开店的时候，至少有9个人出现过同样的幻觉。

好在李先生有一位十分冷静的朋友，那位朋友仿佛预见了即将发生的剧情，于是，为了帮李先生避坑，他告诉李先生可以先去看看这个门面的人流量究竟怎么样。

李先生真的去了。那是6月的一个日子，李先生就坐在马路对面暗中观察，一个个数人头，每隔1小时计一次数，从上午11点一直数到晚上11点。统计下来，一天里来来往往的二三十岁的潜在客人竟然达到了7000多人。他把这个数字报给品牌方，品牌方表示这个地方肯定能做起来。

确定选址之后，店铺就开始了装修、订货等，走加盟的一整套流程。李先生本来想着7月装修开门，趁着暑假大赚一笔。没想到突如其来的新冠疫情，把一批软装的货物卡在了路上。一直到8月22日，这家小吃店才正式开门营业。开业那天，隔壁的华莱士店员都开玩笑说：你这个小吃店现在才开门，人家都回去上学了。

不过李先生似乎并不在意，怀揣着发家致富的狂热梦想，他将姗姗来迟的开张当作了好事多磨。

03
《蜗居》进行时

正式营业之后，李先生发现这个门面虽然位置好，但是不到 16 平方米的面积实在太小了，夏天的时候店里又闷又热，有些客人想进店吃也不方便，简直就是现实版《蜗居》进行时。

而且，这间房子设计之初，并不是用来做餐饮店的，因此没有做烟道，烟总是排不出去。天冷的时候，下水管还经常结冰堵塞。

在开业前，合伙人还表示，一定会好好管理这个小吃店，做事一定会有始有终，会把李先生的店当作自己的店。实际上，开业之后，这位合伙人去店铺的次数掰着 5 个手指头都能数得过来。

所幸，8 月剩下的几天加上 9 月，李先生的店一共赚了 11 万元，10 月也有 13 万元的营业额。但是，因为李先生的家乡位于北方，冬天来得特别早，再加上新冠疫情的影响，营业额自然高开低走。

从整体上看，小吃店一直在赔钱。租金一年 16 万元，平均下来 1 个月必须挣到 1.3 万元以上。虽然水电、人工等方面尚可保持收支平衡，但是租金方面一直在往里贴钱。

当时，李先生想着等来年暑假再好好卖上一波，把钱全部赚回来。但是再丰满的理想也抵不过骨感的现实。

来年 3 月的时候，银行的人突然上门，通知李先生这个门面现在属于银行了。小吃店现在还可以继续营业，但是等租期结束交房，就不再交给原房东了，只能乖乖交给银行。李先生想了又想，觉得原房东一定是在自己不知情的情况下，将这间门面给抵押了。

无独有偶，在这个节骨眼上，小吃店的核心员工——李先生招聘来的店长，说要回去上学，就辞职走了。店长走了没几天，合伙人就说："你看，这店都这个情况了，店长都走了，我也要退伙走人了。"

说完，合伙人便求李先生把之前那笔转让费退给他。因为合同上签的租期是 1 年时间，李先生便没有同意。但是体谅到合伙人这个时候急着用钱，且李先生还有自己的本职工作、手上还有一点资金，于是他就借了钱给合伙人。

04
人算不如天算

小吃店快不行了，眼见着要树倒猢狲散，就在这个千钧一发的时刻，李先生看到了我的视频，并在评论区评论说“很想给波波投稿，但是感觉自己还能挣扎一下”。没想到，他收到了我大量粉丝的鼓励。

李先生备受鼓舞，觉得自己要振作起来，不能就这样“躺平”了。

为了自救，李先生考虑过索性把这间门面盘下来，这样每月就没有了给房东的租金成本，以后赚的钱都是纯粹的利润。但是，门面所在的房子被抵押给银行之后即将被整体拍卖，一拍就是 3000 万元打底。可望而不可即的天文数字又给了李先生一个沉重的打击。

经过一番纠结，李先生痛定思痛，等租约到期就给小吃店换了一个更大的店面，搬到了当地的一家商场里，面积比之前的大了 1 倍，租金只有原来的一半。

尽管商场原计划只允许有一个同类型的小吃店，但是李先生凭借自己的非凡口才说服了商场管理者，硬生生把店开在了已有的那家小吃店的对面。李先生觉得这样一来，商场里就只有两家小吃店，那些想买小吃的客人无论怎么选择，都会聚到这一片，最终不是去对面就是来自家的店。鹬蚌相争，势均力敌，即便分不到整块蛋糕，但也或多或少能分一杯羹。

之后，李先生也在周末节假日的时候，每天到店里去帮忙。虽然店员们纷纷吐槽李先生动作太慢、擦不干净桌子等，但是李先生依旧坚持不懈地前往店里干活。

李先生算了一笔账：第一家店前期一共投入 42 万元，收入为 7 万元。

新店预计一年半之后弥补之前的损失。因此，虽然新店持续盈利，但是李先生觉得这样的日子反而过得很没有意思，想买什么也不敢买。创业前自己和女朋友想干什么就干什么，想买什么就买什么，比如想买个手机，直接就买了。现在是什么钱都不敢花，除去日常开销，所有的钱都成了小吃店的流动资金，但凡店里有需要，李先生就得垫进去。原本去外面吃个饭，花个二三百元甚至三四百元，眼睛也不眨一下，现在出去吃饭都要认真计算一下自己每天能花多少钱。到了节假日想出去自驾游也完全没有时间，闲下来就要去店里帮忙。

之所以要事事亲力亲为，与李先生的谦虚大有关系。生性谦逊的李先生真心认为，搞好一项副业，要么是自己本身就有经验、有技术，要么就是有大量精力、可以全身心地投入进去。尤其是像自己这样既没有经验又没有太多时间的小白，面对的竞争者都是在餐饮行业泡了几十年的老油条，你根本玩不过人家。一句话，小白出身，要笨鸟先飞。

人生在世，总是会遇到各种突发事件。

就在李先生觉得自己快要熬出头的时候，一场大火把商场中庭烧得面目全非。李先生的新店和他的创业生涯也都付之一炬。

这场突如其来的火灾让李先生幡然醒悟，或许这就是传说中的“人算不如天算”了。

回顾这个故事，李先生所在的餐饮行业一直是大热赛道。整体而言，这几年的餐饮行业发展确实是风生水起，特别是新冠疫情放开之后，国家统计数据显示：2023 年 1—2 月餐饮收入为 8429.4 亿元，同比增长 9.2%；限额以上单位餐饮收入为 2002 亿元，同比增长 10.2%。整个局势呈现复苏势头，在接下来的日子里肯定会再创新高。所以，近年来，投身餐饮行业进行创业者不计其数。

然而，天有不测风云，人有旦夕祸福。在创业时，总会有这样或者那样在创业者意料之外的事情发生。身为创业者，要做好最坏的打算，才能下出正确的棋。

最近，李先生的主业上了一个新台阶，他马上就要去其他地方任职了。

别人 10 月怀胎，李先生 10 月破产。为期 10 个月，李先生人生中的第一次创业以失败告终，李先生再次回到打工人的状态。或许他有朝一日会东山再起，正如那句歌词一样：心若在，梦就在，只不过是从头再来……

总之，创业有风险，投资须谨慎。我们只能先培养好自己面对风险的应变能力，从一次次的失败中总结经验教训，为下一次的创业做好铺垫。

烤肉店：
酒友兄弟合伙创业，人情凉了生意黄了

抓复购率、聚焦流量，这或许就是小县城里的餐饮商业密码。

01
人情社会

在开始讲今天的故事之前，我想先给大家讲三条创业中的准则——

第一，不要轻易和兄弟合伙创业，除非彼此都是情绪稳定、能力出众的牛人。

第二，牢记亲兄弟明算账，这样大家心里都没有疙瘩。

第三，不要把过去的情感代入当下的生意里，做生意讲的是理性。

之所以将这三条准则放置在这里，当然是有原因的。

我们中国人历来都是讲人情、重仁义的。小县城的社会关系尤其如此。

我们今天故事的主人公正是一位小县城里的青年创业者，由于违背了以上三条准则，他的第一次创业一步错，步步错，最终走向破产。

然而，这一次的破产对他而言并不是绝对的悲剧。如今，他不仅更加明确了自我定位，而且能够痛定思痛，化悲愤为力量，不断反思、学习、沉淀，为的就是早日东山再起。

下面，让我们一同回顾小吴的创业历程。

02
寻找目标感

小吴是一位县城青年。小时候穷，初一辍学，之后辗转各大工地、工厂打工，居无定所、四处漂泊。因为受教育水平低且不爱读书，这些年来，他始终没有一个明确的目标或者理想，也不去想自己未来的生活会怎样，感觉自己像孤魂野鬼一样。

24 岁的时候，小吴跟随别人去北京的一家烤肉店打工。工作了 1 年多，他结识了很多朋友。在日常交往的耳濡目染下，小吴开始思考自己以后要怎么活着、想干什么，开始寻找目标感。以前挣点钱都花掉的“月光族”小吴，在北京打工期间竟然第一次开始意识到自己应该好好攒钱。

同时，他也开始弄清楚自己想要的爱情究竟在何方。同村有个比他大 1 岁的姑娘，小时候他不喜欢，但在北京的时候突然想起了她。于是，这位姑娘突然就成了他心仪的人。这爱情来得太快，让小吴手足无措。

然而，造化弄人，小吴得知姑娘已经结婚生子有五六年了。小吴不敢打扰，只能在心里默默排遣相思之苦。

在北京的烤肉店做了 3 年多厨师之后，小吴萌生了回家乡开烤肉店的想法。于是，他与自己的堂哥、堂弟 3 个人合伙，自己出资 10 万元，堂兄弟们一个出资 5 万元，另一个出力不出钱。因为 3 个人是从小一起长大的，情分在那里，所以 3 个人约定烤肉店赚钱后大家各分 1/3。

03
毫无悬念

三兄弟在内蒙古通辽市租了一套两层、面积为 200 平方米的毛坯房，1

年的房租是 3 万元，装修花了 20 万元，桌椅板凳和厨房用具花费 8 万多元，原材料采购花了 6 万多元，这些林林总总的开支已经远远超出他们当初 15 万元的预算了。

于是，缺乏金融常识的小吴找当地人借钱。利息是比银行高的，小吴每借 1 万元，10 个月后都要将本钱和利息归还，利息是 2000 元，年利率为 24%。因为店后期的运营还需要投钱，小吴索性一口气借了 30 万元。

过年前半个月，他们开张了，生意还不错。然而，等过完年之后，就没什么客流量了，有时候一星期都没有几桌客人。其实，在这个毫无悬念的败局里，埋藏着至少两个肉眼可见的危险因素。

第一个是定价因素。因为小吴对标的是他在北京打工的那家高档烤肉店，所以进货也是参考那家烤肉店，从国外订的 400 元 / 斤的雪花牛肉，这样一来他的客单价就不会便宜到哪里去。他所在的那座城市消费能力肯定无法和北京相比，客流量自然就很少了。

而且，后来他们定的一批价值 6 万多元的雪花牛肉因为检查出了问题，一直都没办法用，这对于烤肉店的经营状况无疑是雪上加霜。

第二个是管理因素。小吴的管理经验不能说很少，应当说完全没有。从年前布置装修开始，三兄弟就出现了分歧，谁都想管店，谁都不服谁。

他们 3 个人中，小吴是最不爱喝酒的人，一年到头喝不了两回，因为他胃不好，一喝一吐就胃出血。

但他的堂兄弟们很喜欢喝酒，有段时间，连续一两个月，他俩天天晚上喝得不省人事，睡到第二天中午 12 点，晚上接着喝。

小吴顾及情面尽量不发脾气，跟他们讲道理，但没用，实在忍不住就发脾气骂他们。感情就像花瓶，一旦有了裂痕，即使修修补补，还是难掩疤痕。到了后来，小吴特别后悔和堂兄弟们合伙。对一对账本，他发现总投入的大约 50 万元中，竟然有几乎 10 万元都被用在了吃喝玩乐上。

至此，尽管小吴内心悔恨交加，但碍于情面，他依然没有和两位堂兄弟撕破脸。一个错误的决定让小吴进一步走向了破产的败局：他将堂兄弟俩的股份都收了回来，自己当老板，给他俩发工资。然而，江山易改本性难移，嗜酒如命的堂兄弟俩成了打工人，不必担负攸关烤肉店生死的风险，于是更加有恃无恐，终日摸鱼喝酒。烤肉店菜品质量下降了不说，口碑也日渐下滑。而在营销方面，小吴又没有任何经验，只能坐以待毙。

而且，这个时候，小吴开始了恋爱。

04
等到天荒地老

上文谈及，小吴两三年前就开始喜欢小时候认识的那位同村的姑娘了，但他知道那个姑娘已经结婚了，所以一直没有打扰，只是在心里默默爱慕。

但 2021 年过年的时候，有一次他喝酒喝吐血了，感觉自己命悬一线，便借酒壮胆，把自己的心意向那位姑娘表白了。

结果那个姑娘告诉他自己已经离婚了。他欣喜若狂，发誓要追她直到天涯海角。那个姑娘在西藏的时候他甚至跑去西藏找她。追了 1 年之后，皇天不负有心人，他们终于在一起了。刚刚坠入爱河的小吴怎么也不会想到，自己追爱直到天涯海角，却换不来理想中的天荒地老。

一开始，小吴花在谈恋爱上的精力很多。后来店面经营不见起色，加上开支越来越大，他还借高利贷往里砸，他就开始变得焦虑、抑郁。

正像歌里唱的那样，人年少时总是要让深爱的人受伤。缺乏情绪管理能力的小吴把自己的不开心也传导到了姑娘那里，两人在一起的时候他老是阴着脸，没过多久姑娘告诉他，觉得他的抗压能力不够，给不了她想要的那种完美感觉。

于是，他们长谈一番之后和平分手了。

分手 10 多天后，烤肉店因没人照应而关门大吉。小吴开始发奋埋头苦读，钻研经营管理，想办法学习宣传营销，想重新打造更适合这个城市消费水平的菜品。

小吴感觉自己现在学得差不多了，打算 6 月底重新开店。而且他还爱着那个姑娘，说等自己赚到面包后还会和她在一起。这一次，他愿意等到天荒地老。

05
县城餐饮商业密码

现在，我们来回顾今天讲的故事。

在县城开店，究竟如何破解传说中的商业密码?

首先，我们来说说烤肉店这个赛道。从需求端看，烧烤与火锅同样具备强社交属性，且年轻消费群体占比高，菜品价格带广，可烤食材种类多，受众广泛，营业时间长，是夜经济的支柱餐饮品类之一，因此近年来市场需求增长较快，市场前景十分广阔。因此，小吴这条赛道其实选得没错。

其次，说说县城业态。小县城或许可以复制大城市的业态，但是不能盲目复制。第一，定价一定要依据当地的经济水平重新调整。第二，人流、客群要区分节假日。与此同时，由于小县城做的都是存量生意，复购率的提升对经营的成功就尤为重要。小县城虽然蓬勃兴旺，但终究是人间烟火而非空中楼阁，因此物美价廉或许永远比高端更加讨喜。明白了这些，才能让自己的创业之路走得更远。抓复购率、聚焦流量，这或许就是小县城里的餐饮商业密码。

最后，从小吴的失败中，我们还可以获得一些宝贵的经验——

第一，千万不要借高利贷做生意，尤其是不要借高利贷去做你不熟悉的领域的生意。

第二，尽量不要和亲戚、兄弟合伙。除非大家都是非常理性、客观、成熟、专业的人。当不符合这些条件的时候，合伙做生意只会消耗彼此的感情。

第三，一个成熟的创业者必须具备不把工作中的负能量带到生活里的能力，不然只会把工作和生活都弄得一团糟。许多创业多年的人，往往都有一个能力，就是平衡情绪。一个不能平衡情绪的人，很容易把生活、情感、亲密关系都弄得很糟糕。

所以，当创业者认为自己的驾驭能力不足的时候，切忌几件事情同时做。

临期食品店：
表面灿烂背地凌乱，这场创业很受伤

货源不稳，加盟踩坑，产品短寿，渠道收紧，定位狭窄，转型困难……如此种种，都是临期食品店最真实的现状……

01
和本命年无关

在开始讲今天的故事之前，让我们先来看一份惊爆的价格清单：

雀巢咖啡 3.7 元	恒大冰泉 0.9 元	火鸡面 4.5 元
辛拉面 4.3 元	维他茶 2.4 元	元气森林气泡水 3.9 元

问：这么多大牌食品，在什么情况下能做到价格如此美丽？

答：在临期食品店，大牌尾单价格美丽不是梦。

走进临期食品店，整齐的陈列、崭新的装修，会让你感到眼前一亮。临期食品流动速度很快、价廉物美，购买临期食品成了一种新的消费方式。开一家临期食品店，消费者疯狂薅羊毛，同时创业者也能稳赚不赔。这笔听起来很诱人的双赢买卖里，蕴藏着巨大的商机……

然而，现实果然如此美好吗？答案恰恰和预期相反。

在故事开始之前，我们先来科普一下，什么是临期食品？

临期食品即保质期还剩 3 个月左右的食品。大型超市只会进剩余保质期在 9 个月以上的商品。而剩余保质期短于 3 个月，无法进入商超流通的商品，因销售渠道受限，往往价格会比较低。

然而，当任何一门赚钱的生意被宣传得人尽皆知，实际赚钱的往往就只有在做宣传的加盟商和渠道方了。

我们今天故事的主人公大 A 是一位 25 岁的年轻人，刚刚度过了自己人生中的第二个本命年。本以为躲过了本命年就万事顺遂了，但其实挫折这种东西和本命年无关，因为你会一直遇见它，直到和它一起慢慢变老。

02
那时还年轻

2021 年年中，25 岁的大 A 血气方刚、头脑简单，扛不住每天被加盟商洗脑，决定将临期食品店作为自己人生中第一次创业的方向。

于是，大 A 向家人要了 15 万元，加上自己的 10 万元存款，一举加盟某临期食品品牌，并盘下了浙江绍兴市内某个商场外围的一家门店，做起了临期食品买卖。大 A 以为自己可以完美地复刻网络上的成功模板，实现自己的财富自由梦想，但没想到，这只是噩梦的开头。

表 1-2 大 A 临期食品店的投入

项目	金额
加盟费	50000 元
保证金	10000 元
管理费	8000 元
房租（60 平方米）	4500 元 / 月，付三押一暨 18000 元
简单装修	10000 元
店员一名	5000 元
第一次进货费用	80000 元

加上其他杂七杂八的费用，店还没开，大 A 就花了 18 万元左右。

好在基于加盟商帮忙操办，以及装修简单的原因，店铺很快就开业了。

开业后，大 A 感到无比自豪：满满当当的零食，整齐有序的货架，崭新亮堂的装修，这不就是自己梦寐以求的宝藏小店吗？

然而，销售状况却让大 A 感到不太满意。店内琳琅满目的商品，只有大品牌的特价品卖得比较好，尤其是牛奶。牛奶在临期食品界属于硬通货，毕竟价格优惠非常直观，但每个月从加盟商的渠道能进的货数量特别少，只有十几箱。每次牛奶一到货，挂上醒目的红牌子，写上价格，就可以吸引很多人进店，但不少顾客进店逛了一圈后，也没买什么东西，就买了一两箱牛奶。

此时的大 A 心想，不买东西没事，但别买牛奶。因为牛奶其实算是店铺招牌的一部分，可以起到非常好的引流作用。所以大 A 常常要抽空去其他超市买打折牛奶放在店里吸引客流。甚至有几次，一位阿姨打电话问大 A 还有没有便宜的牛奶，头铁的大 A 为了不丢自己的脸面，以及维持与这些老客户的关系，自己跑到超市买了正价的牛奶亏本卖给她。

店铺运营了两个月之后，可以保持每个月 4 万元左右的销售额，毛利在 40% 左右，去掉店铺成本后，大 A 一个月仅仅能到手三四千元，他只能一直给自己心理暗示：“开店初期，知名度不高，以后会发！”

大 A 就这样勉强维持运营下去，并且每天都在自媒体平台上刷着“同行”们蒸蒸日上的假象，才安慰好了自己。最后复盘时才发现，这前两个月的销售额，已经是店铺的巅峰了。

直到现在，大 A 才恍然大悟：那时还年轻，不知道命运赠送给自己的“礼物”，早已在暗中标好了价格。

03
山寨危机

由于是加盟别人的品牌，大 A 的进货渠道全部由加盟商牢牢把控。

慢慢地，加盟商的进货单上大品牌的产品越来越少，价格越来越贵，大A再也拿不到初期能卖1.5元/瓶的可口可乐了。

从开业第三个月开始，因为每次进货都需要配一堆奇奇怪怪牌子的货，时间一长，店铺里的货架上，能叫得出品牌的产品越来越少了，大部分都是需要很仔细才不会读错的品牌，比如红午、粤利粤、力事薯片、白事可乐等。

就这样，一家临期食品店摇身一变，成了山寨食品店。大部分没有卖掉的食品，因为保质期的关系，大A迫不得已需要用自己的胃清理库存：早上吃粤利粤巧克力饼干配六个核弹，中午吃康帅博泡面配白事可乐，晚上吃上好娃鲜虾片配给力架巧克力，夜宵有时候还会拆一包奥力给饼干吃。

不是大A舍不得吃知名品牌的东西，而是知名品牌几乎不会剩下什么库存。剩下这些山寨货没人买，刚开始他还拉着店里的小工一起吃，几天后一到饭点，小工就准时消失，只留下大A一个人在店里默默消化库存。

大A也试过将这些山寨食品送给亲戚朋友们，送了一次就发现亲情和友情都淡了不少，毕竟现在这个社会，有多少人会愿意去吃山寨食品呢？

看着满店的山寨货，靠他自己再铁的胃也扛不住每天这样“内耗”。于是大A心想，不如进一些平价品牌的产品当一个普通小超市经营吧。然而，联系加盟商后，大A发现他们的进货价比外面的渠道贵了10%左右。但如果大A自行通过其他渠道进货，就会被追责、找麻烦。并且，一旦大A主动退出加盟，加盟押金也就退不回来了。

一气之下，大A把整家店的货，以几乎等于赠送的价格批给了郊区的一家小超市，退出了经营。经过5个多月的经营，大A亏了17万元。

因为是第一次开店，稀里糊涂就找了这家加盟商，进货的时候选品也有失误，大A最终走向了破产。眼看着自己的店从一家临期食品店，变成了山寨食品店，而且与亲戚朋友们的联系都变少了，大A心里不是滋味，只能半夜飙泪。

04
被人玩剩下了

其实，整个临期食品行业，在2020年的巅峰时期，诸如上海地区的某家店，面积在150平方米左右，月销售额即可达120万元，毛利最高可达到50%~60%，但那个时代一去不复返。

的确，临期货物进货价很便宜，一包12元的薯片，进货价在1~3元，利润空间巨大，但个人渠道绝对拿不到这个价格，要压到这个价格，往往需要同时进货500~1000箱，一箱是24包。

在十几年前，食品行业属于买方市场，人工、原材料都很便宜，很容易出现产品堆积、滞销的情况，一大批临期货，如果没有人接手，那么厂家需要自己丢掉或者销毁，所以催生出了临期食品店的土壤。厂家甚至会求着商家来低价收购，所以第一批做临期食品生意的确实效益很好，并且货源充足。

而十几年后的今天，食品行业已经转变为卖方市场了，人工、原材料成本上升，有多少订单才开多少的工，几乎不太会出现货物滞销的情况了。一个大品牌的库房如果出现一大批库存，品牌方会第一时间处理给经销商，如果要出给临期渠道，那么往往会同时找20个临期渠道的人来报价，价高者得。

与此同时，为了维护自己的品牌价值，品牌方放给临期渠道的货会越来越少。但也会出现特殊情况：通常是由于大品牌某一种特定口味的产品做坏了，常规渠道完全卖不动，最后才出给了临期渠道。

于是，你可以轻松想象到临期食品店的货源困境：每次拿的货品质参差不齐，会出现大牌货中夹杂杂牌货的情况。而商品的品相也得不到保证，像是饼干碎了等情况时有发生。如果是普通零售行业的经销商，可以直接去换货，并在过保质期后，退还给厂家。而在临期食品行业，能拿到货就不错了，找谁去换？

近几年来，临期的货物大多变成进口品牌的了，品牌方在国外，管不到国内的渠道，才造成了各种不知道从哪个国家进来的品牌商品堆满店铺的情况。

与临期食品同店上架的往往还有山寨食品。

有一段时间非常流行这样一种操作：当某些爆款零食卖断货后，有人拿着原版去找一些小工厂仿造，复刻包装设计后更改商标，变成了自己的产品，比如某个蓝色包装的小圆饼干，国内仿品至少有上千种。原版一个月供货也就只有 200~300 箱，但全国范围内出货能达到上万箱。

如果仿造的用的原材料比较好，那么至少吃起来没问题，但如果某些黑心小厂用劣质的原材料，那么将会造成难以预计的后果。

再者，某些大品牌的产品，品牌溢价非常高，但原材料很便宜，像是绿箭口香糖，在相同原材料的情况下，仿造后价格可以便宜一半以上，但不好卖，因为消费者不会去选择一个很便宜，却没有吃过的品牌的口香糖。于是一些厂商就会打擦边球，取一个似是而非的名字，从而建立与消费者之间的熟悉感。

还有一种临期食品的陷阱，创业者必须慧眼识坑：随着临期食品行业的壮大，有些工厂会针对临期食品门店开设专有的生产线，成本和售价比同类型的产品便宜一半，门店老板还真以为通过加盟系统得到优惠了。

时间一长，各种明里暗里的亏损都摊到了门店老板头上，并且门店老板通过加盟开店后，往往只能在加盟的渠道进货，如果私自窜货被发现，会有相应的惩罚，如没收押金等。并且强制捆绑配货的情况非常严重：订一箱大牌货，需要同时订购两箱杂牌货，如此发展，三四个月后门店货架上几乎都是杂牌货了，且大概率都变成不知道从哪个国家进口来的商品，以及那些一定要仔细阅读才不会念错的品牌和一些从未听说过的牌子。这样一来，店铺还怎么运转呢？

总结一句话就是，你想玩的，都是别人设计好的圈套；而你能玩的，已经被人玩剩下了……

05
打开门就是江湖

临期食品这个诡异的行业可以说关上门就是深井，打开门就是江湖。

我们在社交平台上，看到的临期食品的文案、视频以及案例，每一个都展示着生意很好的假象。实际上，把门店拆开，背后就是一个以供货仓为核心的庞大系统。而养一个供货仓，需要对接200~300个厂家/代理商/经销商。并且，在加盟商的公司里，加盟者上门找事的情况不少，一个月能出现一两次，几乎都是因为两个月后都是山寨货这个问题。临期加盟商的人员流动性非常高，大部分货源又极度不稳定，很难长期供货。正如上文提到的那样，如果站在品牌方的角度，那他们一定恨不得永远不要供货到临期渠道，以免影响品牌价值。

货源诡异不说，加盟模式也有猫腻。

在抖音上，出现了一个自媒体博主，他号称自己的临期食品品牌没有加盟费，“不割韭菜”就是他的口号。然而，你以为真的就没有费用了吗？他会说开店需要一个采购人员，他来当采购，一个月收费3000元，一年共收费36000元。所以，只是加盟费变成了采购费而已。并且用他的渠道，他还有额外的部分可以赚钱。因为是在网络上联系的，所以大多不在同一个城市，在对接好后，还要收一两万元的差旅费和其他的费用。实则没有改变任何东西，处处都是坑。

如果你想开临期食品店，又不愿意加盟，要自己整合货仓的资源，每次都只订好卖的东西，或者在网络渠道找货源，那么你最终拿到手的货物应该已经在市场上被倒了3~5手，属于击鼓传花的最后一棒，再算上自己的利润，价格在市场上往往一点优势都没有。

通过网络渠道联系上的贩子，也绝对不存在稳定的说法，他们是哪里有货去哪里。今天A市可乐多，做一轮可乐；明天B县饼干多，做一轮饼干。在网络上看一箱货物单价很低，但算上跨省运费，低价优势瞬间消失。时间一长，又要顾店，又要和数不清的供货商处理订单、维护关系，这绝非一种健康的模式。更糟的是，这类供货商也不全是正规商家，而是以个人贩子为主，付了货款人消失的情况早已屡见不鲜。

06
遥遥无期

最后，我们总结出临期行业的五个特点：

- 货源不稳定，售后跟不上，产品破损无法退换
- 产品被加盟商绑定，渠道受限，进货渠道单一
- 产品剩余保质期极短，运营难度高，过期后得店主自己处理
- 依托零售供应链，大数据时代生存夹缝收小
- 门店属性固定，无法自救，很难同时卖平价商品

在这些基本逻辑下，有多少类似的门店可以活过3~4个月呢？目前还想加入临期食品这一细分行业的创业者，要多多考虑，食品类的产品，无论保质期是2年还是1年，总会过期的，更何况短短的3个月保质期呢？到头来你自以为的如梦佳期，其实或许是和梦想遥遥无期。

轻食店：
先天不足市场受限，如须入行请君三思

无论是选址、招人还是运营，创业者/老板本人是最实际的操作者，面对的是许多不确定的风险和无数暗藏的深坑。

01
爱恨交加

在中国，无论你走到大江南北，有这样一种营养成分，是你无论如何都绕不开的。是什么成分？答案就藏在风靡大街小巷的中国台湾的手抓饼中，藏在上海的生煎包子中，藏在南方的米粉中，也藏在东北的稻花香大米和兰州的拉面之中。说到这里，答案已经呼之欲出了，那就是碳水化合物。

对于中国人而言，碳水化合物真是令人爱恨交加的营养成分。近年来，随着健康意识的进步，人们都意识到了摄入过量碳水化合物的危害性。然而，碳水化合物带给中国人的饱腹感和安全感，构成了某种令人无法抗拒的幸福意味。毕竟咱们中国有句老话：民以食为天。而历朝历代的食物谱系之中，碳水化合物的地位永远不会比菜肉低……

不过，世界之大，无奇不有。前几年，轻餐轻食品类异军突起，这类反对摄入过多碳水化合物、提倡摄入优质蛋白质的饮食产品凭借更低的卡路里和更均衡的营养搭配，备受健身男女的推崇。

可是，如果你要做一种生意，必须选择市场上拥有最大公约数的潜在客户的行当，这样你这桩生意才能获得可持续的发展。如果你要颠覆传统、独树一帜，选择一个小众的方向，那么你所能收获的恐怕就寥寥无几了。

轻食，就是这样一条先天不足的赛道。而我们今天故事的主人公小刘，正是这条赛道上的破产先锋。

02
正式开启

一顿操作猛如虎，最终收益两毛五。

故事主人公小刘早在创业之前，就认真地做了许多功课。小刘把我的破产系列视频刷了个底朝天，然后是一顿铺天盖地的操作。然而，满以为自己已经掌握了经营之道的小刘万万想不到，自己最终还是会破产返贫……从离职创办轻食店，到倒闭关店，用了不过短短 4 个月的时间。

那一年，上班族小刘经受社会的长期毒打，终于再也不想上班了。恰好，小刘有一个好习惯，那就是健身。为了保持健美的体形，小刘成了轻食的忠实用户。小刘发现市面上的轻食供给不足，品质也参差不齐，于是觉得自己找到了从天而降的独家商机……

小刘住在北京百子湾。据他描述，这里是“十八线女明星、网红聚集地”，健身房很多，几乎每走 300 米就有三四家健身房，而且生意都不差。既然爱美人士数量足够多，那潜在客群规模就是可观的。

决定创业之后，小刘用手机在外卖软件上搜了搜附近的线上轻食店，发现销量都还不错。那时小刘还年轻，还不知道表面光鲜的评分背后，藏着你所不知道的“水军”，满心以为轻食店真的很有市场。小刘寻思，自己哪怕先在夹缝里苟活，吃点人家剩下的客户，应该也能生存。等到生存下来之后，再靠差异化和高品质留住这些客户，慢慢积累，这不就有了一套打法了吗？

于是，辞职后不到两周，小刘就把自己的轻食店开在了家附近的菜市场门口。2020 年 6 月，小刘按年付了 10 万元租金，又给菜市场管理方交了 2 万元的押金，加上 4.8 万元的转让费和 8000 元的合同变更费……小刘前期一次性投入了 17.6 万元，这才盘下一个铺面。

读到这里，你一定会为小刘捏一把汗。明眼人都能看出来，菜市场虽然人来人往，但客群相对老龄化且消费水平较低，显然并不匹配轻食店的精准获客需求。

可是，小刘费尽周章才盘下来这家店，他也有自己的考虑：这个菜市场属于“菜篮子工程”的菜市场，管理比较规范，有大棚和保安室，占地约 1 万平方米，场地非常大。他和保安聊天，问出这个菜市场每天最少有 1.5 万人次的客流量（门口测体温的机器测出来的数据）。这么一算，只要来消费的客户达到 5‰，自己就不会亏。

上一任店主是做熟食的，留下唯一能用的东西是一台冰箱。交了租就意味着，小刘要以“老板”而非“打工人”的身份正式开启创业之路了。

03
处处碰壁

小刘怎么也想不到，创业路上的每一个环节，似乎都在和自己作对。

第一是进货不便。小刘的货源是周边一个更大的菜市场，在那里可以买到羽衣甘蓝、芝麻菜等放在“高端轻食”里的蔬菜，而自家店铺所在的菜市场没有这些货源。因此，小刘不得不每隔三五天便驱车前往更大的菜市场进一次货。

第二是成本高昂。一餐轻食主要由蔬菜和肉类两个部分组成。蔬菜的进货成本价是 600 元，两天消耗完，能出 150 份餐，也就是说，每份餐的蔬菜成本就在 4 元左右；而肉类，是在淘宝上买的半成品，进货价就已经很贵了。比如，牛肉的进货价格是 1.5 元 / 片，一份里有 5 片，成本价就是 7.5 元。

这么一算，不考虑酱料、坚果、主食、水电燃气成本等，一份餐品的成本价已经高达 11.5 元了。

第三是体力消耗大。自从当了轻食店老板，小刘再也不用朝九晚五地上班了。因为，他每天 4 点就得起床，自己开车去进货。到了菜市场才发现，所有来的交通工具都是破败不堪、不怕剐的车。小刘开着自己的车，格格不入之外，更是心疼自己的车被剐蹭。

这样的生活持续了两个月，小刘无法承受巨大的体力消耗，于是改进了自己的进货方案：改用货运公司。现在他可以每天早上 6 点起床，让货运公司送货。但货运公司也宰他，运输费从刚开始的 20 元 / 趟变成了 40~50 元 / 趟。其实，像这种低价获客，然后提价的方式太普遍了，只是小刘没有意识到罢了。

第四是制餐费时。小刘的 SKU（单个产品款式）前期接近 20 个，由于想要把品质做好，每个 SKU 他都做得非常用心。一份轻食餐里至少有 20~30 种食材，还坚持低温慢煮等较复杂的工艺，怎么好怎么来。每天处理食材就要花费 5 小时，而忙碌一上午只能出 15~20 份餐。

第五是员工难招。长期工市场均价大约为 5000 元 / 月，这对于需要控制成本的小刘而言显然不合适。于是小刘便在菜市场贴出告示招小时工，薪资为 20 元 / 小时。“市场里大部分来问的都是附近的叔叔阿姨，但是他们看见轻食一类之前没见过的东西，会默认自己做不来，即使说来试试，也做不久。”

小刘感到自己被阿姨们“上了一课”，见识到了真正的“代沟”：第一个阿姨不识字，一到饭点就心慌，心理压力特别大，干了两天就走了；第二个阿姨嫌通勤距离太远，干了一下午就走了；第三个阿姨，以为自己过来是当小卖部店员看看店，没想到要备餐，结果洗菜连沙子都没洗干净，小刘说了她两句，阿姨直接撂挑子不干了，小刘还得赔钱给客户；第四个阿姨是个兼职的，看起来很靠谱的样子，拍着胸脯向他保证“我每天早上 4 点能来，要是 4 点来不了，4 点半肯定能来”，结果连续 3 天这个阿姨都没出现过。

所以，他一周之内换了 4 个阿姨，却没有一个合适的。

第六是渠道和营销坑多。开业前两个月，小刘只在线下卖，每天能卖20份左右，日营收不到500元。两个月后，随着对货品的熟悉，小刘开始线上拓客，做外卖。

但是世界上的事情，你不做永远不知道自己的短板和差距。小刘感到自己的定位与外卖行业要求的量产之间，存在着不可调和的矛盾。

小刘对产品的定位是中高端。餐品成本在15~20元的情况下，为了获客，他的客单价定在25~30元。此外，由于小刘5小时只能出15~20份餐，时间成本很高。外卖来单之后，外卖小哥可能三五分钟就到店门口，高峰期小哥身上还挂着8~10个单，小刘常常因为出餐太慢和外卖小哥吵架。

两个月后，小刘意识到了量产效率的重要性。他开始放弃自己以前对餐品的苛刻要求，放弃低温慢煮和保质期短的菜品，改做大众款。

后来，外卖每天能做80份左右，日营收能到1500元左右。

看起来比开始有了很大的进步，但是数学不好的小刘一开始就没弄懂外卖平台的计费规则，也没设置好价格，在平台复杂的抽佣方式和客户疯狂薅羊毛的情况下，小刘一单可能只能挣几元，最夸张的一次，才挣了几分钱。直到濒临破产的生死存亡之际，小刘都没搞明白客户到底是怎么下到那么便宜的“羊毛单”的……

同时，外卖平台也有算法倾斜。到了冬天，平台给轻食的曝光率会相对下降，也算是造成了一定的影响。因此，当自己没有足够稳定的客群，轻食店撑不过冬天。

回忆起4个月以来起早贪黑的日子，小刘感到如同一场大梦。

当年10月，小刘正式关掉了自己的店铺。

04
请君三思

有人说，中国人的胃是由妈妈定义的。而碳水化合物是每个打工人最后的归宿，对大多数人而言，吃“一份下饭的川湘菜加一份热米饭”的频率远高于吃轻食的频率。因此，轻食固有的品类特性决定了它注定不是一个增量生意，只能做现有的、认可轻食理念的、固定数量的客户的生意。

小刘的轻食店从选址开始就步步皆错。

第一，线上渠道除算法限制以外，客群的波动性也很强，难以产生回头客和复购。

第二，轻食的制作成本相对较高。从食物原料的角度来看，要做规模量产的定位，就相当于反向要求了食材的可控性——保质期长、易储存。而一些轻食的食材保鲜期非常短，短时间内卖不出去，就明显蔫了，只能扔，库存管理很难做。为了保证出餐的品质，店家必须用稳定的供应商以及保质期较长的食材来降低成本。也就是说，轻食食材本身的性质就与规模量产的要求相矛盾。那么小刘原先的中高端定位又当如何呢？如果要寻求一点差异化，成本一下子就提高了很多，这对微小创业者而言很难做起来。“中高端拼的是供应链、形象、理念。你自己做的小牌子肯定打不过大牌子。”小刘如是说。

然而，轻食这个品类并非没有得到过资本的眷顾。

2015—2018 年，轻食赛道备受瞩目，据红餐网不完全统计，4 年间至少有 10 亿元资本涌入轻食市场。但近几年轻食逐渐遇冷也是不争的事实：例如融资三轮的甜心摇滚沙拉管理层失联、业务停摆；2021 年末，新元素宣布破产清算、Wagas 则被传寻求出售。

与其说资本觉得轻食不赚钱，不如说大众市场对轻食品类有了更深刻的认知。

轻食最重要的标签是“健康”。少油、少盐、高蛋白、低热量，这是越来越被看见和承认的市场需求。但是轻食本身的可代替性实在太强了，几乎没有任何护城河。市面上许多健康品牌都可以轻而易举抢占轻食品牌的市场份额，比如代餐奶昔、蛋白棒、沙拉、麦片等领域的各种品牌。同时麦当劳、肯德基等快餐巨头，以及红极一时的 Keep，乃至盒马鲜生等也通过供应链、渠道等优势降维打击。

综合来看，“轻食”似乎消亡了，但更准确地说，它是进入了新一轮发展期：人们爱轻食带来的健康，但不会把它当作主食，最多是急救式、补偿式地消费一下，随后又掉入火锅、麻辣烫、小龙虾、冰激凌和“快乐水”的大本营中去。

复盘小刘的创业史，真可以说是人在囧途。4 个月亏掉约 20 万元，或许还不如去打工。

而从他的故事中我们也能看到，创业开店确实是商业的最小单位。无论是选址、招人还是运营，创业者 / 老板本人是最实际的操作者，面对的是许多不确定的风险和无数暗藏的深坑。

真正投入之前，请君三思。

水果店：
负重前行太天真，同行乱斗水太深

如果你感觉在负重前行，那一定是有人压在你身上“岁月静好”。如果你自诩理性思考，那奉劝你还是相信直觉。

01
借出去每一笔钱都要做好烂账的准备

水果店，从门店增长速度和数量来看，可以说是仅次于餐饮店的门类。因为在很多人看来，开一个水果店，既不需要厨师，也不需要服务员，甚至不需要餐品研发，但消费者需求量还不小，听起来经营难度比餐饮店小多了。

而且，在淘宝、京东等各种生鲜电商都在分流线下水果店生意的情况下，实体水果店依旧遍地开花，让众多创业新手前赴后继进入行业中来。

那么开一家水果店有哪些坑呢？

今天故事的主人公叫小彭，他在读大学的时候，在学校周边开了一家清吧，赚到了人生的第一桶金。但到手的钱还没有捂热，就被发小借了 20 万元拿去投资，一直还不上。

于是发小提议，先还给小彭 10 万元。剩下的 10 万元怎么办呢？把他名下的一个门店抵给小彭免费使用 3 年，也就是以大约 3000 元 / 月的租金作为还款。小彭欣然接受，因为在小彭印象中，发小的这家门店位于他们老家比较繁华的老城区。

一开始，小彭想把这家门店转让出去，自己当个二房东，遗憾的是一直没等来那个接盘的冤大头。眼看店面空了两个月，相当于亏损了约 6000 元，小彭决定赶鸭子上架，自己开店，品类则选择了从小吃到大的水果店。为了解决进货资金问题，他还拉了一个以收租为生的有钱的朋友入伙（下文简称：包租公），两人各出资一半，利润平分。

表 1-3　小彭开店主要成本构成

项目	金额
门店租金	3000 元
店招安装费	300 元
立柜冰箱 ×3	9000 元
二手水果柜 ×2	11000 元（有一个水果柜还有点小问题）
水果架子 ×10	3000 元
收银	1000 元
打包盒等物料	10000 元
二手空调	1800 元
装修	40000 元（包租公家里是搞装修的，报价无法核实）
进货	30000 元
总计	约 11 万元

由于那段时间小彭还有主业，没有很多空闲时间，再加上包租公家里是搞装修的，所以装修和进货就由包租公完成。但是包租公要求小彭向他和他老婆两人支付一共 8000 元的工资。配送方面，由于县城很小，美团、饿了

么在小县城没什么配送优势，于是小彭让他的弟弟过来帮忙送货。

就这样，这家水果店开张了，而它的定位，从一开始就是个错误……

02
江湖险恶 切勿轻信他人

2019 年 8 月，水果店正式开张了。本以为自己可以赚上一笔，可等真的开了店，一大堆问题让小彭叫天天不应，叫地地不灵。很久以后，小彭才意识到，庭院深深深几许，套路深深深万里，都怪自己太年轻。

首先是选品失误。不同地区，人们对水果的消费习惯、喜好有很大的不同。

比如，一些北方人“囤”西瓜，几十斤起买，而很多南方人买瓜有时甚至只买 1/4 个。小彭没有经验，进货了一款宁夏西瓜，这个品种的特点是个头特别大、口感很好，小彭和他的家人都爱吃，最重要的是便宜，拿货价也就几毛钱一斤，他们拿了几千斤。但是，由于西瓜太大了，即便单价便宜，一个也要五六十元，而且顾客担心买回去吃不完，结果西瓜就滞销了，最后只好切开卖了一些，但还是亏损了好几千元。

其次是轻信他人。作为外行的小彭深刻意识到，自己需要补习开水果店的技巧。由于开店前，店里的设备都是向同行收购的，因此在收购的同时，小彭也免不了向他们讨教经验。但小彭还是太年轻了，不知道江湖险恶，有些人表面上跟他推心置腹，实际上把真假经验掺和着向他传授。

比如，有人告诉他，樱桃保鲜要多喷水，结果喷了水樱桃反而烂得多，仅仅在樱桃这方面，小彭每月的亏损就高达 1000 多元。

又如，同行告诉他不需要冷库，这样可以节省成本，小彭就没有安装。等到节假日的时候，小彭就傻眼了。原来水果行业也是有明显的淡旺季的，特别是节假日，会有大量的送礼需求，很多果篮或礼盒包装的高档水果会卖得很好，有时候几天的营业额就能顶淡季一个月的收入。但是由于他没有冷库，进不了太多的货，卖完了再进，配货又需要时间，等货到了中秋节都过完了，这就导致他在最能赚钱的那几天反而没有赚到那么多。

如果说前两种套路真假难辨，那么接下来要说的这个“杀猪盘”则是万年不变的老玩法了。东莞是广东的水果集散中心，小彭要进货，就必须去那里亲自挑货。在东莞的水果市场，有很多经销商，他们会带着水果店主们兜兜转转。小彭在那里认识了郝阿姨。郝阿姨的水果价格便宜，而且人还很热情，看上去很懂行，说起专业术语、内幕行情是一套套的，就这样把小彭给忽悠住了。

一开始，郝阿姨给小彭的拿货价是很低的，跟郝阿姨几次打交道下来，小彭真心认为郝阿姨是个“好”阿姨，刚好自己也懒得大老远跑过去，所以之后的配货都找她了。

但是后来几次进货，小彭发现进价越来越高，甚至已经比肩零售价。实际上，这些都是郝阿姨的套路，她放长线钓大鱼，在钓小彭上钩之后，开始慢慢涨价，慢慢地放小彭的血，不仅货的质量越来越差，价格也越来越高。这种套路，就是专门用来割小彭这种新“韭菜”的。

最后，被套路固然可悲，而果品的损耗率更是高到离谱。别的水果店水果的损耗率是 5%，而小彭的损耗率达到了惊人的 10%。

小彭研究了一下发现，他的竞争对手因为拥有好几个店面，索性自己买了货车。竞争对手凌晨出发去运货，早上开店前能回来，而小彭他们早上出发，货到的时候已经是下午了。夏天天气热，货物放在店里的那个二手冰箱里，实际的湿度比标刻的要大，导致坏果率极高。等到发现冰箱有问题的时候，果品已经坏了一堆。

另外，由于没有冷库，贵价的水果损坏率特别高。比如车厘子，小彭自己进货了太多，又没有冷库来储藏，于是亏了大几千元。

03
枪打出头鸟　警惕同行

虽然开店前期遭遇了很多挫折，但当时的小彭坚信这是短暂的，好日子在后头。因为他的微信营销成功了。

事情的经过大致是这样的：小彭做了一个公众号，通过微信朋友圈，做了一波大促销和充值返钱活动，并且承诺，水果不新鲜就退货退款，还建了一个会员群。

小县城一共有 40 万人，而小彭的那篇微信营销文章阅读量达到了 10 万 +，也就是说，县城里大约 1/4 的人，都知道了他的水果店。这一波营销，带来的营业额达到了 5 万元。

然而，常言道，枪打出头鸟，最美的姑娘遭人恨。

要知道，小县城做的都是存量生意，小彭的水果店开张之后，做了声势那么浩大的营销，自然就引起了同行的警觉，这时候“狗血”的事情就来了。

大家可能都知道榴莲要爆了才能吃，一般顾客付款的时候店员都会叮嘱一下这一点，结果连续好几个人买回去，不等爆了就直接开刀，然后就说是生的，一点也不好吃，必须赔偿、退货，还在微信群里一唱一和说小彭的水果店坑人。小彭无奈只能给他们每人又送了一个榴莲。

之后连续几天，都出现了同样的情况。这时候小彭感觉不对劲了，这分明就是其他水果店派来专门搞破坏的间谍，但是他又解释不清，只能继续退换货。而且这种事不止一件，还有的人买山竹专门挑果蒂不好的（山竹果蒂比较绿、坚挺的，就是新鲜的，反之就不新鲜），小彭为类似的事情赔了好多钱。

尽管开业大酬宾这几天的营业额高达 5 万元，但是一大票间谍中的战斗机，直接把小彭的水果店拍死在了沙滩上。

遗憾的是，小彭的苦日子还在后头。

第一，定位不符，望洋兴叹。小县城年轻人大量溢出，老城区留下的都是老年人。而这类人群，对价格是极度敏感的，带来的最直接影响就是中高端定位做不起来。就拿小彭不惜高价进货的榴莲来说吧，这类果品通常会出现在中高端水果店里，作为高客单价的代表。本以为高端大气上档次的榴莲能赢得食客们的青睐，谁料消费者们根本不在乎品质，情愿去消费超市 13

元 / 斤的榴莲，也不愿意购买小彭 15 元 / 斤的高端货。再看看超市，人家体量大，拿货价远比小彭的门店要低。所以眼看着别人家大业大、稳赚不赔，小彭只能望洋兴叹。

第二，一叶障目，不见泰山。小彭这家门店看起来位置很不错，在两条路的交叉口，但前面有很多绿化带，开车过来买的话很容易找不到路。小彭说，甚至有人加了客服微信，想来店里亲自选水果，结果开了导航都找不到路。这也就意味着街边店能够拥有的自然客流量，小彭做梦都别想拥有。

最坑的是合伙人包租公包租婆这对夫妻，拿着工资，实际上只是在店里坐着。小彭碍于面子，也不好意思跟他们扯皮，只能再花钱雇了一个阿姨和几个临时工，帮忙负责店里的日常运营。因此，门店人员的工资成本一直都居高不下。

04
你永远可以相信直觉

随着日子的推移，小彭的水果店经营越来越难，不新鲜的水果堆积如山，最惨的时候，小彭每天都要被迫含泪吃掉很多不太新鲜的水果。最终，倒闭时刻不期而至。而事件的导火索，和包租公夫妇有关。

由于门店人员工资成本很高，小彭就想请包租公的老婆离开门店，但是包租公不愿意，声称如果要开了他老婆，他就直接退出水果店，最终没谈拢，一切照旧。

这个事情成了压垮水果店的最后一根稻草。2020 年 1 月，小彭的水果店倒闭了，没挺到过年。

小彭意志消沉，善后的工作由包租公来处理，据他所说，对于之前办过会员卡的顾客，要么直接送水果，要么直接退了现金。至于店里的设备和剩下的货，就急售转卖给了他人。

故事讲到这里，大家会不会认为，包租公一直在“摆烂”？但实际上，包租公在共同经营水果店期间，一直在偷偷地学习怎么经营水果店。就在小彭的水果店倒闭几个月后，包租公在吸取完所有经验教训之后，开了属于自己的水果店，现在他的水果店不但站住了脚，还开了一家分店。

如果你感觉在负重前行，那一定是有人压在你身上“岁月静好”。

如果你自诩理性思考，那奉劝你还是相信直觉。

水果店，是一个典型的“零碎型蚂蚁市场”。目前有几个比较知名的连锁品牌：百果园、鲜丰水果、上果家等，有些连锁店还会出现在某个特定的区域，比如长春的果婆婆。但这些品牌的经营模式基本是“水果店 + 果切店 + 果捞店 + 果饮店 + 零食店”的组合形式，不只卖水果。

这几个知名连锁品牌看起来门店数量很多，但占整个市场的份额加起来还不到 5%。究其原因，水果损耗大、冷链成本高，不同的水果其实是不同的品类，它们的储存、管理、运输方法都是不一样的。流通问题、库存周期管理等一系列因素导致损耗率极其不可控，很难实现高毛利。

消费者对水果店也没有所谓的忠诚度，哪家便宜买哪家，今天这条街来了一辆流动大货车，水果便宜，吃起来也不错，那这一天这条街上的水果店的生意注定会被分流。同时，现在的生鲜电商和社区团购，对线下水果店冲击也比较大，特别是适合成箱购买、耐放的水果，线下门店的价格和质量都不具备优势。

最后，对于想在小县城做类似水果店这样存量生意的朋友，我送给你一句话：

江湖险恶，居心叵测。友商不友，明争暗斗。想要开甜蜜蜜的水果店，就要准备好吃下“烂果”的苦。

BOOK
GYM

宠物店：
选错好友来合伙，赔了本钱又伤情

选合伙人这件事不应仅仅基于对友谊的信任，而更应基于对对方专业能力以及处事能力的信任。这两种信任的本质是不一样的。

01
定位很重要

曾经有不少粉丝朋友问我这样一个问题：如果想跟别人合伙开一家店，多年的好朋友是不是最理想的人选？

答案或许并不是绝对的。

但做生意一定是理性主导的，无论你的合伙人是谁，开店一定要有协商一致的目标、明确清晰的定位和共同的心理预期。

接下来我们要讲的这个案例，正是一对昔日好友合伙开店失败的破产案例。

先让我们来聚焦一下这对曾经的好友选择经营的行业——宠物行业。

随着人口结构变化、消费能力提升、生活观念改变以及宠物数量持续增长，宠物行业消费需求不断增加。同时，随着人们对宠物的重视程度日益增长，消费者的消费意愿也将进一步增强，为宠物经济的发展持续带来新的增量。

我们今天的故事主人公小袜，和她高中时期就认识了的朋友小裤，两人都很喜欢宠物。在机缘巧合之下，她们决定共同开一家属于她们自己的小店。可是，就算宠物经济不断发展，她们的宠物店还是倒闭了，两人甚至最终走向了反目成仇的结局。

在讲述她们的故事之前，让我们先来思考一个问题：要经营好一家宠物店，最重要的一点是什么？

其实说来也简单，无非就是店铺的定位要与周边社区的定位一致。宠物店再好，对于两三公里以外的猫猫狗狗，也是远水救不了近火。你周围的社区是什么定位、社区里的宠物主人有怎样的需求，你的宠物店就应该与之相匹配。比如你周围的社区人口老龄化严重，中老年人的消费能力与消费需求显然与年轻消费者不同。因此，如果宠物店走高端定位，显然就带不起流量了。

02
从一开始就南辕北辙

接下来让我们进入小袜和小裤的故事。

经过前期走访调研，小袜和她家境殷实的好友小裤看中了某个连锁宠物店品牌，她们都很喜欢这个品牌宠物店的装修风格。因此，她们一致决定加盟，并在 5 万元和 10 万元两档加盟费中选择了较为便宜的一档（品牌方承诺提供货源和设计图纸）。装修的事情则交给小裤，她家里是做建筑行业的，在装修这方面可以省下一些预算。

当时的小袜是有正式工作的，开宠物店只是她的副业。频繁出差的小袜出于对高中就认识了的好姐妹小裤的信任，将选址装修等前期准备事宜全权交给小裤。

一个关键的问题在于，这对合伙人本身的处事风格、思想观念、商业理念从一开始就南辕北辙：小袜想做一家能赚钱的店，但小裤只想做一家符合她理想预期和个人情怀的店。而这正为后来她们关系的破裂埋下了伏笔。

03
顶配！顶配！顶配！

原本，小袜想做一家最普通的给宠物洗澡、护理的店。既然品牌方给了设计图纸，那么找几个工人就可以直接开工装修了。但是小裤完全没有采用品牌方的图纸，而且另找了一位设计师。尽管对方因为与小裤父亲相识，仅收取了 1 万元绘图费，但这笔费用对于两个初出茅庐的创业者而言还是严重超支了。

更要命的是，小裤将宠物店的所有东西全部设置成了顶配！宠物店的玻璃甚至用了高档五星酒店乃至七星酒店才会用的电控雾化玻璃，通电的时候玻璃是透明的，断电的时候玻璃是雾面磨砂效果的，一块玻璃的价格就将近 4000 元。像这样的玻璃小裤一口气就买了整整 3 块。更令小袜不能理解的是，这些玻璃被安装在宠物洗澡的区域，目的是保护宠物的“隐私”。

再看看其他一些设备：

给宠物精剪用的工具，如剪刀、吹风机，价格也相当昂贵，加起来约等于 2 个戴森吹风机的价格。

本来完全可以采用不锈钢一体化的台盆做宠物洗澡区域，但是小裤偏偏要用极其考究又不方便清理，且价格昂贵的高端瓷砖，更是额外付钱请来专业工匠贴出了 3 个瓷砖池。

整个店铺差不多 1/4 的面积被设计成了顾客休息室。

此外，小裤还购置了一台昂贵且专业的咖啡机，但是后期由于没有咖啡师，客人又不会使用，这台价格不菲的咖啡机基本处于闲置的状态。

这哪里是宠物店，分明是高级沙龙！

04
问题重重

好不容易还有3天就要开店了，加盟商老板本来说好提供的3个店内宠物展示柜迟迟没有做好，再去找其他供应商定做也来不及了。于是，小袜不得不以所谓的低价购买了加盟商老板自己店铺里的展示柜。原以为捡了个便宜，后来经打听才知道那家店已经转手不干了，里面的东西正在清仓甩卖。小袜买到的展示柜，本来是要被当作建筑垃圾扔掉的。

再来说说货源的问题。拿到的第一批“货”，也就是宠物猫和宠物犬，平时养宠物的小袜打眼一看就知道品质配不上价格。她自己研究了货源之后，就发现直接从猫舍以及宠物犬养殖场拿到的活体，价格和品质都更好。宠物用品也是，根本不需要从品牌方那里进货，货源价格非常清晰。这么看来，当初5万元的加盟费只是买了个品牌名称，并没有给小袜带来任何实质性的帮助。

招聘当然也是一个问题。由于小袜和小裤对招聘没有预期，实际操作时两人的意见出现了重大分歧。服务行业招人本来就特别麻烦，要招那种会照顾、伺候猫猫狗狗的员工就更是困难。有很长一段时间，她们根本招不到人。好不容易小袜对一个应聘的阿姨比较满意，结果小裤看不上，觉得那个阿姨只会给宠物洗澡，店里还是得有会精修的Tony老师才行。于是她跨了好几个省挖了一个从宠物美容学校毕业的手艺人过来工作，付给他8000元/月，结果人家要求她为自己的老婆也安排工作，不然就拒绝Offer。

小袜当然不同意，但是在小裤的强硬坚持下，最终无计可施，只能接受。她们还给夫妻俩包住，房租3000元/月。

等到正式营业的那一天，店里又出了“幺蛾子”，两位不速之客不请自来。

原来是合伙人小裤找中介看商铺，看中了之后，又绕开了中介，偷偷联系了房东把房子租下来了，没给中介服务费。

看着对方来势汹汹，自己又是没理的一方，小袜只好给了他们一笔钱。

刚开始，宠物店的营业额还不错，每天能达到 1000 元左右，但是小袜知道，这并不长久，因为来消费的人里，有近一半的人都是来捧场的朋友。果不其然，后来营业额就跌到了平均每天五六百元。

而之所以来她们店里消费的人这么少，最直接的原因就是她们店里的宠物洗澡客单价比市场价高了 1 倍左右。所以很多人都去了旁边更便宜的店给宠物做洗护修剪。

为了拯救客流量，小袜想着用最简单、低成本的方式——发传单来吸引顾客。她去了附近的一个公园，有很多年轻人傍晚在这儿遛狗。小袜本来想拉着小裤一起去，但是小裤嫌掉价，宁可在店里喝咖啡也不愿意去。

05
分道扬镳

最终，小袜放弃了自己投入的 15 万元，跟朋友小裤分道扬镳了。

其实，小袜和小裤的决裂不是没有前兆的。

盲目追求高端顶配的小裤花起钱来大手大脚。早在开业之前，小裤就已经把 30 万元的预算（包括小袜的 15 万元）花得精光，而她自己又追加了 10 万元。此外，双方在合伙前也没有对一些极端的情况进行预设。比如当前期预算全部花光后，后期如果要追加投资该怎么处理等。

这样一来，小袜觉得是对方前期多花了钱才导致了如今的境地，而小裤觉得自己后期多花了钱，理应由自己说了算。双方都积攒了对对方的不满。

其实小袜在预算花光了的时候，就萌生了退出的想法。然而，小裤以友谊作为筹码挽留小袜，这才有了后面的故事。作为彼此的合伙人，小裤在定位上跑了偏，而小袜立场不够坚决、听之任之，这才硬生生地把一家原本能赚钱的店变成了空有情怀却赚不到钱的负面教材……

几个月后，将小裤的联系方式拉黑的小袜偶然路过两人原先开宠物店的地方，惊讶地发现店还在，只是老板换了。这位老板不是别人，正是她俩当初加盟时的加盟商老板。原来，小裤自己经营不下去了，便以 20 万元的价格将前期投入整整 40 万元的店铺转让给了对方。小袜恍然大悟，原来竹篮打水一场空，到最后受伤的只有自己而已。

其实，朋友相交，讲求的是“义”字，相互平等、相互尊重、相互理解、相互扶持、不求回报；生意经营，讲求的是规则有序、赏罚有道、分利合理、上下协调。所以，我们来划重点：切忌将交友之道放在创业中，不然只会伤人伤己。

由此可见，选合伙人这件事不应仅仅基于对友谊的信任，而更应基于对对方专业能力以及处事能力的信任。这两种信任的本质是不一样的。

小众健身房：模式小众，选址跑偏，“完美”健身房“人间蒸发”

创业做生意，最可怕的不是赚不到钱而后及时止损，而是你永远都和赚钱一步之遥，却总是贴钱继续……

01 “人间蒸发”

我们今天要讲的这个故事，是从一个崭新的视角切入的。

投稿人小郑并非之前故事中的店老板本尊，而是老板手下的直系员工。

从员工视角看破产，自然与从老板视角反思自身的破产有很大的区别。

因此，这篇文章或许可以带给你不一样的启迪。

在之前的故事中我们提到了“可视范围内的巨大偏见”，接下来我们要探讨的行业同样存在这个问题。

提到健身房，不少粉丝纷纷感叹，这是一个暴利行业。

理由很简单：许多人办了一张健身卡，但是一年去不了几次，健身房简直是躺着赚钱！

但真相往往并非大家想象的那样。要知道，不是所有的蓝海都是蓝海，有的蓝海可能只是一片死海。

说到健身，可能我们第一个想到的就是成立8年、融资8轮、注册用户超过2亿人但长期以来持续亏损的线上运动类App——K××。

时运不济、命途多舛的K××似乎并不受幸运女神的待见，在特殊的历史时期迎来了短暂的盈利曙光之后，便陷入了萎靡不振的状态。为了盈利，K××所在公司也做出了开设线下实体健身房的尝试，但由于难以平衡盈亏，总体情况也不尽如人意。

做线上健身业务的企业活得如此艰难，那线下健身房还好吗？为什么会有那么多线下健身房一夜之间人去器材空、卷铺盖卷钱跑路、“人间蒸发”？健身房经营的难点究竟在哪里？

02
“惊天地、泣鬼神”

想要找寻这些问题的答案，还是从小郑的故事讲起吧。

小郑，健身房运营经理，上有一个老板，下有两个小弟。小郑是一位肌肉猛男，与纯粹的肌肉猛男相比，他又心思细腻。从事健身教练工作的他，在健身房与老板相识，两人一拍即合，决定合伙创业。

这位投资人出身的老板颇有战略眼光，瞅准了相对小众的CrossFit玩法，将之作为未来店铺的商业模式。

何谓CrossFit？简单地说，就是一种轻场地、轻器械、重交互、重效果的“团课”，与传统健身房的“团操课”类似。

说起CrossFit的好处，小郑的老板头头是道，他甚至觉得，自己的战略堪称完美，能把传统健身房的三大痛点逐个击破！

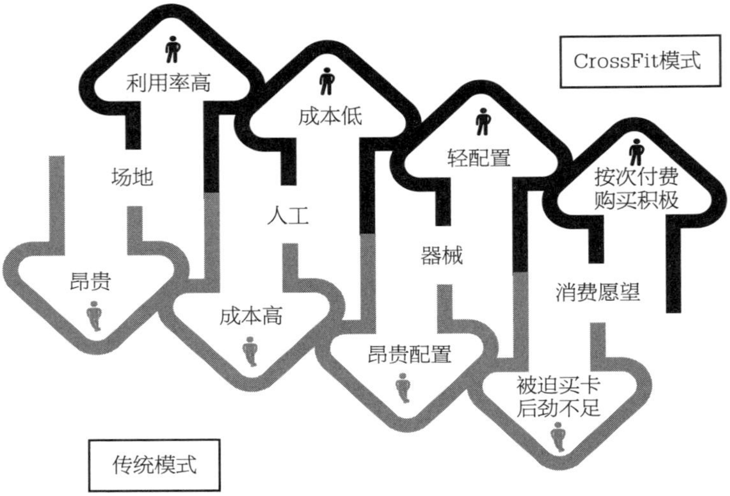

健身房的传统模式与 CrossFit 模式对比

与此同时，对健身房从业人员而言，传统健身房教练都有很大的业绩压力，底薪也很低。而在 CrossFit 这种模式下，教练可以不背负销售 KPI，能更专心地服务客户。

传统健身房的模式是：前期预售赚一笔钱，中期卖私教课。所以说，当卖私教课的收入不足以支撑日常运营的时候，健身房就倒闭跑路了。当大量传统健身房因为口碑不佳、现金流中断而倒闭的时候，小郑他们觉得，这简直是从天而降的抄底机会。

他们越想越美，觉得这个模式发展起来之后，只须不断复制，就可以完全击垮传统健身房，再开几家就可以席卷全国，成为颠覆整个健身行业“惊天地、泣鬼神”的教科书级壮举。

03
赶不上变化

不得不承认，计划赶不上变化。小郑没能摊上一个料事如神的老板，却摊上了一个料事如神的房东。

老板和小郑一开始的想法是“农村包围城市”，说得好听，其实就是不甘心给房东打工，不想付太高的房租。他们的首家店选址在了某一线城市靠近城乡接合部的地方，周边房价约为 5 万元。这个店旁边有条马路，马路一侧是高档小区，另一侧是拆迁户的房子。

为了省租金，小郑他们选择了拆迁户的房子这一侧。前任店主刚好也是开健身房的，他的店倒闭了，于是把器械抵押给了房东。所以，房东其实向小郑他们收两份钱，一份是房租，另一份是器械租用费。房东的高明之处在于采用了押三付一的收租方式，其实就是料定了小郑他们的健身房干不长久。而这次主打“抠门”的选址也成了老板和小郑失败的开始。

表 1-4　健身房开店投入

项目	金额
租金	700 平方米，押三付一，3 万元 / 月（押金为 9 万元，最后也没退成）
装修 + 器械租用	1 万元 / 月（包含一些简单的哑铃之类的器械）
物业（包水电）	0.5 万元 / 月
人工	5 个人，约 3 万元 / 月
合计	约 17 万元

健身房没有做前期预售，门店里只有 2 个教练，卖团体课，按次付费，来 1 个人也开课，封顶 12 个人（每节课 2~5 人，1 天最多也就 4 班，1 天 15~20 人；1 节课 120 元）……根据这样的情况计算下来，客流量要达到日均 30 人以上才能到盈亏平衡点。老板的意思是，只要一家店能够达到盈亏平衡点，就说明这个模式能够跑通。

因为被许诺了股份，2 个教练拼尽全力去发展壮大健身房，早 7 点晚 10 点，中午不午休，要负责推广、拉新，晚上 10 点以后不休息，还要负责运营和客服工作。2 个教练的工资在业内算是比较低的，由于有股份，他们只拿固定工资，没有提成，每人 8000 元 / 月。

然而，酒香也怕巷子深。再好的模式，没有客源也无济于事。

在大部分人的认知中，健身房必须有跑步机，必须有固定器械。想改变人们的认知，难度很大。许多初次到来的客户见场地里器械不多，自然而然就流失了。

此外，选址策略也是雪上加霜。小郑他们为了降低房租成本，选址在拆迁户的房子这一侧，但是他们的核心用户全部都是高档小区那边来的。健身房距高档小区走路要 20 分钟，开车又只有一个红绿灯的距离，因为距离尴尬，留不住来的人。而且附近年轻人和流动人口不够多，来的主要是有孩子的中年人，可这些人的训练频率无法保证。

当时他们每个月的亏损在 2 万元左右，本来场地面积可以满足同时开 5 个班的需求，但是现在一个时间段只有 1 个班；本来一天能开 12 小时，结果只有 3 小时有客户上门。

04
错上加错

创业永远会遇到问题。怎么办？自救。

自救方式一：多业务发展，舞蹈、瑜伽课开起来

为了提高场地的利用率、解决小众 CrossFit 模式造成的客源稀缺问题，老板和小郑决定拓宽品类。

于是，老板聘请了兼职舞蹈老师，又大手一挥，砸钱 20 万元建造占地 100 平方米左右的舞蹈室。舞蹈老师确实带来了一批用户，但因为舞蹈老师是兼职的，一周只有 4 个晚上在。所以他们又想把空闲时间用来卖瑜伽课。瑜伽老师和舞蹈老师头脑清醒，只做兼职，按课时收费，给股份和门店整体分成都不要。

对于舞蹈和瑜伽品类而言，大众点评的搜索排名尤为重要。由于这家健身房类目是健身，因此搜索舞蹈和瑜伽这类关键词就无法搜到这家店，大大降低了新客到店的概率，舞蹈生源全靠附近的客户人带人。他们也做了抖音、微信推广，花了几万元，但效果不好。

就这样硬着头皮营业了一段时间，他们竟然从月亏 2 万元左右做到了月亏 1 万元左右。

老板见势头有所好转，觉得自己团队的能力和决策都没有问题，唯一的问题在于选址错了。于是他做出了一个错误的决定——在第一家健身房亏损的情况下开了第二家店。

自救方式二：连续开新店

之所以开第二家店，据小郑说，是他们的老客户给了他们勇气。他们的回头客都认可 CrossFit 这个模式，感受到了跟传统健身房完全不一样的健身氛围。这一批老客户积极参与维护健身房运营。运营 1 年后，健身房就差 1 万元就能过盈亏平衡点了，老板和小郑都舍不得放弃这批老客户，想留着第一个店继续做老客户的生意。

第二家店的选址就在第一家店附近的一个园区，这次还专门请了设计师来做门店装修，一共花了六七十万元。新店环境确实不错，但是这个园区因为受到新冠疫情的影响，入驻率仅为 30% 左右，新客规模远没有他们想的那么多。加上这个园区里很多公司都是做外贸的，外出跑业务的销售人员比较多，能来健身房打卡的人就更少了。再者，新店离他们的核心用户群又远了大约半公里，走路需要 30 分钟，只能开车或者骑“小电驴”来店，于是老客户也不乐意来尝鲜了。

到这里为止，按理说他们应该及时止损了，但老板和小郑错上加错，又开了第三家店。开这家新店的原因还是和之前一样：他们没有进行深刻地反思，把第二家店的失败再次单纯归因于选址问题。第三家店开在城市 CBD 这种人流比较密集的地方，投资在 50 万元左右，目前也还没有赚钱，所有压力几乎都是小郑一个人在扛。

05
避坑建议

运动这种延迟满足后见成效的事情，本身就是反人性的。再加上市面上还有许多据说立竿见影的懒人减肥法，向消费者传达着“不运动也能健康”的观念，于是，愿意运动的人越来越少。就真正的粉丝数量来看，健身市场已经饱和，挤进来也没什么发展空间。这个领域内，“韭菜”前些年已经被割完了，只剩下一地鸡毛。

读到这里，或许不少读者都有一个疑问：开健身房到底能不能赚到钱？线上的 K×× 平台现在已经是盈亏难以平衡的状态，线下健身房又面临着种种困境。健身房的未来到底是什么样的？开健身房是一个好的创业方向吗？

回顾小郑的问题，他和老板本来想做靠价值和服务生存下去的良心健身房，最后发现还是得卖卡，还是得推销，还是得成为那种“令人讨厌”的健身房，理想主义的模式只能存在于理想中。然而以上种种并不意味着健身房是不能赚钱的。

给大家一些我个人的避坑建议——

第一，选址是关键。

线下健身房这个赛道，目前市场规模确实非常有限。办卡渗透率方面，有行业报告说是 5%，但一个在健身行业从业多年的朋友告诉我，实际也就是 1% 左右。这就导致，健身房的选址非常非常非常关键。

根据住建部 2020 年的相关规定，一个小区大约可以容纳 1 万 ~1.5 万人，有 3 万 ~5 万人的为居民区。也就是说一片居民区，按照 1% 的办卡渗透率计算，也就 300~500 人能办卡。能盈利的健身房，一般至少有一半收入得靠私教课。私教价格方面，以上海为例，目前一次最少 400 元，一周 3 次，一个月就是 4800 元，所以选址的时候得找那些居民们能付得起这么多钱，还有时间运动的小区。

与此同时，健身房附近最好能有流动人口聚集区，比如高级公寓、商圈之类的，这样能带来消费增量。

第二，预付费是王道。

光靠按次付费，健身房肯定是活不下去的。很少有人天生喜欢运动且能够坚持运动，因此还是需要办卡和私教来制约人的惰性。而且现在房租和人工成本都在涨，光靠办年卡，健身房也活不下去，能盈利的店还是主要靠私教。

其实我觉得，办卡≠诈骗式推销≠跪着挣钱，推荐客户办卡，也是可以相对体面的。因为健身其实是一件非常专业的事情，涉及解剖学、营养学、运动科学等，好的教练学习这些知识都是有成本的。如果教练足够专业，让客户为专业付费一点都不丢人。

还有一点，健身行业同时也是一个服务业。由于运动本身是反人性的，所以教练要能给客户提供情感价值，要在客户很累、坚持不下去的时候，给客户有效的鼓励和监督。鼓励人也是一门技术活，同样值得客户付费。

此外，大多数人去健身房更多是冲动消费，所以最好一次就收 1~3 年的钱，而不是让他按次付费。如果按次付费，他可能就再也不出现了。从消费者心理来看，按次付费会让消费者每次去运动都心疼一下自己的钱，而办年卡可能一次性就把钱都花出去了，也就心疼那一下子。

由此可见，按次付费这种理想主义的良心模式或许真的不是一个实战中的好模式。

理发店：
老板城府深，队友拖后腿，半年破产引人深思

要么卷实力，要么卷铺盖。这是理发行业颠扑不破的真理。

01
一技之长

人生本无常，大肠包小肠。尽管有许多事让人肝肠寸断，但是，为了满足自己的辘辘饥肠，还是先赚点钱再说吧。

对于个人而言，选择一个职业，除了实现个人价值，还有一个很现实的目的，就是赚钱。如今的时代，各行各业越来越卷。但是，想要获得不错的收入，并不是只有考上名牌大学这一条出路。

一直以来，我国许多高校对专业技术人才的培养并不十分重视，这就导致各行各业的专业技术工作者十分稀缺。许多身怀一技之长的专业技术工作者，赚到的钱往往不亚于，甚至多于大学毕业生。这或许就应了那句老话：你走你的阳关道，我过我的独木桥……

今天我们要聊的这个行业的技术人员，人称 Tony 老师，手执一把剪刀，搞定“头”等大事。没错，就是理发师。

理发师是一个门槛很低的职业，对学历没什么要求。但这个职业的天花板却相当之高。常言道，没有对比就没有伤害。许多优秀的 Tony 老师不是在学习提升，就是在去学习提升的路上。优秀的 Tony 老师艺高人胆大，可以说是一“剪”难求、客人盈门。但倘若没有经过专业培训就匆匆上岗，这样的 Tony 老师恐怕难免会把理发店变成大型灾难现场。

我们今天故事的主人公佩奇是一名前 Tony 老师，在历时半年的创业失败之后，他毅然决定金盆洗剪刀，永世不当 Tony 老师。其实，佩奇老师的失败并不能归结于技术原因。背后的主要原因，还要从一位坑人的老板和一位拖累人的队友说起……

02
另起炉灶

故事要从一位少年的 18 岁讲起。

18 岁那年，年轻的佩奇由于成绩不佳，早早辍学，进入了社会，来到一家理发店打工，从此开启了一名 Tony 老师的职业生涯。

那是一家神奇的理发店，说它神奇是因为它简直就是人情社会的缩影。小小的理发店里，充满了家族裙带关系。店里几乎人人都和老板沾亲带故：除了老板的堂弟、表弟、侄子、外甥，还有老板亲戚的堂弟、表弟、侄子、外甥，以及老板朋友的堂弟、表弟、侄子、外甥，只有佩奇老师一个外人。

随着老板亲戚朋友家的孩子不断涌入，小小的理发店已经容纳不了这么多员工了。眼见自家店生意还不错，老板决定，开一家新店。

佩奇老师家里也是做小生意的，拥有经商头脑的他此时此刻心想：一直打工也不是长久之计，正好有这个机会，得跟老板谈谈，争取入股新店。

没想到一谈，老板非常爽快地答应了。而佩奇老师呢，自然格外珍惜这个另起炉灶的机会。想到自己即将成为老板，他几乎做梦都要笑醒。

那么，新店的股份是怎么分配的呢？

一共 4 个股东，老板、老板的表弟、老板朋友的侄子，和我们的佩奇老师。

股份分成 4 份，每人占股 25%，每人出 3 万元，一共 12 万元。佩奇老师感到自己从那一刻起正式走上了人生巅峰，一举从打工人升级为坐拥 1/4 家理发店的小老板。

说干就干。2019 年 3 月份，4 位股东开始张罗着找店面了。

那时候佩奇老师才 19 岁，只会剪头发、做发型。所以，门面选址当然还要老板出马。呼风唤雨的老板借助强大的关系网，在他朋友的朋友的朋友的介绍下，找到了一家在工业区的街边门店。那家店本来也是一家理发店，正好要转让。

那家店的老板说，他回老家相亲，找了个老婆，现在要夫妻双双把家还了，所以决定忍痛割爱转让自己的店。他还给佩奇老师他们看了每个月的账本，一个月流水在 2 万 ~3 万元，年底能达到 5 万元左右。后来佩奇老师他们的理发店倒闭的时候，他们才发现前店主给他们看的账本是作假的。

佩奇老师所在的城市，是福建沿海的一个三线城市。他们看中的这个门店，在一个工业区里。工业区里有大大小小 100 多家工厂，每家工厂有几百上千人，所以，这里聚集着十几万人口。

但是，工业区里大多是男性，男女比例大约是 5 ∶ 1。大家都知道，理发店嘛，无非是开门七件事，洗剪吹烫接染护。其中，赚钱的大头是做烫染，剪头发只是用来引流的，指望单靠剪头发来赚钱，那简直连西北风都喝不上。

做烫染的大多是女性，而这个工业区里男多女少，这就给他们的生意惨淡埋下了种子。

这个工业区里，进厂打工的务工者们平均工资在 4000~6000 元，厂里一般包吃包住，大部分人都比较节省，可能每个月就花个千把块钱，剩下的钱都要寄回老家。这就决定了他们不可能在理发这个项目上花费太多。

然而当时，沉浸在当小老板的喜悦中的佩奇老师，压根就没有意识到这些。

他们几个人去看了一下店面，还蹲点了几天，统计了每天经过的人数，发现路过的人简直摩肩接踵。

年轻的佩奇老师觉得自己马上就要发财了，他早已在心中制订好了N个“五年计划”。

03
入不敷出

之前讲过，新理发店有4个股东，老板、老板的表弟、老板朋友的侄子，还有佩奇老师，每人出资3万元，各占股25%。为了讲述方便，我们就直接称呼其余3位股东为老板、表弟老师、侄子老师。

佩奇老师、表弟老师、侄子老师都在新店工作，老板还在老店待着，只出钱不出力。所以他们约定，新店经营起来之后，分红是老板分10%，其余3个人每人分30%。

资金投入方面，转让费3万元，房租3000元/月，半年一交，共交1.8万元，押金1万元。租不满一年押金不退。

这样算下来，店铺到他们手上时，他们已经花了3万元转让费+1.8万元房租+1万元押金=5.8万元。

由于这个店铺装修比较陈旧，老板说要重新装修一下，于是，他们又花了5万元装修，前后历时一个月时间。至此，前期投入已经达到10.8万元了。

因为这个理发店里本来就有一些设备——前店主走的时候都转让给他们了，所以佩奇老师他们只须补进一些烫发、染发产品和小型设备就可以了。但即使是这样，也花了5000元左右。至此，他们前期投入的12万元基本上已经花完了，仅留下几千元作为店铺的周转资金。

开业之前，店里招了一个洗头小弟，工资为2200元/月，包住不包吃，一个月用人成本大约是3000元。

表 1-5　佩奇老师的理发店前期投入

项目	金额
转让费	3 万元
房租、押金	3000 元 / 月，半年一交 =1.8 万元，押金 1 万元
装修	5 万元
染发、烫发设备和产品	5000 元
水电	1000 元 / 月
员工：一个洗头小弟	工资 2200 元 / 月，包住不包吃，一个月的成本为 3000 元左右

5 月份，佩奇老师和他的小伙伴们欢欢喜喜开业了。

这个工业区里原本有 2 家开了很多年的理发店，加上佩奇老师他们的店，就有了 3 家理发店。

没想到等佩奇老师他们的店装修好，附近又新开了 3 家理发店。也就是说，工业区里一下子有了 6 家理发店。

经过一番打探，佩奇老师惊讶地发现，别人家店转让费只要 1 万元左右，到头来自己竟当了冤大头。

开业之后，他们的客单价是男士剪发 25 元、女士剪发 30 元，洗头 20 元，烫染单项 288 元起，周边几家店差不多都是这个价位。

第一个月，他们只做了 1 万元业绩，扣掉房租 3000 元、水电 1000 元、洗头小弟成本 3000 元，只剩下 3000 元。他们 3 个人每人分到 1000 元。

3 个自己给自己打工的股东，赚的还没洗头小弟多。老板看钱太少了，就没分属于他的那 10%。

看到这里你可能有个疑问：房租不是一开始交了半年的了吗，怎么还要交？因为他们把下次交房租的钱预留了出来，这样下次就不用自掏腰包了。

钱赚得少也就算了，更要命的是这家接手过来的店竟然“欠了一屁股债”。新店开张时，陆陆续续有好几位阿姨跑来店里，说她们在之前那个老板那里充了卡，要来烫头发。

原来前老板走之前，忽悠阿姨们充值了卡金，充 500 元送 500 元，前老板说，这个店铺接下来是自己的表弟接手，到时候给大家安排做项目。

这时候，他们才知道这个店铺的前老板就是个“大忽悠”。

第二个月，他们的业绩更差了。只做了 8000 多元的业绩，扣掉 7000 元的成本，只剩下 1000 多元，3 个人一分，连吃饭的钱都不够。

04
碎了一地

由于这个工业区里一下子冒出了 6 家理发店，价格都差不多，所以，拼手艺的时候就到了。

但是佩奇老师和他的小伙伴们偏偏摊上了一个猪队友，就是表弟老师。表弟老师那个时候刚学会理发，给客人剪坏了好几次，处理方法都是直接给人免单。

但是免单、没收到钱是小事，名声臭了才是大事。

工厂里的工友们，很多是一个村里或者隔壁村一起出来打工的。表弟老师把客人的头发剪坏了以后，人家回厂里马上就和伙伴们吐槽了：“你们千万别去那家佩奇理发店，哎，这技术太烂了，瞧给我剪成什么样了！”

有一天晚上 5 点多，来了个大哥，表弟老师给他剪了头发，大哥照了照镜子，挺满意的，就回去了。过了 1 小时，大哥的老婆就带着大哥冲了回来。原来，大哥头后面的头发被剪秃了，只是从前面看是好的。他老婆嗓门特别大，吵着要退钱，整条街都听到了。

还有一次，有位年轻女士来染头发，她从手机相册里翻出一张照片，说要染成这种“忧郁的天蓝色”。表弟老师一看，很自信地说没问题，染到她满意为止。第一次染出来的颜色，女士说不对。表弟老师又给她染了一次，女士又说不对。于是表弟老师又染了一次，反反复复。最后，女士的头上出现了 7 种颜色的头发，表弟老师拎起其中的一撮，问：“这是不是你想要的

‘忧郁的天蓝色’？”

那个天蓝色忧不忧郁咱不知道，反正那位女士是快忧郁了。最后，表弟老师还厚颜无耻地收了人家 700 元。

这样的事情多了，一传十、十传百，佩奇理发店可以说是臭名昭著，于是后来生意更差了。

虽然表弟老师技术这么差，但他们几个人股份都一样，另外两人也不好说什么。

为什么表弟老师技术这么差呢？当然是因为他没有上过理发培训班了。

不过，其实上了培训班的佩奇老师也没有学到什么真本领。前面我们说过，Tony 老师的技能更新迭代重度依赖培训，但目前市面上培训的品质良莠不齐，需要擦亮眼睛鉴别。

佩奇老师怎么也没想到，他上理发培训班的第一天，居然是学习扎马步。扎好马步，举起手，手上拿一把剪刀，剪刀上挂一瓶矿泉水。老师说，手不能抖，腿不能抖，这是做这行的基本功。年轻单纯的佩奇老师一听，觉得非常有道理。

第二天学平剪。什么是平剪？一顶假发，头发披下来，要剪齐、剪平。第三天，学斜着剪，也就是打薄。

扎了 7 天的马步，挂了 7 天的矿泉水瓶，最终佩奇老师迎来了毕业大考——剪一个波波头。就这样，一个班几十个新 Tony 老师，学会了他们唯一会剪的发型——波波头，便奔向了街头巷尾大大小小的理发店。

至此，碎了一地的不仅是佩奇理发店的口碑，还有佩奇老师那颗年轻而敏感的心。

05
充卡一时爽

到了开业第三个月，也就是 7 月份，进入夏季了。沿海地区夏季很热，白天街上几乎没什么人。

工业区里的6家理发店日子都不好过。其中一家率先发起价格战，直接拉出横幅，打5折，剪发15元、烫染单项108元，佩奇老师一看都懵了，这个价格真的没法做，于是他们死扛着不降价。

但是，工友们大部分都是看哪家便宜就去哪家，佩奇理发店几乎没几个客人了，一个月只进账了3000元，已经入不敷出了。

没生意，他们就降了洗头小弟的工资，洗头小弟很不高兴，就辞职了，去了隔壁竞争对手的店里。

到了第四个月，实在没有生意，于是他们推出充卡活动来冲业绩。

具体的内容是：充100元，当天剪发1元；充200元，当天染发2元；充300元，当天烫发3元。这段时间还是有很多人过来占便宜的，理发店生意红红火火，仅1个月充卡金就达到了2万元，这是佩奇理发店的巅峰时刻。

本来之前说好的是，分红老板拿10%，其余3个人每人拿30%。但这次老板说因为是充卡金，和正常的营业额不一样，所以应该按每人25%来分。就这样，他们把2万元的充卡金分掉了，每人分到5000元。其余3个人不懂到底怎么算账，但可以分钱了都很开心。到后来，他们才发现，担任会计的老板娘在每笔进账上都要"雁过拔毛"，克扣一些油水。

常言道，充卡一时爽，销卡火葬场。

充了卡以后，客人来剪头发都是直接划卡金，店里几乎没有进账了。他们天天剪一些不收钱的单子，剪得很生气。

迫于生计，他们3个只能轮流出去摆摊挣饭钱。找一个人流比较密集的十字路口，摆上一把椅子，快剪理发，不洗不吹，10元/位。

因为价格便宜，快剪服务很受工友们欢迎，他们每次出去摆摊都有两三百元的收入。这个钱是不进店里的账的，谁剪的谁拿走，于是他们甚至会争着去摆摊。

但是有一次，表弟老师在摆摊的时候被人认出来了。"哎哎哎，这不是佩奇理发店的那个很拉垮的理发师吗，哎哟，怎么，混不下去了，只能出来摆摊啦，哎呀，你这手艺，摆摊也是不行的。"

表弟老师扛着椅子，灰溜溜地回了店里。这可真是好事不出门，坏事传千里，一个猪队友，坏了一盘棋。

06
十字路口

至此，在十字路口摆摊的佩奇老师，也第一次站在了人生的十字路口。

到了开业第六个月，佩奇老师提出了关店。

因为急于出手，他们以 1 万元的低价转让费找到了接盘侠。

接着，开始进入清账退股的步骤。刚好，佩奇老师的女朋友是学会计的。正是这位“别人家的女朋友”发现了老板每个月都通过做账黑掉了一部分钱，装修款也吃了不少回扣，多报了价格。

然而，由于没有真凭实据，加上当初熟人介绍进店的人情关系，不到 20 岁的佩奇老师当然不好意思和老板撕破脸，只能认栽了。

正好那个时候佩奇老师回老家处理事务，店铺就交给老板负责转让事宜。当时说好转掉了再分钱，把店转出去，1 万元押金还可以退回来。但是，后来就再也没店铺的消息了，他辗转打听到店铺不久就转让掉了，而老板再也没联系他。

之后，佩奇老师就离开了理发行业，收起他的剪刀，发誓此生再也不当 Tony 老师。

讲到这里，你以为故事结束了吗？

故事是结束了。但还有另一个思路，我们换个角度来复盘一下这个故事。

读者朋友，如果你是这个故事中的老板，你有很多老家的朋友、亲戚不断把孩子塞到你店里，因为一些原因，你不太好拒绝，这个时候你该怎么办？

有一种绝妙的方法，就是开一家分店，把一部分人支出去，但是要以入股的名义让他们掏钱，出去之后就各凭本事了，分店做得好你可以分红，做得不好，你损失也不大。从装修开始，就用吃回扣、克扣营收、分充卡金等方式，把投资的 3 万元陆陆续续都收回来。

支出去的这几个人，自己开不起来店，也怪不到你头上。最后把店铺转让出去，你还能收回来两三万元。

大家看出来了吧，这位老板可真是深藏不露的高手，人精中的人精！

说回理发行业，近年来，美容美发行业逐步向便利化、精细化、品质化方向发展，转型升级加速。美容美发已经成为继房地产、汽车、旅游、通信之后，我国居民的第五大消费热点了。

在颜值经济如火如荼的当下，除了脸，头发也成为消费者越来越重视的一个关键部位，近年来我国美发护发市场规模持续增长，2020 年市场份额达到 85.21 亿美元，占化妆品市场总额的 11.64%。[①]

越来越精细的市场划分，越来越差异化的定位和打法，想要开理发店发家致富，实力与技术才是永恒的王道。此外，选址、客群与自家门店的业务一定要匹配。比如做男士品质剪发的门店最好选址在高级商场，吸引一些具备购买力的优质客人。

要么卷实力，要么卷铺盖。这是理发行业颠扑不破的真理。

① 资料来源于行业报告。

民营书店：
情怀诚可贵，务实价更高

古人常说，书中自有黄金屋。可是从来没有人说过书店中自有黄金屋。

01
“光辉事迹”

别看我如今整天在商言商，但曾几何时，我和许多文艺青年一样，也是一位文艺青年。

我也和许多文青一样，梦想过拥有一家面朝大海，春暖花开的书店。

其实我不仅梦想了，这个梦想距离实现只差了最后一步。要不是因为仁慈的命运让我在即将开书店时及时按下了暂停键，我早已在个人创业史上增添了一笔哭笑不得的破产纪录。

来说说书店这个行业吧。这是一个神奇的行业，在你自身不具备任何优势的情况下，谁开谁倒，几乎无一例外。

因此，在开始讲今天的故事之前，我先奉上一首小诗，劝各位想开书店的创业者们：

从明天起，别再去开书店。

务实，勤勉，市场调研。

从明天起，忘记所有的执念。

你可以拥抱成功，

后退一步，海阔天空。

一顿煽情式吐槽完毕，接下来进入今天的故事。

先来说说一位拥有独立书店的博主吧。猫猫的独立艺术书店坐标苏州，她从2021年10月就开始坚持发表“今天书店也还没倒闭”的动态，每次间隔一两周，到2022年7月，依然在坚持。你或许会为挣扎在生死线上的猫猫捏一把汗，但你所不知道的是，如今的自媒体上，有太多独立书店经营者的哀号，像猫猫这样的，已经是凤毛麟角的幸运儿了。

接下来说说一位书店打工人。这位名叫小菌的文艺青年当初也觉得自己是幸运的天选之子，拿到了某知名书店的Offer。尽管到手薪资4000~5000元，远比预期的要少，但小菌依然觉得自己的人生即将改变，自己找到了心灵的归属，甚至可以学到经营书店的门道，以后拥有一家属于自己的独立书店。然而，入职一段时间之后，小菌彻底傻了眼。让我们来看看小菌的日常工作究竟有哪些：

- 负责接待来店的顾客（怠慢了就投诉你）
- 负责搭建产品的展示柜（展陈创意惨遭剽窃）
- 负责维护整理产品的陈列（陈列时有顾客就要优先让道）
- 负责清洁场地（兼职保洁）
- 负责熟悉会员的资料、防止会员流失、吸纳新会员（就是做营销冲业绩）
- 负责收银操作、独立进行收银工作（还要当收银员）
- 负责打包产品，熟悉各种产品的包装方式（还要当打包员）
- 负责到货后的搬运（到货后也要搬货）
- 负责店内的防盗、防损（少了坏了都得找你）

怀揣着对书店的满腔热情，小菌忍受着琐碎的日常工作，埋头一干就是

3 年。工作内容拆解开后，似乎看着并不太多，但是几乎每天都有新东西到货，所以工作内容需要每天循环重复无数次，并且上班的时候不能坐着、不能看书，还要参加非常多零零散散的培训……实在是折磨人。

“营销数据不好还要被说，一堆大大小小繁杂的事让你觉得每天都很忙很充实，实际上你根本就没学到什么，对于自己开店一点帮助都没有，现在想找工作根本没有什么所谓的一技之长！”现在的小菌基本上逢人就这样抱怨。

看了猫猫和小菌的“光辉事迹”，你一定对书店人的艰难感同身受。你或许会追问，书店行业能否通过改革经营模式来创造奇迹？还真有人怀着同样的想法。接下来让我们听另一个故事。

02
天意弄人

水渡是一名经营着两家书店的店主，他在机缘巧合之下接触到日本的一种“一周只卖一本书”的经营模式，这正是日本东京森冈书店的销售模式，凭借这独树一帜的模式，森冈书店荣膺“全球藏书量最少的书店”。

2021 年 3 月，水渡只身前往重庆，去实现他策划了许久的“一周只卖一本书”模式（下文简称：一本书模式）。

为了减少开店成本，水渡采取的是众筹开店的模式。一本书模式在当时没有成功的国内案例可以借鉴，他只能靠自己去摸索如何把店开得长久、开得有特色。

首先在每周的选品上，必须满足“一本好书”的硬标准。其次要有绝版书、特装书等稀缺货源。这些在网络渠道中并不容易买到的品类，更容易达到引流到实体店购买的目的，并且因为是绝版，库存更容易掌控。最后，独有的渠道使得利润也相对较高。

店铺选址在重庆的大学城附近，成本收益构成如下：

表 1-6　水渡书店的成本收益构成

项目	数额
房租	5000 元
装修	15000 元
志愿者补贴	2000 元
水电费	200 元
月销售额	15000~20000 元
毛利率	50%~60%

你一定很好奇，为什么成本构成中没有员工工资这一项内容？这是因为水渡的店内并不设置员工，主要是股东和志愿者们帮忙运营，来店的也有不少老师和学生，会一边看书写论文，一边帮忙打扫卫生，所以最大的开支——人工费，可以节省下来许多。并且在每周选书的时候，如果可以联系到作者或译者，书店就会邀请他们来书店举办签售会，给他们一两千元的差旅费。通过这样的销售模式，水渡在仪式感上拉满了格。

水渡还会为每周的图书设计独特的印章，印在书籍上，进一步增加仪式感和特殊性，每个月的设计费需要几百元。

水渡使用社交媒体为书店做宣传也比较成功，不少人会慕名而来，也会自发地帮店铺分享、转发活动信息等。

这原本是一次成功的书店模式创新：虽然没有赚多少钱，但整体的经营状况超出了水渡的预期，很多周都可以清空库存，给书店的扩大发展增强了信心。

我们不妨来总结他的三大优势：

- 志愿者们用爱发电，人工成本大幅削减
- 一周一书选品出众，独特印章无法复制
- 社交媒体打造 IP，只在线下方可购买

这三大优势，哪怕少了任何一个，对于他的店铺运营造成的压力都会非

常大。他希望在今后可以找到第四个、第五个优势，让盈利水平上升。

然而，天意弄人，水渡的店后来因为暴雨被淹了，40% 的库存书以及 50% 的店铺空间都受损了……这种熟悉的、被命运掐住脖子的无力感，在我们之前讲的火烧小吃店的故事中也出现过。总之，我们还是祝愿水渡尽快走出阴霾！

03
生存之道

看了这么多令人唏嘘的案例，你或许会问：不对呀，如今不是也有一些商场内的大型书店活得很滋润吗？再不济，看看老牌的新华书店，人家开了几十年不是依然屹立不倒吗？

为了解答你的疑惑，接下来我就为你解密书店行业的生存之道。

目前，国内的商场里开一个新式大型书店已经成为标配了。新式大型书店与传统书店最大的不同，就是选品。比如你在茑屋书店和诚品书店里绝对找不到红到发紫的《5 年高考 3 年模拟》等教辅类图书，因为它们入不了"格调读者"的法眼。但光靠卖书绝对支撑不了这样华丽的经营方式。即使算上商场为了提升格调给书店的租金减免和补贴，书店也难以光靠卖书存活。

所以，这些新式大型书店纷纷采用了整租后转租的二房东模式，该模式下的房租收入最高可达年报上利润的 70%。比如诚品书店的咖啡区、香氛区、配饰区等都是租给其他经销商的位置。这样一来，原本图书的销售毛利只有 20%～30%，但加上毛利在 50% 的文创类产品和毛利达 75% 的咖啡饮料类产品，就不愁赚不到钱了。

说到文创，就很有故事了。在茑屋书店，你看中一个标价 1500 元的杯子，非常喜欢，爱不释手，但是在网络上就是搜不到一模一样的，最终你只能乖乖买下。这就是茑屋书店独特的供应链优势。

再说说陈列方式，这里面也有学问。茑屋书店的陈列方式很有特点，它让书中展现的内容，直接出现在书架附近，使人不自觉地产生购买欲望并无限延伸。你甚至会发现，日本某家茑屋书店的旅行书区域，旁边就站了个旅行社的人，你看到心动的景色，直接跟边上的旅行社的工作人员下单，明天就可以出发。

说完新式大型书店，再说说传统书店。传统书店里，离居民区最近的书店，就是新华书店。大家可能觉得，里面可以随便阅读、免费吹空调，但在里面买书的人并不多，那么新华书店靠什么盈利？

其实，新华书店是一张巨大的销售网络，目前，全国有 2.8 万家门店，如此庞大的门店数量，可以把很多图书的进货价压到比其他经销商低 40%，如果是做寄销的书，就更不用担心库存压力了，到期卖不掉的书，直接还给出版社，稳赚不赔。这种规模效应，让新华书店拥有了极大的话语权，更不用说它在教辅书市场中是绝对的老大哥了。我们童年时代的《一课一练》就是新华书店的霸榜畅销书之一。

前面我们说过，新式大型书店不约而同地采用了整租后转租的二房东模式。然而，新华书店不是二房东，而是一房东，有自己的物业。比如，某家新华书店门头左手边，有 60 平方米的地方不用，租给了星巴克，那么星巴克每个月都是要交房租给新华书店的。

04
东边不亮西边亮

如此看来，以上这些书店巨头自身的优势，都是难以复制、无法超越的。那么，假如你一定要开属于自己的民营书店，这里有两个相对成功的案例供你借鉴。

西西弗书店：线下卖书销量少，网络营销来补位

在民营书店中，西西弗书店是收入规模最大、直营门店数量最多的书店之一，且库存周转率在同业内属于顶尖水平。它拥有 300 家门店，拥有超过 500

万的会员数量①。业务收入中图书收入占了75%，属于非常厉害的一个水准了，咖啡销售收入仅占了 18%，文创销售收入占了 6%，跟茑屋书店走了完全不一样的路线。

但其实统计下来，我们这个年代的读者中只有 20% 的有购买纸质书的需求，而西西弗书店针对的则是剩下 80% 的增量市场。西西弗书店整体打法侧重于互联网以及大数据的演算，制造了比较多的互联网营销事件。通过一系列的营销，西西弗书店成功地将“让网友来门店边喝咖啡边看书”变成一件需要打卡去做的、很有情调的事情。这无疑为线下门店的生存创造了有利的条件。

民营教辅书店：吃学校的红利，才能稳赚不赔

上文中的顶尖民营书店离个人创业者实在太远，但如果你在自己家附近有学校的资源，倒是可以做一个专攻教辅书市场的小书店。不过类似的店铺在一、二线城市也没什么活路，只能继续下沉。

有些创业者会专门去找一整个系列的教辅书，取得跟当地的学校老师或校长的合作机会，再凭借江湖独家社交秘籍搞定教辅销售合约。

这样做的好处显而易见——整个年级的学生订教辅书是同时订购的，每个年级的量在 300 本左右。例如，一本原价 25 元的教辅书，按这个数量可以以 12 元左右的价格进来，一倒腾净赚 3900 元左右。并且学校一般不会只订一本，都会同时订购 3~5 本，几乎每个学期就可以净赚 15000 元左右。

再注意，一个学校不会只有一个年级，这个数字需要再乘以 3~5。最后，记得把学期的数据再乘以 2！取中位数，一年净赚 12 万元！这还只是一个学校的数据，如果同时和 10 个学校合作呢？

现在，你再看看县城里学校附近的教辅书店，每天就卖几支笔几本册子，居然还能存活十几年，个中门道，你看清了吗？

至此，你一定会感叹，开书店原来还可以这样操作，真是东边不亮西边亮！

---

① 数据来源于澎湃新闻。

05
可想而知

最后让我们一起复盘整篇文章。

我们先拎出图书行业最重要的几项数据：

- 如今书店的线上化进程达到了60%左右，线下看书、线上买书成为主流；
- 2021年数据显示，总阅读人数中有纸质书阅读需求的仅占20%，我国人均纸质图书阅读量为4.76本，在世界范围内属于非常低的水平；
- 书店的SKU数量往往非常庞大，包含图书、文具用品、电子产品、文创产品等，运营难度可想而知；
- 书店虽然属于文化产业，一般会有政策扶持，如商场入驻租金减免、装修补贴，但后续零售相对乏力，并且大部分沿街店铺享受不到文化产业的补贴。

其实，大多数书店都是死在情怀手里。假如你想开一家没有铜臭味的、可以和志同道合的小伙伴一起交流理想、畅谈乌托邦的书店，除非开书店的门面是你自己家的，你没有最大的资金压力来源，并且尽可能少地雇用店员，否则店铺是很难运营下去的。

大体量地进货一本普通的书，利润率在20%~30%，自己去开一家小书店和出版社合作显然是不可能了。你只能从图书经销商那边零零散散进一些货，利润率一般在15%~20%。甚至某些爆款书，利润只有个位数。再者，你开的书店是决定让顾客随意翻书还是每本书加塑封？如果是塑封，顾客说你的店有铜臭味怎么办？如果是随意翻书，折损怎么办？如果觉得店铺品类单一，要增加咖啡饮品吗？要增加文创品类吗？增加咖啡饮品，营业执照的范围更改了吗？一个人顾店还要做咖啡，忙得过来吗？做文创品类至少要新增200多个SKU，库存管理应付得过来吗？上面的设想还是建立在不需要店铺租金的情况下，如果店铺是租的，可能2~3个月就可以把你所剩不多的资金全部榨干。

那么，开书店的创业者，有没有可能在残酷的市场中获得一线生机呢？

我总结了几种成功书店模式的特点：

- 整租后转租，采用二房东模式，或者直接把自己的门面转租出去，自己就是房东；
- 有独特的进货渠道，有别人在网络上找不到的东西；
- 有行业规模效应，或者细分品类优势，拥有话语权，能降低成本和风险；
- 有教辅书的渠道优势，跟学校有合作，稳定批量出货；
- 另辟蹊径，利用互联网营销造势，保持自己的热度；
- 自己家有门面，开一家温馨舒适的交流理想的书店，不用担心租金问题。

以上的优势，如果你一项都没有，那么真不建议你钻进图书行业里了。复盘下来，想开高品质的独立书店，又想能赚到钱，真的非常难。

古人常说，书中自有黄金屋。可是从来没有人说过书店中自有黄金屋。

总体而言，真正意义上的书店并不是一门好的生意，但是对于社会的贡献是不可估量的，如果不介意营收，只是想创建一方属于自己的小天地，那没问题；但如果是为了赚钱，那一定要多多考虑。毕竟实体书店表面上在复苏，但这种复苏很大程度上依托了政策和商业巨头们。文化空间的存亡历来要看他人脸色，它自身就处在一个被动的位置上，如果某天政策和巨头们对实体书店淡漠了，那么实体书店的命运就可想而知了。

县城手机店：
时代红利潮涨潮落，守正固本才是王道

巅峰的时候赚了数百万元，最后却挥一挥衣袖，什么也没有留下。当进驻 Shopping Mall 的高大上的旗舰店日益挤压县城手机店的生存空间，小王令人唏嘘的失败或许就成了理所当然……

01
时代红利

最近，我从一份特别的投稿里发现了一个特别的样本。

很难想象，一家手机店可以做到零成本开张，更匪夷所思的是，巅峰的时候赚了数百万元，最后却挥一挥衣袖，什么也没有留下。

有人说菜市场是时代的红利，时光倒流回 2013 年，智能手机横空出世、进军市场，自那时起，手机店就成了下一个菜市场，购买一台智能手机成了千家万户的刚需。在那风风火火的年代，从三星手机里拔出一支笔，俨然是当老板的象征。而大大小小的手机店也如雨后春笋般扎堆涌现。

接下来我会从小王的故事说起。

02
换位思考

16 岁，是大多数人情窦初开的年纪。然而 16 岁的小王因学习成绩不佳，不得不早早辍学，来到社会上跟随师傅学习手机维修。或许是天生嗅觉敏锐，过了没多久，小王便闻到了火药味。当时电信公司之间、手机厂商之间的竞争日趋白热化，线下手机店成了香饽饽。瞅准了这一商机，小王果断辞职，开起了他人生中第一家手机店。

玉环市，一座以现代化工业著称的县级市，云集了天南海北前来务工的厂弟厂妹。这些年轻人对数码产品有着天然的兴趣，形成了得天独厚的购买力。小王手机店的选址，就在玉环市某工业区的一条商业街上。当时，这条商业街上聚集了 57 家手机店，面对着巨大的流量入口。

除了嗅觉敏锐，小王还有另一个与生俱来的优势，那就是——乐观。大多数人面对 57 家手机店林立的商业街，都会因为过于激烈的竞争而打退堂鼓。但小王并没有犯怵，他觉得这 57 家手机店都能存活，没有一家倒闭，那么自己的店铺也一定会兴旺发达。

03
羊毛万岁

别看小王年纪不大，但心思却十分灵活。与人沟通左右逢源的小王确定了选址之后，便开始薅资本的羊毛。

他先和中国电信合作，把店铺门头印上中国电信的绿底白字 LOGO，于是电信公司补贴了门面装修的全部费用，又为小王支付了一年的房租。门面装修和房租这两个成本大头一举解决，小王乐得合不拢嘴。

接下来就轮到店面装修了。尝到了甜头的小王决定走资本的路让同行说去吧。他找来 OPPO、vivo 和金立三大品牌方，左边墙面贴上 OPPO 的 LOGO，由 OPPO 出资将灯箱、玻璃柜做好；右边墙面则由 vivo 赞助，如法炮制；正面给了金立。中间空余的位置，小王软磨硬泡，向金立的业务员要了 4 个玻璃柜子。

之所以选择这三个品牌来赞助，背后有着深层的原因。

那一年，雪花未落，梅花满枝头……曾经的手机巨头委身求全，诺基亚手机业务被微软收购，摩托罗拉被联想收购，国产手机开始抢占份额，“中华酷联”上演着对抗苹果、三星的剧情。

表 1-7　2014 年中国智能手机销量排行榜

销量排名	品牌	2014 年销量（万台）	市场份额
1	小米	6080	14.97%
2	三星	5840	14.38%
3	联想	4730	11.65%
4	苹果	4640	11.48%
5	华为	4130	10.18%
6	酷派	4010	9.88%
7	vivo	2730	6.72%
8	OPPO	2550	6.28%
9	中兴	1820	4.48%
其他	—	—	9.98%

数据来源：网易财经。

酷派在当年坐上国内 4G 手机的头把交椅；联想制定了年销 8000 万台的目标，收购摩托罗拉后，登上了全球手机销量 TOP3 榜单；华为手机销售收入突破百亿美元大关，定位高端的 P 和 Mate 双系列，拉升了中高端智能手机的出货量占比；奉行“机海战术”，每年推出数百款手机的中兴，也开始上探 2000~3000 元的终端价格带；以硬件、互联网和新零售组成“铁人三项”的小米，挤掉三星成为国内市场销量第一；魅族以梦想（MX）系列展示了黑马之姿……

当时，由功能机转型智能机的金立、OPPO 和 vivo，处于第二梯队，展开了线下渠道争夺战。为了把货铺进手机店，代理商挤破了脑袋，出台了系列优惠政策，即只要你能铺货，代理商就免费给你装修门店，且不用压货，卖一台手机给代理商转一台手机的钱即可，几乎没有库存风险。

04
博弈之道

完成了几乎零成本开店的壮举，小王开始思考选品问题。想要打破品牌专卖店的品类局限、更多地笼络客源，手机店就得有引流款，也就是热销品牌的手机。于是小王向家人借了2万元，铺了点小米2S、美版苹果和港版三星手机。

就这样，一边卖手机卡，一边卖手机，这两个业务板块组成了小王手机店营收的两条大腿。

头一个月，秉着“不赚钱，赚人气”的信条，以及从其他 57 家手机店中杀出一条血路的战略，小王基本上一毛不挣，按成本价在卖。

低价策略之下，小王积累了第一批“种子客户”，客户买了手机没几天，就会带着一帮车间工友过来买，实现了社交裂变。

客流量带起来后，小王一个人照应不过来，就在开店后的第二个月，招了位女店员。为了实现分工，小王和店员唱起了红白脸的双簧。遇到爽快的客户，就让店员直接成交。遇到比较难缠的，店员就唱红脸，小王出来唱白脸。遇到难缠的客户，小王便豪气“做主”，赠送充电宝、贴膜。到了这一步，通常能搞定 95% 的客户。

剩下 5% 的钉子户怎么办？兜售电信卡，承诺客户可免费使用一个月（每月赠送 10G 流量和 1500 分钟长途电话时间），第二个月开始按 88 元 / 月来算。其实，小王每销售一张电信卡，客户只要使用了 3 个月，电信公司就会给小王 150 元的奖励。

若客户还是不买账，小王就把卖卡的 150 元利润吐出来，并跟客户坦言道：送你一个月的卡，手机再便宜 150 元，但开票要开原价，避免被公司抓到，你也体谅体谅我。

到这一步，基本上 99% 的到店客户都能成交，剩下 1% 的人纯粹是闲逛的，没必要花心思转化了。

任何县城的生意，都需要有江湖气，它不是绝对的流程化，也不是电商式的绝对透明，而是市井里的“人情博弈”，即无论最终成交价格是多少，都要通过“讨价还价”的套路，或者说表演，让客户有占便宜的感觉。小王也是在这一过程中，逐步掌握了如何在销售中把控人性。

而除了内探人性，外部市场环境鼓动的风口，也为县城手机店吹来了春风。“从 3G 到 4G”“国产手机大爆发”“功能机转智能机”因素叠加下的换机潮，都是时代的馈赠。因为前期控制了成本，没有库存压力，基本零投入，在运营 2 个月后，小王手机店的每日利润，就稳定在了 1000 元左右。

05
物极必反

正所谓物极则必反。

在每日净利润超过 1000 元之际，小王不过是个 17 岁的轻狂少年，在狂热追逐酷炫理想的道路上跑到了天荒地老。由于缺乏守财的观念，小王花起钱来大手大脚。为了追赶时兴的产品，小王给店里配了台顶配的苹果 iMac 电脑，并装上了 Win7 系统，以便给客户下载软件、歌曲，还购置了茶几、茶叶等休闲物资。

除了支出端的无度，小王在营收端也陷入了“理想主义”的深坑。

在中后期，小王放着每台赚 300 多元的 vivo、OPPO 和金立不卖，all in 小米。

“搭载高通芯片的小米 2s，3G 网速达到 2M/s，能完美运行《极品飞车》《现代战争》等大制作游戏，不像很多其他手机只有 300KB/s，只能玩玩《神庙逃亡》《汤姆猫》之类的游戏。”身为“米粉”，小王俨然眼中有光、心中有爱、灵魂里面满是情怀。由于货源紧张，小王便从黄牛渠道采购。当时，小米手机官网售价为 1999 元 / 台，黄牛渠道的进货价是 2080 元 / 台，小王再加价 20 元，也就是对外以 2100 元 / 台售卖。

然而，在县城的消费群体中，“极客用户”并非主流。此外，小王店里出售的小米手机价格高昂，面对价格透明的电商，没有丝毫竞争力，反倒被一众消费者骂为奸商、黑店。

更要命的是，当时的小米手机经常被“熊孩子”乱点乱按导致乱扣流量，怨气冲天的家长们自然要找小王兴师问罪。小王隔三差五就要去电信公司处理事情，无暇顾及生意，便又招了一位店员，来维持“一人唱白脸，一人唱红脸”的销售模式。两个店员一年就是 10 万多元的人工成本，加上水电和广告宣传成本，运营成本已经在 12 万元左右。

如果说第一年规避了房租、装修成本，还能有 10 多万元盈余的话，第二年隐藏的坑就浮出水面了。

第二年，小王得自己缴房租了，一年就需要 12 万元，运营成本直接翻倍。这意味着，小王的手机店已经逼近盈亏平衡线了，稍微再出一点问题，就要贴钱了。

因此，小王不再主推小米，开始大力推广金立 OV。为了进一步提升盈利能力，小王动起了“歪心思”，进了一批某品牌的“没卡槽、不插卡、烧号”的水货手机。当时该品牌手机国行价格是 4999 元 / 台，小王的水货机卖 2599/ 台，卖一台有 1000 元的利润。

因为是烧号手机，一台手机用了一张手机卡，就不能再换卡了，小王便把手机卡和水货手机捆绑销售，还能再赚 150 元的手机卡利润。

擦边球的生意，也意味着高风险和脆弱性。为了维护自身利益，该品牌当年进一步缩紧政策，打击了烧号机的乱象，造成了一夜之间大面积的水货变砖头、无法联网事件。

小王是被该品牌新政直接冲击的人，售出的水货机，客户用了没几个月，就自动报废了。小王只得退货，因此积压了一大批库存机，这也给了他的手机店致命一击。

从 2014 年初到 2016 年初，2 年时间里，小王的手机店走完了从“零投入开店”“日赚 1000 元”，到“直逼盈亏警戒线”“门店倒闭，库存积压”

的大起大落的生命周期。更令人唏嘘的是，手机店的红利期还未结束，一场新的线下渠道争夺战便蓄势待发。

06
风起云涌

手机店的战场是不断变化的战场，唯一不变的或许就是变化本身。

随着 2G、3G 转 4G 的需求，一波新的换机潮轰轰烈烈席卷而来，运营商的补贴仍在继续。

而随着线上流量狂飙，以及受到“苹果零售店”模式的启发，小米也在 2016 年开出第一家“小米之家”，并与 vivo、OPPO 等品牌在县城市场展开白热战。而后，华为也加速抢占国内市场。

在欣欣向荣的市场中，手机店仍可享受红利期的“滋养”，直至 2019 年末的凛冬。

预期中的 5G 换机潮并未如期而至，手机品牌集中度提升，竞争热度下降，叠加品牌入驻 Shopping Mall 的趋势，逐步挤压县城街边手机店的生存空间。过往 OPPO 与 vivo 门店前“蓝绿气球人大战”，以及喧闹的音响外放声响，也因市容市貌整顿而逐渐成为人们的回忆……

而后，猝不及防的新冠疫情让手机店的经营雪上加霜，影响持续至今。

王者的开头，青铜的结局。小王的手机店倒闭或许是时代的缩影，但总有人继续挣扎在生死线上。

那么，如何过冬？有的手机店主靠敢闯、敢拼，以及当地的人脉关系，以连锁的方式垄断了县域市场，有更强的抗风险能力；有的开始拓品类，卖电暖气甚至白酒，变成“便利店”经营模式；有的走批发模式，靠厂商的销量返点创收，俗称“窜货”；有的节衣缩食，储备好现金流，等待下一个风口；也有的关店，及时止损，另谋出路……

任何行业，都有自身的周期性，风起时，风风光光，霜降时，消散无踪。当繁华落尽，那些还在坚持的人，正在等待下一道“曙光”。

人造景区开店：
时机定位若不对，天降商机也白费

时下，旅游业已经出现了枯木逢春的迹象。然而，欣欣向荣未必能赚得盆满钵满。如果一定要在类似人造景区的地方开店做生意，那么选择合适的产品就尤为重要了。

01
“山寨天下”

世界上最大的差异其实就是人与人之间的差异。同样是旅游，有人穿国产滑雪服去阿尔卑斯山滑雪场拍照打卡晒剪刀手；有人花前月下在法国米其林餐厅里烛光晚宴吃芝士焗蜗牛；有人摇曳着长长的婚纱在巴厘岛某株高大的热带植物下面被象征幸运的椰子砸中；也有人徜徉在全国各大文化城市的标配人造景区，左手烤串右手香肠，吃旋风土豆喝蜜雪冰城……

常言道，有需求就有买卖，今天，我们要探讨的就是在人造景区里开店。

于是问题来了。你或许会问，景区还有人造和天然之别吗？当然有，而且还真不小！近年来，大大小小的人造景区拔地而起。然而，即便是大罗神仙也很难复刻出类似乌镇这种吸引全国游客的古镇。更多的时候，人们能做的只有把“山寨”这条道走到黑。

这些人造景区分布在各大主要城市，通常以国潮文化元素为最具辨识度的特征。比如，一座当地人从未听说过的新建古镇横空出世；又如，某处老弄堂被改造成了颇有民俗特色的商业文化景区；等等。当然，这些人造景区的质量是参差不齐的。

假如你所在的人造景区符合以下几个特征，那么开店请谨慎谨慎再谨慎，因为它很可能就是个坑——

特征 1：当地人在这里生活了几十年都没有听说过这个景区，突然有一天，整个景区却平地而起。

特征2：这类景区的旁边往往还有待售的楼盘，呈现景区+楼盘的模式，往往被命名为 ×× 小镇，而且空置率极高。

特征 3：招商人员极为热情，个个都是画饼专业户。

特征 4：走进去，你会有一种“铺”面而来的熟悉感。因为你会看到这边有 ×× 老酸奶、那边有长沙臭豆腐，这边的首饰店门口有个大哥在“打铁”、那边的美食摊前面有个大哥在烤旋风土豆。还有各种摆满了义乌小商品的小摊、土耳其冰激凌店、土耳其烤肉铺子等。林林总总，琳琅满目，唯一的缺点是你总觉得仿佛在别处也见过这些东西。可以说，你去过一个这样的小镇，就相当于去过了全国起码一半的小镇，里面的商品也基本是全国一致的。

对于消费者而言，偶尔闲庭信步，前往这样的小镇打卡，倒也无伤大雅。但如果你是一位打算进驻其中开店的店主，且你的店所在的小镇刚好符合以上几大特征，答应我，头都不要回，赶紧跑！

02
蝇头小利

做生意是门技术活儿，有的时候，肉眼可见的盈利和表面上被你占了的便宜，真的只是蝇头小利，切忌捡了芝麻，丢了西瓜。

我们今天故事的主人公小咖，是一位很有情怀的文艺青年。小咖在前一家咖啡店创业失败之后，无意中得知自己老家某连锁景区正在招商。小咖意识到，一个从天而降的“商机”或将改变她的命运。

于是，怀揣着一夜暴富的愿景，小咖来到了招商处。开发商一见小咖来了，非但态度一百二十分的殷勤，而且当机立断开始画饼毫不含糊：说他们要打造 ×× 市旅游第一街，新冠疫情防控形势已经向好，旅游业肯定会东山再起、再创新高。

小咖被这位热情洋溢的开发商灌了迷魂汤，就连她自己也真心觉得景区这种地方理应自带流量。又想到自己是有开店经验的，之前咖啡店的设备也还在，投入成本应该不会很高，小咖便觉得自己应该再试一把，财富自由指日可待。

于是，小咖在开发商的悉心指导之下，选中了尚在开发中的景区北门附近的一个铺位。

开发商拍着胸脯，信誓旦旦地说：以后游客大巴来了，都会停在这个门，这里就是流量入口！

由于还在建设期，小咖也分辨不出景区的几个门有什么区别，就信了开发商的鬼话。而且，开发商还表示，他们认为小咖的这个咖啡店是他们的优质商户，决定给她免租金，取而代之的是物业费，8 元 / 平方米 / 月，外加咖啡店每月营业额 10% 的抽成。

小咖想了想觉得很划算，于是欣然同意。到了签合同的时候，对方拿出了 5 份 60 多页、正反面打印的合同。

小咖被这顿操作搞得晕头转向，完全不知道从哪里开始去阅览这份合同。

开发商见小咖犹豫不决，立即给了保证：这个合同绝对没有任何问题，大家（其他商户）签的都是一样的，我还能骗你不成？小咖当时沉浸在再次开店的喜悦中，就听信了开发商的话，签下了合同。

03
不容大意

没有踩过坑的人生是不完整的，而做生意却并非如此。踩坑的少年终成大器，踩坑的生意却不容大意。防坑比防狼更要紧，否则一招不慎满盘皆输。

几个月的装修时间很快过去。开业之后，小咖才发现，北门的所谓停车场就是个临时圈起来的大土坑。南门的停车场才是那种铺砖的正规大型停车场。

最重要的是，小咖和她的顾客交流后，才知道所有地图导航软件搜她所在的这个旅游景区，默认目的地都是南门和南门的停车场。90% 的客人都会把车停在南门然后进景区去逛。

由于景区的这条街是一条南北走向的街，从南到北有 1.5 公里，大多数人逛一半走累了就折回停车场，很少有人能从南门进来走到北门，再走回南门去取车回家——这得走 3 公里。结果就是，刚开业那几天景区南边人山人海，北边人迹罕至。

后来有一天，小咖突然收到了开发商的通知，说物业费涨啦！这个时候小咖翻了翻合同才发现：处处是坑。

比如签合同时谈的租金和物业费只能保证 4 个月不变化，4 个月后开发商方面有权根据市场或者房屋价值对租金和物业费做出调整。开发商在合同期有权因商户的营业额不达标而终止合同，但是如果商户由于自身原因终止合同，就要被扣掉开店保证金。

霸王条款已经足够令人悲愤，谁料，开发商的“骚操作”可不仅仅是合同这一波。

人在做，天在看，但有些人只从表面看。景区营业一段时间之后，客流量很低，开发商不得不“做点什么”以应对困局。于是，他们想出了一个“锦囊妙计”，一个负面作用大于正面作用的引流活动横空出世——

开发商在景区南门口放了一堆鸡蛋、食用油、柚子等，然后打上横幅：

免费领！

大家也知道免费领对于一些有闲的大爷大妈而言就是天大的诱惑，特别是鸡蛋、食用油这种厨房硬通货。

那么，怎样可以成功领取呢？在景区南门给你一张纸，拿去北门盖个章，再回南门盖个章，就可以领到全部的赠品了。这波操作确实吸引了非常大的人流，然而，这些“客流”对于商户们完全就是无效流量。

开发商想象中人头攒动买买买的火爆场景完全没有出现，惨痛的事实啪啪打脸——这些大爷大妈目标明确，绝不会在中途停留一分一秒，仿佛唐玄奘不为女儿国国王美色所动一心向佛，真是：景区脚下过，鸡蛋手中留。

诸如此类的种种大坑，真是多如满天小星星。

04
时机不对

再来说一下小咖的经营情况。小咖的店刚开业的一两个月生意确实挺好的，这个时候来的大多数是本地的年轻人，他们听说这里开了一个 ×× 旅游街，于是纷纷跑来凑热闹。

到了 8 月，当地的新冠疫情有一点抬头，虽然不是很严重，但是对于餐饮业还是造成了比较大的打击，景区里好多餐饮老板看不到希望纷纷关店。景区大规模关店导致平时偶尔来逛的本地人也不来了，这就形成了恶性循环。久而久之，小咖感觉这条街都快凉透了。

然而，小咖还是在坚持，虽然每天营业额只有一两百、两三百元，但好在没有零蛋的时候。而且小咖的店里没有雇人，只有她自己在做，她就想着坚持住，等疫情稳定了，马上就到十一假期了，十一假期一定是一个爆发点。

好不容易熬到十一假期，假期前小咖还准备了相当多的物料，诸如咖啡豆、牛奶之类的，就怕到时候营业额爆炸物料不够用，结果到了十一假期，一共下了 4 天瓢泼大雨，从早下到晚不带停的那种，整个假期能够好好营业的时间一共只有 3 天，小咖的希望又泡汤了。

当时，小咖也犹豫了一下要不要及时止损，虽然她也在赔钱，但她一想到六七月份那会儿确实赚钱了，就觉得倒霉事儿总会过去，坚持才有希望。

原本盼星星盼月亮盼望元旦打一场翻身仗，谁料 12 月初，小咖所在的市因新冠疫情防控需要而封城了，封了近半个月。她的店从 12 月中旬一直关门到次年 1 月中旬。

但是，小咖仍然没有放弃。她想着，总要触底反弹吧，熬过这个寒冬，迎来春天，还是可以挣钱的。大年初一上午，小咖饺子都没吃几口就和她老公赶往咖啡店。进入景区之后，小咖和她老公愣住了：当时还不到中午 12 点，街上人山人海，小咖上次见到这么多人还是在她刚开业的时候。当时她就觉得，逆天改命的时刻到来了，她要发财了，皇天不负有心人，终于要触底反弹了。

于是，小咖光速开门冲进店里，开机器、打扫卫生、准备物料，一气呵成。做完准备工作后，她和她老公再度愣住了：街上人山人海，店里却空无一人，压根没人进店。只有零星的几个游客站在门口望一眼，然后问身边的人："这是个干啥的店？"听到回答后转头就走了。

从初一到十五，虽然景区每天都是人挤人、一片繁荣的景象，但来逛的都是市区周边镇上的人，和周边各县城来的人，完全没有对咖啡品类的消费习惯。

苦苦支撑的小咖已经失望透顶，谁料新的当头一棒又无情落下。

天气冷了，又到了交暖气费的时候。收到账单，小咖震惊了：面积 200 平方米的店一共算出来 11000 多元的暖气费。在北方生活了 20 多年，小咖第一次听说暖气费是按立方算的，不是平方。

最绝的是什么呢，小咖她们整个景区有 100 多家商户，在这个景区刚开业的时候他们建了个群，但是这个群一直没人说话。有一天，景区一个商户的老板憋不住了，问是不是所有人的店生意都不好。这下子群里炸了锅，几乎所有人都在倒苦水。

后来有个老板提议大家联合去找开发商说降一下房租，帮助大家挺过这段生意不好的日子，渐渐有很多人附和。然而就在这时候，这个群被解散了，仿佛一切语言都从未存在过……

05
60 年之约

时光飞逝，小咖的店还在坚持着，营业额飘忽不定，偶尔还会挂零。她们景区的很多店早已关门大吉。小咖自然也是在心里打退堂鼓的，但这个时候一向善于画饼的开发商又以小咖是优质商户为由，百般劝说她放弃走人的想法，并承诺持续免除物业费，希望小咖与景区共渡难关。

小咖忍不住问，到底什么时候才能熬出头？开发商信誓旦旦地回答说，这个景区 60 年后可以盈利。是的，你没看错，是 60 年之后。

冬去春来，很快就到了初夏。2022 年五一假期，小咖 5 天的营业额一共是 1800 元。与此同时，她想拓宽自己的市场，进了总价为 1000 元的鲜花摆在店门口卖，最后不幸亏了整整一半……

时下，旅游业已经出现了枯木逢春的迹象。然而，欣欣向荣未必能赚得盆满钵满。如果一定要在类似人造景区的地方开店做生意，那么选择合适的产品就尤为重要了。一句话：时机定位若不对，天降商机也白费……

泳池健身房：兄弟合伙终返贫，画饼挖坑寄生虫

投进去 100 多万元，收回来不到两成。今天，我们要讲的这个破产故事，就是兄弟“通货膨胀”引发的悲剧。

01 “通货膨胀”

人与人之间的关系是一门玄学，尤其玄而又玄的，就在于“兄弟情谊”这种东西的传递。

假如你是我的兄弟，他是你的兄弟，那么他是不是我的兄弟？答案真不一定。

假设我和他一见如故，我们或许可以在第一次见面就成为朋友，但兄弟是不能这样“通货膨胀”的。

今天，我们要讲的这个破产故事，就是兄弟“通货膨胀”引发的悲剧。

故事的主人公小 P 尽管已经成为社会人，但内心还保留着曾经的情怀。这天，当年与小 P 一起打游戏，对小 P 有过游戏中挡刀之恩的高中同学小 G，邀请小 P 赴宴。酒过三巡，小 P 猛然发现小 G 身边还有他的另一位兄弟——

小 C。于是，故事就这样开始了。

先来说说小 P，他毕业多年以来一直从事海鲜生意，一年有 40 万元左右的收入，还有两套小门面出租，小日子过得非常幸福。

再来说说小 P 曾经的好兄弟，也就是后来的合伙人小 G。如果说小 P 是一位社会人，那么小 G 就可以称得上超级社会人了。从工商管理专业毕业后，小 G 经历过外卖员、房产中介的职业生涯，最后终于发现当健身教练做销售冠军才是自己一生的归宿。旺季的时候他经常每个月拿四五万元提成，几年下来，存了 80 多万元。当然小 G 是不是真的有这么高薪资以及存了这么多钱，我们先持观望态度。

02
"致负"之旅

回到那场没有硝烟的鸿门宴，其实明眼人都能看得出来，多年未曾相见的小 G 突然拉上小 P 叙旧，还带来了新朋友小 C，这一定是有所企图的。

果不其然，那天晚上他们聊得很开心，从高中一起上网打游戏，一直说到如今小 P 的海鲜生意的状况，还提到了小 G、小 C 他们准备返乡创业的事情。

随后，小 G 一拍大腿说，兄弟三人要搞健身房，而且是带游泳池的健身房！

之所以要轰轰烈烈地大搞带游泳池的健身房，正是由于小 P 和小 G 老家所在城市的现存 3 家健身房都不带游泳池，小 G 觉得大有商机。而那仅有的 3 家健身房要么开得半死不活，要么开得很偏僻，要么就是店租非常高。

小 G 眉飞色舞地给小 P 画起了饼。他说，如此天时地利人和的商机，简直就是命中注定的暴富契机！这个钱不赚简直是天理不容。之后，小 G 又向小 P 介绍了一些大城市健身房的经营理念，尤其提到了要做游泳培训赚快钱（学校体育中考培训或者暑期游泳训练营之类的项目）。小 G 拍着胸脯信誓旦旦地表示，凭借自己一个大城市的销售冠军的三寸不烂之舌，一定会让老家的客人们乖乖掏钱。

小 P 非常心动："果然是好兄弟，这种摆明了能赚钱的好事第一时间想到我！"

于是，小 P 就与小 G、小 C 一道，开始了这场奇幻且狗血的"致负"之旅……

03
节节败退

创业就像一场没有硝烟的战争，如果凡事都是一笔糊涂账，那免不了节节败退。

本来，3 位合伙人打好了如意算盘：2019 年 2 月找到门店，然后两个月内完成装修，接着就可以开始圈人头"割韭菜"了。可第一步选址就打乱了他们的计划。

找店面差不多用了 3 个多月，要么太小，要么太偏。最后，一位朋友的朋友介绍了一个"黄金位置"，地段特别好，以店面为圆心，方圆 2 公里涵盖了城区几乎所有中小学，面积有 2500 平方米，里面的钢架结构都是现成的。租金更是便宜：10 万元 / 年算什么钱，还不是旺季半个月就赚回来了？兄弟三人一合计，决定盘它！

直到盘下这个店的前一刻，小 P 还觉得命运之神在眷顾自己，上天有意赐他暴富，这份幸运甩也甩不掉。殊不知，这家店面正是他走向破产的第一步。

店面确定下来，大家就开始注资认股了。小 G 轻描淡写地说，先入个 100 万元，两个月装修完成，刚好赶在 6 月份预售，预售一波就回本，之后就纯赚！

小 P 当时也没多想，认了 25 个点，也就是 25 万元。小 P 心想，专业的事要教给专业的人做，于是他专心去卖海鲜了，对健身房的所有事情基本处于放手状态。

直到 6 月初，天气变热，小 P 陡然想起了他投资的带有游泳池的健身房，去工地看了一下，震惊：工地还是那片工地，这进度，何时能开始预售？小 P 问了一下才知道，原来是那一年开展了环保整治，所有相关材料的原厂全部停产了。

一向巧舌如簧的小 G 立即安抚小 P 说："不慌，店没装修好也可以预售，我们还是会暴富的，只是把钱暂时放在别人口袋里，晚几个月再拿……"

就这么磨磨蹭蹭，到了 7 月中旬，小 P 突然被通知要开股东会。小 P 就屁颠屁颠去开会了，会议上啥也没商量，就把花掉的钱列了个账单，结论就是还得继续投钱，第一笔的 100 万元花完了，让小 P 再注资 50 万元。

那么，钱去哪里了呢？除了店租和装修款，小 G 等人还招了 50 个销售人员（大量的兼职人员）、1 个财务、1 个行政经理，还有 5 个销售经理。

第二次大额注资，小 P 压力就有点大了，因为海鲜生意回款周期不稳定，他只好找银行贷了 10 万元，剩下 2 万多元自己再拼拼凑凑垫上。钱刚付出去，他扭头就又把这事给忘记了。过了个把月，夏天都过去了，全城的广告都打遍了，小 P 想差不多也该开始预售回款了，结果两个大问题如同王屋太行二山一般挡在了面前。

一是资质问题。当初明明是黄金位置的店铺，土地性质却一直处于薛定谔的状态：说它是商业用地它没备案，说它是工业用地它又从来没用作工业，上一个开在这儿的还是卖场。营业执照倒是很轻松就拿到了，但是健身房的游泳池资质一直申请不下来。

这时，小 G 经过多方介绍，引入了一位新的股东，B 总。这位 B 总说，让出 3 个点的干股给他，他有路子把这本证搞下来。经过 B 总一番运作，游泳池的资格证竟然真的办下来了，但是健身房的工程进度依旧缓慢。

二是工程进度问题。小 P 投资的健身房工程进度，怎么说呢，就好比一头酣睡的二师兄，你不撵，它不动，你千辛万苦撵了，它只动一小步。施工期间，小 P 去了 3 次工地，发现工人师傅都在磨洋工。他请了个监理，开工资 6000 元 / 月，然后他发现工人师傅在监理的指导下开始技术性地磨洋工……好不容易装上了监控，小 P 却发现，监理正在教师傅怎么打牌。最令人窒息的是，有一天，小 P 去了一趟工地，惊讶地发现这群工人决定做“大自然的搬运工”，从一开始就动了坏脑筋，想要挖口井，用地下水作为游泳池用水。至于那口井，不得不说是个悲剧，挖了 109.6 米，却没有一滴水……最后还得把井给填起来封好。

其间，小 G 也做过一波提前预售（类似楼盘期房）。但没想到，这个工期要命地拖了 2 个月，极大地影响了预售回款：毕竟健身房主打全城唯一带游泳池的场馆，而 6、7、8、9 月是一年中泳训需求最旺的季节，正可谓“过了这个村，没有这个店”。

终于，整个场地投入使用了，时间差不多是 9 月 20 日。第一年，泳池几乎只有他们内部股东和员工体验了一下，没有对客人开放，完美避开了最大的盈利点。

而预售结果也与预期差距相当之大：原本预计回款在 120 万 ~150 万元，最后只收了 70 多万元。支付掉销售人员的提成和建筑工程的二期款后，账上就躺着 10 多万元了。好在当时每个月有 8 万 ~10 万元的营业额，但是小 P 后来看了下账单，光员工的工资支出就占了整个运营成本的七成以上……

你一定很好奇：一家尚未正式开启的健身房，员工的工资何以占比七成？

这得看看有什么员工，拿什么工资。

表 1-8　健身房员工成本

人员	薪资构成
小 G（总经理）	1.2 万元月薪 + 团队总销售额 1% 的提成 +40 股的分红
小 G 的朋友（销售经理）	1 万元月薪 + 团队总销售额 1% 的提成 +40 股的分红
小 G 的妹妹（行政前台）	9000 元月薪 +1% 的销售提成
健身教练团	月支出共计 4 万元
所有销售人员（含兼职）	每月工资总计 30 万元

这么算下来，头一年健身房勉强保持了收支平衡。

然而，到了第二年1月份，新冠疫情来了。好在2—5月本身就是淡季中的淡季，与其养了一堆销售人员每天玩手机，不如让他们封控在家。五一正式复业之后，大家又觉得希望来了：期待已久的泳训终于可以搞起来了。就在大家欢呼雀跃之时，他们竟然被同行举报非法搭建。

为了解决非法搭建的问题，3位股东不得不再注资30万元返修。本来室内的游泳馆突然就变成了半室外的，只剩下一个顶棚，夏天空调费就要1万元/月，而且没有什么作用，客人们每次去游泳都汗如雨下。到了下雨天，四周的雨水都会漏进来。

游泳馆返修，导致这一年的游训旺季还没开始营业就又到了淡季，由于存量市场的消耗已经差不多了，导致淡季平均每个月就是2万～3万元的惨淡营业额。也就是说，10月份开始到来年的5月底，健身房已经节节败退，走向入不敷出的状态。

这段时间，小P注资都注麻了，每个月都是七八千甚至上万元往里投钱。但是在这么严峻的情况下，作为合伙人的小G和小C也没有自觉不要工资。小P注资进去，第一件事是把自己的工资发了，之后再结其他款项。

与此同时，新冠疫情对小P的海鲜生意影响挺大的，再加上健身房的困局，小P开始有点吃不消了。2020年底小P决定好好对下账，对完之后眼泪差点直接掉下来……整个公司账目不只浮在水面上的这么简单。由于泳训和办年卡的收入都是固定数额且有台账登记（要发卡），这两块还算比较透明，问题出在私教课上，小P粗略算了一下教练排课和实际收入，发现这两年来起码还有20个客户买的私教课钱没入公账。后来他发现健身教练全是小G带来的，除去健身教练的提成之后其他的钱都进了小G的私人账户，账面上收支有40多万元的缺口。

当他去质问小G的时候，小G脸色很难看，最后承认自己把钱挪用去还贷款了。原来，虽然小G是大城市健身房的销冠，但他收入高的同时花销也高，根本没存下什么钱，导致注资的时候借了一堆网贷。小G见藏不住了，只能答应小P说2021年会把缺口都补上。

除此之外，当初装修的工程款也是猫腻十足。他们总计注资180万元，预售加日常运营回款 115 万元，应当有将近 300 万元资金。但是装修健身房的工程款就用了 210 万元，这个数字比小 P 的预期高出了 50 万元左右。

最坑的是，由于种种原因，2020 年泳训只开了一个月左右的时间，这个月泳训营业额有 30 多万元，这笔钱竟然被拿来填泳池、灯具、供水、水疗的尾款了。

然而尾款付了出去，水疗（汗蒸和泡澡）却一次都没被用过，而且这些设备自带维护成本，每个月都得交一笔维护费。

最后小 P 发现，他就是那个投钱最多、回报为零的唯一冤大头。

而小 G 呢，前面说到他挪用公款去还贷款，在此基础上，他两年来拿的提成加工资将近 30 万元。小 G 的兄弟小 C 工资在 25 万元左右。小 G 的妹妹还拿了 16 万元的工资。最离谱的是，小 C 的老婆在这家店当瑜伽老师，公费去进修了瑜伽班（相当于为了教瑜伽而刻意去进修），还有 6000 元 / 月的底薪。

04
绝地武士

2021 年 9 月，小 P 老家连开了 2 家游泳馆，这下他们的健身房 2 年来唯一的优势大受打击，要知道，抛开工资、店租等成本不说，泳池健身房一直是个赔钱货。小 P 心灰意冷，要求退股。

此时小 G 一直说账上没钱，让他等旺季……又拖延了几个月，小 P 先拿到了不到 10 万元退股钱，磨蹭到年底，又按 5000 元 / 股的价格把剩余股份全给了 B 总，总共回款 20 万元出头。

小 P 的账太碎了，以至于我跟他一起理了好久都没理清，最终理出的账可能还是一团乱麻。小 P 对我说，他也不知道自己到底投了多少钱，而且有很多小的借款要不回来。比如他经常借钱给健身房的销售人员，现在人家也没还钱；又如当初为了打点人际关系，他请人吃饭就花了 1 万多元……

当年游戏里那个帮自己挡刀的少年，如今摇身一变，竟然如此陌生。

这个惨痛而又狗血的教训让小 P 对人性产生了巨大的怀疑。小 P 感觉自己如同最后的绝地武士一样落魄潦倒，却又恪守着某些从未改变的崇高情怀。

其实，或许有些感情应当被放回过去，不要把现实的利益牵扯进来，否则类似健身房寄生虫的悲剧还会无穷无尽地上演……

儿科诊所：
搭进去几十万，只赚了几个月

地球离了谁都会转。创业者在自信满满的同时，一定要考量自己所选择的赛道是否可能出现不可抗力因素导致的致命危机……

01
自带高光

事实上，地球离了任何一个人都会继续转。

但有些时候，我们偏偏误以为自己是那根不可或缺的顶梁柱，又或者自带万年不变的主角光环。

我们今天故事的主人公小周就是这样一个曾经误以为自己是顶梁柱的能人。请注意，这里绝非贬义，我们的小周确实有一定的能力，他只是稍稍高估了自己的重要性罢了。但正是这一过高的自我评估，为他后来的破产埋下了伏笔。

曾经受到万人追捧的小周，被一众患儿家长前呼后拥，每天忍受着源源不断的“彩虹屁”，后来却被客人白占便宜。曾经豪掷 30 万元租房，连价都不还的中国好租客，后来却濒临破产。唯一鼓励他的人竟然只剩下他的房东，毕竟爽快不还价的好租客，在别处打着灯笼也找不到。

那么，小周从事的到底是怎样一个行业呢？原来，他的职业就是传说中的儿科医生。而他所经营的，则是儿科诊所。

在解析小周破产背后的原因之前，还是让我们从他的故事开始讲起。

02
滚滚商机

小周大学毕业后，在东北一个小城市的公立医院工作了 5 年。

他所在的科室是儿科，很容易产生医患纠纷，因为生病的小朋友讲不清楚自己哪里不舒服，只会又哭又闹，而家长经常因为太过于担心自己的孩子，一直找医生问来问去。医生嘛，常见的病症见得多了，见怪不怪，解释了好几遍后，偶尔也会有点不耐烦，而家长着急的时候语气也不太好，一来一往，双方便很容易吵起来，于是纠纷就来了。

但是，小周医生很不一样，他脾气很好，且非常有耐心，会跟家长详细解释这个病是怎么引起的、病情会怎么演变、大约多长时间能康复，家长听了，情绪也就平稳下来了。所以很多家长都会专门来找他，还一定要加他的微信，平常孩子有点小病小痛，也会在微信上问他，小周医生都很耐心地帮家长们解答。

小周工作的城市是一座人情味很浓的四线城市。小城市里面很多人都是认识彼此的，小周医生的口碑就这样在城市里流传开了。他在外面吃饭、理发，经常被人认出来，好多人都夸他医术好、人品好。天天被各种吹、各种夸，慢慢地，他就有点膨胀了，觉得来他们医院儿科看病的人，大部分都是冲着他来的，他就是医院儿科的顶梁柱。

膨胀之后的小周好比飘飘然的气球，看谁都不太顺眼。他觉得在公立医院总是被各个部门管着，浑身不自在。行政不懂治疗，却总是指挥临床；医务科天天检查病历写得规不规范；医院儿科的医患矛盾多，每次有投诉，监察科就让医生去道歉、息事宁人，他心里很不服气。

既然自己的业务已经成熟，年轻有为，功成名就，那么是时候开一家属于自己的诊所了。小周医生心想，凭借他高超的医术、良好的服务态度，还有一批牢牢追随他的“死忠粉”，肯定能开一家和医院画风截然不同的小诊所：他和小朋友还有家长其乐融融，画面温馨。私下里，他还去偷偷打听了药品的进价，发现利润空间很大，更觉得这事可以干。

眼见着滚滚商机向自己招手，2018 年 3 月，小周从医院辞职了，开始筹备他的小诊所。

03
万事开头难

很多事情预想中很简单，操作起来却并不容易。

有句老话叫万事开头难。计划付诸实践后，小周深感筹办一家私人儿科诊所竟然如此麻烦。

第一步，看店面、选址。在这方面小周还是很谨慎的，他在选址的时候有两个考量：其一，儿童的病情变化很大，比如爆发性的心肌炎容易造成休克，抢救的时间非常紧急，所以不能离医院太远，如果遇到重症，需要第一时间送到医院，避免在诊所发生医疗纠纷；其二，他觉得会有好多人慕名来找他，比如之前那些一直夸他认真、有耐心、医术好、有医德的人，他怕人家找不到地方，觉得离医院近一点好找，所以他很贴心地在医院附近 1 公里内、相隔两条街的地方，选了一个店面。

2018 年 5 月，小周把店面租好了，年租金 30 万元。装修是他爸爸找的施工队，材料自己买，再加上自己全程监工，一下子省下了不少钱，200 多平方米的面积，只花了 3 万多元。

第二步，办执照。一开始，小周以为只要有行医资格证和执业医师资格证这两个证就行了，没想到居然要走八九道流程，比如办药品售卖资格证、申请医疗废物处理资质、签个人承担民事责任书、上报诊所装修布局、通过物资存放消防检查等。

小周提交申请之后，就是漫长的等待，每次去问，人家只说等着吧，办好了会通知你的。因为医疗行业的特殊性，审批流程很长，每一个表格都要有不同的人签字。每次小周去问，不是局长不在，就是科长开会，要不就是主任下乡了。

其实，小周去办手续的时候，也做好了充分的心理准备。然而，擦边球的暗示性语言全然没有，每一次他得到的答复都是板上钉钉的“继续等待”。

由于诊所装修也在同步进行，需要经常关注进程，所以小周对审批没有盯得特别紧。最终磨磨蹭蹭过了半年，手续终于办齐了，但是半年的房租已经亏掉了，诊所开业时已经是 2019 年初。

04
只赚了几个月

2019 年初，诊所开业了。小周招了两个护士，工资为 4000 元 / 月。因为开诊所是一个治病救人的行业，不能搞什么促销、发传单之类的，这也不合情理。所以小周的诊所开业的时候是静悄悄的，他只是低调地发了朋友圈，再让之前在医院时的同事们帮忙转发了一下。或许是由于前同事们在转发的时候心照不宣地设置了仅对小周可见，这一波转发并没激起多大水花。

诊所、医院的业务，都有非常明显的季节性，特别是儿科，冬天天气冷的时候，碰上流感季，幼儿的抵抗力比较差，很容易感冒发烧。等到夏天，天气暖和了，孩子就不容易感冒了。在诊所刚开业的时候，正值冬天，每天有十几个患儿来看病，一天有一两千元的营收。而夏天即淡季的时候，小周就在诊所里干等着，一个月也就几千元的营收，勉强够付护士们的工资。从 4 月到 9 月，诊所都是惨淡经营。

再说说那批“死忠粉”。先前小周之所以有信心出来单干，很大一个原因是之前他在医院里工作的时候，那些每次都说专门来找他的患儿家长，天天追着他夸他医术好、医品好。但是，当他自立门户以后，只有很少的几位家长跟过来找他，绝大部分还是带着孩子去医院看病，前后鲜明的对比令他十分费解。

那么，小周的诊所究竟靠什么营收呢？很简单，一是看诊费，二是药费。

小周本来以为人们会出于对他医术的认可慕名而来，所以一开始，他对自己看诊费的定价比较高，要收 50 元，但是后来实在是没多少人来，只能一降再降，最后干脆免费了。

不过就算已经推出了免费看诊，来诊所的人还是少之又少。于是，小周又推出了免费上门看诊服务。医生上门看诊，大部分患儿家长都挺客气的。但是林子大了，真的什么鸟都有。

有一次经历，让小周终生难忘。那天，他接到了患儿家长的电话，急匆匆地去看诊。到了之后，他仔细地给小朋友检查了身体，又询问了家长小朋友生病是由什么引起的，接下来他告诉家长需要用什么药、大约多长时间能康复、这段时间要注意什么，等等。讲完之后，家长居然打发小周走了，一分钱都没付，家长自己去药店买了药。小周因为承诺了免费上门看诊，也不好说什么，只能自认吃亏。

这次遭遇真的对小周的内心造成了一万点伤害，也成了他后来关掉诊所的原因之一。

转眼到了 10 月份，天气慢慢变冷。几次降温之后，很多小朋友感冒发烧了，公立医院的门诊和急诊人满为患，排队都排到门外了，儿科急诊要通宵忙活一整晚。小周的诊所也特别忙，他经常忙到凌晨一两点。他记得很清楚，患者最多的时候，他一天看了 168 个患者，比他一整个夏天看的患者还多。

那段时间，小周诊所一个月的流水就有 20 多万元，3 个多月进账 60 多万元，这是诊所最高光的时刻，也是小周仅有的赚钱的几个月。去除一半成本，这段时间诊所赚了将近 30 万元的利润。眼见着流水哗哗涌入，小周觉得，从今往后，招兵买马开连锁医院，甚至医疗集团上市，都不再是梦想。

05
两记重拳

然而，两场巨大的危机正在悄悄靠近，如同一前一后接连两记重拳，把小周的私人诊所打出内伤。

2020 年 1 月，新冠疫情的影响波及了这座东北小城，诊所不被允许收治发热患者，发热患者必须去定点医院做核酸检测后再接受治疗。大多数儿童冬季感冒症状就是发热，有一次，小周偷偷给一个发热患者输了液，后来被查到了，被罚了 2 万元。

在这之后，他关店停业了 2 个月。

3 月份以后，虽然新冠疫情形势有所好转，但是儿科常用药集采的政策下来了，这给了小周的诊所一个致命打击。

原来，小周从医院出来之前，打听过医院药品的进价，他觉得利润空间很大。但是出来之后他才发现，医院都是一次性采购几万支药品，他一个小诊所采购量有限，根本拿不到那么优惠的批发价，他的进价成本大约是售价的一半。

2020 年 3 月，儿科常用药被纳入国家药物集采计划之后，药品采购价直接降到了原来的一两折，医院原来卖五六十元 / 支的头孢抗生素，现在售价是 4 元 / 支，还有医保报销 60%～70%，相当于实际只花大约 2 元就可以买一支药。

而小周的一支药进价就要 20 多元，售价 40 多元。2 元 / 支的药品和 40 元 / 支的同款，价格差距实在太大，再好的服务态度也无法抹掉这巨大的差距给患儿家长造成的负担。

实际上，药品集采也不是突然颁布的政策，已经实施了很长一段时间，先是从价格比较昂贵的药品、耗材开始，比如心脏支架从 1 万多元降到了几百元。然后是一些心血管系统药物、抗肿瘤药物。最后才到百元以内的普通、基础药物。

直到自己的诊所倒闭后很久，小周才后知后觉，其实刚开始实施集采政策的时候，很多已经开了十几年、二十几年诊所的医生，嗅觉非常敏锐，纷纷把自己的诊所关了，去乡镇卫生院里当医生了。

只有他，还一头扎进火坑里。

2020 年 5 月初，小周的诊所开不下去了。

06
打通任督二脉

2020 年下半年，小周又去公立医院上班了。公立医院失而复得了一位人气儿科医生，自然是很高兴的。回到公立医院的小周仿佛一夜之间打通了任督二脉，看哪儿都顺眼，变得特别热爱上班。

戏谑的是，曾经簇拥在小周身边的那批“假粉丝”也回来了，天天追着他跑、夸奖他，那种万人追捧的感觉又来了。医院里的人，个个都是人才，说话又好听，他超喜欢这里的。

虽然开诊所亏了几十万元，但这番惨痛的教训着实让小周重新发现了上班族的幸福。以前开诊所的时候什么事都要亲力亲为，忙的时候从早上 7 点忙到深夜 12 点，闲的时候发愁，上门看诊又被白占便宜，还要搞定各种审查，且他不懂会计不会算账，到现在都是一本糊涂账。如今重回医院，遇到的最麻烦的事情也不过是医患纠纷，动动嘴道个歉又算得了什么呢？

在时间、空间、人心多种因素的作用下，有些“店”是注定走不长远的。小周的儿科诊所就是最好的例子。在这样的情况下，无他，唯有高呼：打工人，打工魂，打工人是永远的神。

附记
全能牙医的诊所梦

看过今天的故事，你一定会觉得私人诊所光景十分惨淡。但其实成功的案例也不在少数。私人诊所想开得好，关键是要选对赛道。

下面给大家分享的这个故事，便是一个选对了赛道的正面案例。主人公叫 Lily，毕业于某知名医科大学。经过公办医院牙科 5 年的打磨，Lily 练就了一身全能牙医的本领。

Lily 心中一直有一个创业梦，她期待着有朝一日能像美剧里的医生那样拥有自己的诊所。于是，趁着陪同丈夫赴美留学的机会，她考察了美国的私人诊所，并且笃定了回国创业的想法。

我们先来说说牙科诊所这条赛道。如今，牙科的概念从狭窄的口腔疾病拓展到口腔健康与美学。类似牙齿正畸等无法通过公立医院医保报销的口腔美容项目近年来市场需求不断增加。还是那句老话，有需求就有买卖。私人诊所患者不多，且通常采用 1 对 1 私人定制服务模式，因此，私人牙科诊所成了香饽饽。

然而，想要拥有一家私人牙科诊所，绝不是靠空想就能实现的，必须积攒足够的本钱和足够的人脉。当满足了这两个条件之后，Lily 的创业便真正启动了。然而不久后，Lily 就迎来了焦虑期。从一位上班族医生到自立门户开诊所，Lily 花了好几个月，才慢慢适应了身份的转变，摸索出了一套“独门秘籍”。

这“独门秘籍”说来其实也简单，那便是以技术为核心，以质量为保证。注重学习的 Lily 总是组织诊所内的全体医生不断学习最新的技术，这使得她的生意领跑在行业最前列。与此同时，她一手抓成本控制，一手抓员工管理，且一切都以服务品质为先。

Lily 的牙科诊所很快便开得风生水起。然而，尽管 Lily 是一位全能牙科医生，但任何一位医生精力都是有限的，很难做到又全又专。为了解决这个问题，Lily 凭借良好的交际能力，和许多知名牙科医生开展合作。小小的诊所里经常出现牙科各条线上知名专家的身影，长此以往，客人的口碑当然也就非常不错。

新冠疫情期间，Lily 的牙科诊所虽然也受到了不小的冲击，但好在她坚持了下来。现在，春天来了，经济渐渐回暖，Lily 勇敢地继续走在她的梦想之路上……

密室逃脱：跟风创业追求完美主义，扑朔迷离经营处处受限

密室逃脱创业本身就是一间密室，如果找错了关键线索，将永远无法解锁……

01 蔚然成风

曾几何时，怀旧被视为一种美德。

而如今的我们，却不得不跟随时代的车轮滚滚向前。

时代像一位霸道总裁，假如你不和他相爱，你就会被他残酷淘汰。

然而，和时代谈情说爱是一件高风险的事。毕竟世界之大，你不是唯一的聪明人，而站在风口里渴望起飞的，也绝对不止你一个。

我们今天要讲述的是两个追赶时代潮流的故事。潮流这东西很神奇，一种鬼使神差的力量让它一夜之间风靡大街小巷。当初一觉醒来满大街的俊男靓女穿上了洞洞鞋，而现在，扣人心弦的剧本杀和密室逃脱成了年轻人茶余饭后的谈资。

国内可以查到的第一次出现的“真人密室逃脱店”是在2008年10月份开张的。早在2013年，真人密室逃脱就已作为最热门的娱乐游戏之一风靡全国。伴随这一时期KTV、室外运动拓展、桌游等相关行业的没落，密室逃脱文化却逆流而上，成功扛起了年轻人娱乐方式变革的大旗，成为娱乐潮流的先锋代表、时尚活动的代名词。

说到时尚活动，不得不说说当下年轻人喜欢的综艺。《密室大逃脱　第五季》于2023年首播。该节目的类型为实景解谜体验秀，本质就是依托于密室逃脱的综艺节目。节目拥有超过1000平方米的密室场地，十余个房间环环相扣，每一个细节都隐藏着关键线索。节目在全国各地取景录制。密室逃脱的盛况由此可见一斑。

02
装修风波

第一个故事的主人公叫小戴。

曾几何时，小戴以为传说中的密室逃脱不过是玩家凑在一起解谜，不甚有趣。在朋友的推荐下，他终于老大不情愿地去了一次当地的密室，发现竟然与他想象中的密室逃脱大相径庭：当时的密室行业已发展得非常成熟，不仅有完整的沉浸式场景、机关、道具，还有NPC和场控来加持整个剧情的走向和体验感。总之就是非常不错。

当时，台州当地只有两家密室：第一家密室A主要面向儿童、学生群体，各主题的场地规模都比较小，客单价普遍在100元以下；第二家密室B，也就是小戴去体验的那家，门店开在商场里，场地面积更大，主题也更多，客单价在98~168元。

小戴通过查询美团等线上预约平台的累计客单数，简单计算了这两家密室的客流量。而且当时台州本地人倾向于线下付款，肯定还有很多不通过平台付款的线下客单。经过一番估算，小戴觉得密室行业非常有利可图。

2020年，大学毕业的小戴暂时没有工作，在剧本杀已经遍地开花的境况下，他想到之前去密室的体验。于是小戴决定创业开一家密室店。

决心开店之后，小戴在当地看了一下门面，当时他有三个备选。

第一间面积为 300 平方米，侧面还有一个可扩展的门面；第二间面积足有 650 平方米，年租金 19.5 万元，转让费 6 万元，前身是一家教育机构，本身的装修设备需要全部拆除；第三间的优势是房租便宜，没有转让费，但是位置在一个角落，临近一家酒店的后厨。

在看门面的同时，小戴也不忘学习行业相关的知识。

杭州是全国密室逃脱产业最发达的城市之一，多家密室的设计水准处于全国领先水平，排名前十的 Xcape 异时刻密室逃脱、墓府恐怖沉浸式密室、忆境实景剧情密室等品牌都深受年轻消费者欢迎。

大致看过门面后，考虑到杭州的密室逃脱产业发展得非常成熟，小戴就和同学先行去了杭州学习考察。

就在小戴做前期准备的过程中，2020 年 10 月，小戴先前去的那家密室 B，扩了新的店面，在商场的 4 楼又增加了一个门面，做了新的主题玩法。国庆 7 天假期，其营业额就达到了 21 万元，除去房租，已经轻松收回了新主题投入的成本。

小戴此时就觉得，既然密室 B 短短一个假期就能收回成本，那自己如法炮制，也不会差到哪儿去。

然而，小戴杭州之行结束归来，起先看的门面中，第一间门面已经被租出去开火锅店了，可以选的只有第二间租金、转让费较高的门面和第三间位置偏却相对便宜的门面了。

最终，小戴咬咬牙选择了那间面积为 650 平方米的门面，位于椒江区东商务区的主干道边。尽管整体费用很高，但是位置相对于第三家更好。整体来看，650 平方米的门面实际使用面积为 520 平方米，年租金 + 物业费为 21.06 万元 / 年，转让费 6 万元，虽然本身装修很好，但是教育机构的软装完全不能用于密室，拆装费又花了两三万元。

就主题选品而言，购买密室主题的设计装修分为两种，其一是全包，授权方提供人员来施工，完成所有道具、机关、场地布置，保证整个主题搭建落地，价格较高；其二是半包，授权方提供设计和机关布置的整体思路和图纸，价格较低，但是需要店家自己找机关师和装修团队。

小戴的店一共做了 4 个主题。

1.“××人”

小戴先选了一众密室老板推荐的主题——“××人”，这是个灵异恐怖类的主题。小戴考察途中遇到的每家密室老板几乎都众口一词地推荐了这个主题。因为小戴自身没有装修经验，也不懂机关搭建，于是选了授权方的全包装修服务。“××人”主题前后一共花费 25 万元落地。

2.“××的钉子户”

全包 16 万元，也是当时比较热门的一个恐怖主题。

3.“××鸟”

在选择第三个主题的时候，小戴想到前面两个都是恐怖主题，而台州本地的密室也都是恐怖主题的，有很多人是不敢尝试的，所以小戴想到要做几个非恐打卡风格的主题。

“××鸟”，非恐主题，日式打卡风格。共投入 25 万元。

由于原版方在做扩张，没有时间做全包服务，所以“××鸟”主题属于半包，原版方介绍了两个师傅给小戴。这两个师傅建议小戴，剩下的主题可以自己设定，不用授权费。小戴想到可以省下一大笔授权费，就签了合同。

4.“××旅店”

没有授权费，全包合计 15 万元。

定下主题后，密室终于开始投入装修。

前两个主题都选择了版权方的全包服务，师傅非常专业，装修完美落地。

与之相比，做“××鸟”“××旅店”的两个师傅就非常不负责，每天工地只有两个木工在干活。师傅推脱说是机关生产商物流延误。由于小戴没有经验，当时签的合同最后一期尾款设得非常低，只有 5%，合计 1 万多元。

于是，“×× 鸟”“×× 旅店”没有收尾，机关还有很多故障，这两个师傅就跑路了。

由于小戴的店铺刚起步，在业内属于没有话语权的小白，小戴拿师傅没办法。曝光也没有用，走司法流程则需要很长的时间。拖延了很久之后，小戴只能找新的机关师来收尾，导致这两个主题在 2021 年的新年前都没有开放营业。

表 1-9　小戴密室的前期投入

项目	金额
房租 + 物业费	21.06 万元 / 年
转让费	6 万元
拆装费	2 万 ~3 万元
主题授权、装修	25+16+25+15=81 万元
装修 + 道具师	不详
前期合计投入	135 万元左右

03
没有回头客

经历了选址、定主题和装修的前期筹备后，小戴迎来了经营期间的问题。

首先是主题方面。“×× 人”“×× 的钉子户”剧本本身就很优秀，只要有合适的 NPC，最终效果与实际收益也会很好。“×× 鸟”“×× 旅店”，剧情、机关、造景的质量都很差，因为那两个师傅不负责，导致最后的效果不尽如人意，这两个主题开张后生意一般。店铺收益几乎完全依靠前两个主题带动。

其次是任何行业都面临的淡旺季问题。密室的生意淡旺季差别很大，在小戴刚开业的旺季春节期间，3 个主题营收 16 万元，淡季却只有 3 万 ~5

万元，而 3、4、6、9、11、12 月都属于淡季（没有节假日的月份都是）。

再次是密室没有回头客。一般而言，客人将密室的所有主题都玩透后，基本就不会再来了，只有少数的客人会重复体验一个主题。并且当地陆续开了新的密室店，包括 2 家比较大的密室，和五六家小规模的密室，它们又分走了一部分客流。

最后是招人困难。密室中演员的演技水平对剧情效果的呈现影响很大，直接影响了客人的体验。以“× × 人”剧本为例，需要 NPC 2 人、场控 1 人，合计 3 人；“× × 的钉子户”剧本则需要 1 个演员；“× × 鸟”“× × 旅店”两个剧本都需要 1 个 NPC 和 1 个场控。4 个主题同时运营总计需要 8 个人，所以小戴的店前期一共配置了 8 个全职店员，起初的这批演员都在密室主题原本的版权方培训过，或者在其他密室工作过，经验丰富，且演技都很好，不需要额外的培训就可以直接上岗。“× × 的钉子户”剧本里有一个反串中年妇女的角色，演员需要有一定的阅历，但是密室的员工多数都是年轻人，这就非常挑战演员的演技了。

然而，有时候太入戏反倒容易惹出麻烦。密室里特别黑，“× × 人”主题里有一个“女鬼”NPC，表演效果特别逼真。有一次，一对情侣来玩，因为是恐怖主题，女生非常害怕，就开始尖叫。男生第一反应是要去保护自己的女朋友。但是因为房间太黑看不清东西，男生碰到了“女鬼”NPC 的胸部，这个 NPC 当时就羞恼不已，无论男生怎么道歉都不接受，直接走人了。当天还有好几场的客人在外面排队，幸好当时有个从杭州回台州老家的女生，之前在其他密室扮演过这个主题的 NPC，于是临时来救了场。

但是这位救场“女鬼”要求小戴同意她男朋友也入职。她男朋友没有做演员的经验，完全演不好自己的角色，于是，小戴就只能自学成才，亲自出马。

在台州，密室属于新兴行业，在有些人眼里属于不务正业的行业，因此，这个行业的 NPC 和演员非常难招。

作为娱乐行业，没有节假日，夜场结束又非常晚。最晚的场次在深夜 12 点，给客人讲解规则、穿戴护具，正式开场就要将近凌晨 1 点，整场 2 个小时，送走客人就到凌晨 3 点左右了，再收拾打扫关门，就到凌晨 3 点半了。在如此“高压”的工作节奏下，员工稳定性就更差了，时常有员工辞职。

原本的 NPC 陆续离职后，新的员工基本靠前一任员工来培训，因为如果选择去原版方培训，还需要支付额外的费用。这导致主题呈现效果越来越差。

虽然密室整体生意的确很好，一直有钱入账，但是和前期的投入无法相提并论。因新冠疫情而歇业一个半月的情况下，1 年利润为 45 万元。如果不闭店，一年大约能有 50 万元的利润。

虽然每月都能发出员工工资，有钱入账，可以平当月的成本，但是新一年又会有新的房租成本，密室未来的行情也不确定。起先的 4 个主题客流只会越来越少，如果要做新的主题，又需要一大笔投入。整体计算下来，永远不能收回前期成本，并且，主创中有经营能力的成员都没有时间来管理店铺。前期投入约 135 万元，成本过高，致使小戴和对象总计亏损 100 万元，最终只好闭店，选择关门大吉。

04
最强大脑

如果说第一位创业者小戴是典型的小城市青年，那么海归小 Y 显然见过更多的“大世面”。

出国留学毕业之后，小 Y 决定创业。我们的小 Y 天生就拥有感性与理性十分均衡的头脑，堪称传说中的“最强大脑”。小 Y 选择创业项目，不仅在理性上追求独树一帜的战略眼光和深入的思考，更在感性上追求极度的狂热。

回国后的小 Y 听说国内也有密室逃脱和剧本杀，便时常和朋友一起去玩。在积累了充足的游戏经验之后，痴迷密室逃脱和剧本杀的小 Y 决定，拿着家里给他的 200 万元作为启动资金，开始创业。

小 Y 算了这样一笔账：按照自己所在城市通用的收费标准，258 元 / 人起步，一场 6 个人，一场收费至少 1548 元，从中午 12 点开到晚上 11 点，一场 90 分钟，一天能开五六场，一天就有八九千元营收。

接下来就是选主题了。主题是密室的核心，主题的好坏直接决定了这家店能不能吸引人来玩，以及最后能不能赚到钱。

小 Y 心想，如果自己的店可以打通所有品类，那么就能接待全类型玩家，能带来暴利。为了吸引下至 3 岁上至 80 岁的男女老少都来玩，小 Y 买了 3 个密室主题，一个童话风主题，家长可以带着小朋友来玩；一个科幻机械风主题，适合喜欢烧脑解谜的玩家；还有一个恐怖主题，吸引有猎奇心理的年轻人，特别是情侣来体验。

然而，正是这种男女老少通吃、看似十分合理的模式，为他后来的破产埋下了伏笔。要知道，在我们这个时代创业，无论你走哪条赛道，市场一定是细分的。没有独特定位，就没有集中的客流。

小 Y 精心选择的 3 个密室主题一共花费 22 万元授权引进费。然而，等到自己的店铺真正开始营业，小 Y 才后知后觉：那些专攻一个类型的店，可以降低获客成本，因为顾客来了发现这家店还有同一个类型的主题，下次还会来玩，就能产生精准的复购。

而自己的 3 个密室主题类型完全不一样，就没有复购，这就意味着他的获客成本要翻 3 倍，每获取一个新客都要成本，实际测算下来，通过美团、大众点评等线上平台获客的成本达到了 40~60 元 / 人。

除了获客成本高昂，选址也烧够了钱。在一次旅游中，小 Y 发现西南某城市恰好没有固定的密室主题，而且密室市场相当成熟，便萌生了在这里开店的念头。

说干就干。可是，自己对西南地区不熟悉，选址的事情怎么办呢？唯一的解决办法是托朋友找关系。一向擅长与人称兄道弟的小 Y 在朋友的帮助下，盘下了一间店铺，恰好位于几个热门商圈的一个中间地带，距离每个商圈都有 1 公里左右。

小 Y 本以为邻近商圈可以蹭到流量，事实证明，并没有路过的自然流量进店。而且这个场地的租金较高，85 元 / 平方米，加上 8 元 / 平方米的物业费，440 平方米的面积，每个月的租金高达 4 万多元。

小 Y 开店之后，找当地的同行了解过行情，当地做密室的房租生命线不能超过 55 元 / 平方米，超过 55 元基本无法盘活。小 Y 却直接租了个 90 元 / 平方米以上的。不仅如此，小 Y 为了提升店铺的调性，找来某知名设计师，前后花费 40 万元，建造了一个非常大气、漂亮的 100 多平方米的大堂。

但是，“做密室要看坪效比”是业内的共识，简单来说就是需要考察有哪些区域是产生价值的，有哪些区域是不产生价值的。因此，一般的密室大堂都会尽可能做小，因为它不会产生实际效益，这与小 Y 的初衷显然背道而驰。

05 就问你敢不敢跳

谈及密室的装修，小 Y 当时买主题的时候，跟品牌方的销售人员称兄道弟，关系极其融洽。由于小 Y 购买的是城市限定主题，每座城市只能授权限定数量的店铺，所以那个销售人员觉得小 Y 肯定会找他做全包。他给小 Y 的施工报价是 70 万元，小 Y 去了解了一下市场行情，以价格太高为由拒绝了。这导致那个销售人员心生不满。

拒绝了销售人员的施工报价后，小 Y 开始自己找装修公司。他在知乎上看到有人提问，密室装修哪家强？

有好几篇长文，都真情实感地讲述了自己密室的装修经历，最后推荐了 ×× 装修公司。文章底下的评论里，这家装修公司还会回复说你们现在生意怎么样，店家会倾情互动以表达对装修公司的感激之情。

这自导自演、一唱一和的戏码，就这样把小 Y 套了进去。

后来小 Y 才知道，这就是一家“水军公司”，压根就不是什么装修公司。这家公司的员工就是“水军”，每天的工作就是在全网、全平台、全渠道去回评论、写软文、发帖子。他们专攻密室这一个品类，这是一个新兴行业，很多传统的装修公司没有这块业务，很多想开密室的人都会上网去搜，只要一搜，基本只能搜到他们家。

小 Y 当时很着急，于是他马上就找到了这家水军公司，经历了极致拉扯与讨价还价，最后以 50 万元的价格成交。

老板承诺做到百分百还原，工期 2 个月。2021 年 3 月，施工队进场装修了。包工头到了工地看到房子的层高有 6 米，就开始忽悠小 Y，说可以在高层的基础上做一个搭建层，那就多出来两三百平方米的面积，3 个主题密室便可以增加到 5 个。

小 Y 欣然接受，又花了 10 万元做搭建层，但直到他的店倒闭，这个搭建出来的 200 多平方米的面积也没有用上。

小 Y 把平面图发给品牌方，但是品牌方拖了 1 个月都没有出设计图。密室有很多机关和布景，设计图到位了才能开始施工。小 Y 打电话给销售人员询问，对方态度大变，只是冷冰冰地说，授权主题里不包括定制设计图。小 Y 这才悟了，原来是没找他做全包，他在故意使绊子。没办法，小 Y 又给他塞了 1 万元的红包。

拿到了设计图，终于可以开工了。但实际上，水军公司压根就没有施工队，都是临时找的包工头，包工头再带几个小工来干活。水军老板更不懂行，对成本和工期的把控能力都很差，业务层层分包，全是中间商赚差价，那些包工头对密室装修也不熟悉，经常做错了返工。原本说好的 2 个月工期，结果做了足足 4 个月。

快完工之时，品牌方来验收了。验收人员走了一遍流程之后，直摇头，给出的答复是：到处都是毛病，根本无法开业。水军公司的施工经理一听就怒不可遏，两个人当场吵了起来。品牌方验收的人劝小 Y 别付尾款，直接给他 10 万元，从总部调来师傅解决装修问题。

小 Y 觉得密室的装修流程基本上完成了，不用大费周章了，只须再调一调机关，就拒绝了品牌方，让水军公司继续做完了整体施工。

没想到，这又给他开店之后的经营挖了一个坑。

横竖都是坑，就问你敢不敢跳。小 Y 心想，事已至此，那硬着头皮也要进行到底。

然而，到这里，小 Y 已经花了 100 多万元。我们来算一算账。

表 1-10　小 Y 的开店投入

项目	金额
3 个密室主题	22 万元
房租 + 物业 + 水电	4.2 万元 / 月 ×6 个月 =25.2 万元； 押金 4 万元；无转让费
大堂装修	40 万元
搭建层	10 万元
密室装修	50 万元
消防	3 万元
空调（两个 4 匹、一个 6 匹）	6 万元
监控（20 多个摄像头）	3 万元
员工工资	5 个员工 ×3500 元 / 月 ×2 个月 =3.5 万元
总计：	166.7 万元

世界上的事情，没有最坑，只有更坑。由于水军公司把 2 个月的工期做成了 4 个多月，小 Y 又提前招好了员工参加培训，每人发 3500 元的底薪，相当于他白养了员工 2 个多月，员工每天来工地玩手机。

06
勉强开张

2021 年 8 月中旬，小 Y 的密室勉强开起来了，这个时候他其实已经心力交瘁了。

由于前期选址的问题，他的店几乎没有路人进来。于是小 Y 在大众点评上，邀请了三五十个不用花钱、免费来玩的博主，博主回去发了评论，慢慢地带来了点流量。然而，居然还有网红博主免费玩了之后，回去发了差评。小 Y 还买了美团、大众点评上的付费推广服务，7000 元 / 月，每个新客的获客成本达到了五六十元。

8 月小 Y 的密室大约有 3 万元的营业额。9 月是业绩最好的一个月（尽管在密室行业 9 月属于淡季，但新店开张加上积极宣传，还是带来了很大一波流量），营业额有 8 万多元。到了 10 月份，赶上十一黄金周，7 天所有场次全都被预订满了，结果在 10 月 1 日那天，密室机关爆雷了，发生连锁性故障，抢修了 3 天。十一假期前 3 天，小 Y 都在不停地打电话赔礼道歉，跟客户说对不起，我们机关坏了，耽误您十一的安排了，下次您来我给您打折。

十一黄金周之后，大家都玩过瘾了，回去又要处理大量堆积的工作，于是接下来 3 周消费都很疲软。10 月份小 Y 的密室做了 6 万元的营业额。但他们店每个月的运营成本至少就要 6 万元，一番操作下来，小 Y 每天拼死拼活，一分钱没赚到，再加上各种杂费、他自己的生活费用，每个月都要亏几万元。到了 11 月份，是密室的淡季，生意越来越差。小 Y 已经差不多把 200 万元花完了，账上只剩 2 万元，又面临下一次交 3 个月房租，小 Y 实在没有资金，于是开始转让他的店。

最后，小 Y 以 25 万元的价格把店转让了出去，加上退回了 4 万元押金，回血 29 万元，算下来小 Y 亏掉了将近 170 万元。

这几个月里，小 Y 累病了好多次，一个精致的男孩，因为压力太大胖了 30 多斤，变成了猪猪 Boy。

曾经花钱大手大脚的他后来为了省钱，都不出去吃他最爱的火锅了，每天只吃 10 元 / 碗的面，一天开支不超过 30 元，一切都是为了开店。

虽然小 Y 和小戴都看中了密室逃脱生意的市场红利，却忽略了该行业沉默投资大、复购率低和翻台率低等特点，一味地追求完美主义，同时也受到当时新冠疫情的诸多影响，最后面临现金流困难的窘境，只好闭店。完美主义者的宿命往往是被现实打脸，这一点殊途同归。唯一不同的地方或许就在于，小 Y 的完美主义体现在幻想男女老少通吃，而小戴的完美主义则在于店铺装修过于豪华了。

越南开厂：中国思维并非万能公式，明码算账更须因地制宜

切莫把在中国做生意的思维惯性，带去另一个国家，不然你会遇到踩不完的坑。

01 未尝不可

常言道，三百六十行，行行出状元。创业这件事不一定要选择人挤人的红海，在小众的蓝海里只要做得好，一样可以闯出一番天地。

我们今天故事的主人公小徐正是这样一位不走寻常路的创业者。在众多的创业赛道中，他选择了一种技术要求极高的工业化产品作为创业方向，并且将视野投向了盛产原材料的越南。然而，出于种种原因，小徐理想中赛道小众、成本低廉、满满都是利润的跨国工厂却惨遭破产清算。如果你要探究小徐破产背后的原因，那还得从小徐的爸爸老徐说起。

老徐是一位商业嗅觉十分敏锐的生意人。2014 年，他与在国内做家装

建材生意的尹老板去越南找商机，当时他们考察了旋切木板项目，发现这真是一门有潜力的好生意。

先来普及一下，旋切木板是用来制造胶合板、细木工板和各种以人造板作基材的复合板的表层材料，最常见的就是用来做室内装修所用的装饰板，也可以用来做地板中间的夹层。

恰逢那几年房地产行业蓬勃发展，新的楼盘拔地而起，生产旋切木板当然是不错的选择：产品性价比高的竞争对手不多，还不愁销路。然而，老徐眼光很准，脾气却很差，在考察过程中多次因为鸡毛蒜皮的小事与准合伙人尹老板发生争执。老徐心想：这大概是八字不合，难以磨合。于是，这门生意便没有做起来。

回国后，老徐将在越南考察的见闻以及他与尹老板之间的争吵告诉了儿子小徐。小徐听闻，哈哈一笑，觉得属于自己的大干一番的机会从天而降。

小徐将这天赐良机总结为以下 5 个方面。

1. 得天独厚

越南地区盛产橡胶树，这种木材用来生产旋切木板可以说再合适不过了，并且这种品质良好的木材当时在国内比较稀缺。

2. 成本低廉

越南当地的原材料——橡胶木的生产成本折合人民币不到 200 元 / 立方米。按照 60% 的利用率计算，加上人工费，也就 400~500 元 / 立方米。运输到国内，运费只要 300 多元 / 立方米，算下来总价在 700~800 元 / 立方米，相较于国内旋切木板的售价 1300 元 / 立方米，500 元左右的差价带来了很大的利润空间。

3. 人脉资源

小徐的爸爸老徐在 2000 年前后赴越南寻找商机时，认识了一对夫妻，丈夫为中国人，妻子为越南人，至今他都与这对夫妻维持着良好的友谊。有了他们的帮助，语言就不会成为阻碍了。

4. 销售渠道

木材运回国内后，小徐的爸爸老徐有国内销售渠道，初步的上下游关系链已经形成。

5. 性格因素

与暴脾气的老爸不同，小徐性格比较温和，他寻思道：尽管爸爸无法与尹老板和睦相处，但自己和尹老板合伙未尝不可。

小徐越想越激动，觉得和国际接轨的日子指日可待，以后成为厂老板，随时都能谈上亿元的生意。

02
终究撕破了脸

2014 年 9 月，小徐说服尹老板，和自己一同再次前往越南，亲自去考察一下当地的情况，准备大干一场。

但在这个过程中，发生了一个小插曲。由于当时越南海关对于携带人民币现金的游客检查很严格，尹老板又想顺便去越南买点红木原料，就把 5 万元人民币现金全部换成了越南盾。当时的汇率是 1：3500，折算下来大约需要携带 1.75 亿越南盾。

由于数额巨大，尹老板和小徐协商，放一半钱在小徐身上，方便应对路途中的特殊状况。就这样两人顺利过境，抵达旅馆后，双双累得瘫倒在床上。之后，尹老板开始清点现金，不查不知道，一查吓一跳。数目不对，少了 300 多万越南盾（折合人民币 1000 多元）。

尹老板埋怨起小徐，小徐一听就炸了锅，以至于后来两人就在旅店里扭打了起来。虽然小徐气得不行，但还是仔细地翻了翻自己的旅行箱。一整理就发现，坏了，真的从犄角旮旯里翻到了这些钱。小徐向尹老板道了歉、赔了罪，把钱款也还给他了，并答应多补偿点股份给尹老板。但在尹老板心里，不信任的种子就此埋下了。

尽管如此，两人还是顺利地考察了场地和环境，最后选择了位于越南中部地区广平省洞海市的一间距离最近的小镇 5 公里、距离市区 20 公里的比较偏的厂房。厂房周边橡胶树资源丰富，劳动力价格低廉。

小徐犹豫之际，带着他们看场地的中介却一直在催促他们赶紧定下。小徐想着赶紧把厂开起来，便美滋滋付了押金，签了合同。

本以为终于等到了一个良好的开局，谁料回国后，刚下飞机没多久，尹老板因为钱款事件怀疑小徐的人品，便随便找了个理由退出了这门生意。至此，小徐的工厂第一代合伙人之间，终究撕破了脸。

03
两大家族

虽然第一代合伙人半途而退，但是小徐还是非常有信心的。没过多久，他又经父亲介绍认识了一个做生意的老板，外号“施大吹”。

经过小徐苦口婆心劝说，施大吹一拍桌子，表示可以搞！但要做，就要做大做强。他认为小徐的生产模式属于小打小闹，只搞 1 组设备去生产，这是不行的，要再加 3 组。

1组设备的单价在10万元左右，再加3组，相当于要再加约30万元投资。手里没钱、心里没底的小徐还在担心的时候，豪气的施大吹表示我直接拿出 60 万元。最后小徐出了 40 万元，两人加起来 100 万元，但股份是五五分成。

对于这个结果，小徐感到自己赚大发了，心想这下终于找到了一个靠谱的合伙人了。于是两人果断在河北省下了 4 组设备的订单，准备开厂。由于这 4 组设备是在国内购买的，国内安排了两位安装师傅随行。但是他们只负责首次安装，并不负责日后的维修，且越南当地并没有会维修和使用这种设备的技术工。

勤劳的小徐站了出来，靠自己不断摸索和国内师傅的远程指导，自己动手、丰衣足食。在摸索的初期，他们切出来的单板不是厚了就是薄了，完全达不到使用要求。小徐研究了两三个月才解决问题，活生生地把自己培养成了技术工人。

设备搞定了，接下来小徐就准备招聘员工。之前说过，这个厂房位置比较偏，所以招工只能从附近的村庄里的农民下手。附近村庄的人基本来自同一个大家族，只要招到其中一个人，那么整个家族的劳动力全都会来厂里上班，小徐总共招了 18 个员工。

就近招工显然好处多多，最实惠的一点就在于工资非常低，一天下来仅须支付每人约 60 元人民币。然而自古“便宜没好货”，把原本从事农耕活动的农民，训练成操作熟练的技术工，需要花费极大的精力！为了解决员工习惯性摸鱼的问题，小徐急中生智，又从隔壁村招募了另一个大家族的员工，想让两个家族的员工互相监工。这下好了，两大家族时常发生矛盾，派系斗争严重。

这个时候，勤劳能干的小徐又化身培训师，从理论到实践一步步耐心地指导员工。可是员工们只想每天上班摸鱼，完全不认真工作。之前定下的 4 组设备，按照国内工人的技术水平，一组一天可以生产 40 立方米的木板，而小徐的工厂每天仅能生产 8~10 立方米的木板。

小徐每天都安慰自己，随着时间推移，员工技术会愈发熟练，产量也一定能上去。至于眼下的状况，他也只能勉强接受了。

04
和时间赛跑

小徐就这样每天怀着希望坚持过活，过了一阵之后他惊讶地发现，当地的电力也有很大的问题。

越南当地的电压极度不稳定。工厂用电，需要 380 伏的三相电，普通民用则是 220 伏的两相电。小徐工厂所处区域，几乎每周都会出现一次电压不稳的情况，电压在两种用电档位之间上蹿下跳。一旦发生这种情况，设备的电机就被烧了。电机损坏后，小徐只能自己拿着坏掉的电机，跑到 20 公里外的小镇上维修。维修费不贵，一次 100 元左右，但是需要排队，修好要等一周左右的时间。

无独有偶，在工厂生产过程中，原材料也出现了问题。事实上，原材料数量较为有限，并不像一开始小徐所设想的那样能够源源不断地供给，常常出现一两天没有原材料用以生产的状况。

随后，小徐经过当地商会的渠道，认识了林区的负责人，负责人答应给小徐承包一片占地 7.5 亩（5000 平方米）的橡胶树林，但是负责人规定，小徐必须在一个月内砍伐完成，否则就会被收回树林。小徐没得选择，要么就得一个月砍完 5000 平方米的橡胶树林，要么就是不合作。没办法，小徐只能签下了这份合约。

生产旋切木板的大致流程是这样的：

其中，好几个户外作业的环节不仅需要技术，更依赖合适的自然条件。

这一大批木材搞得小徐非常痛苦：生产效率跟不上，原料木材就大量堆积在厂房外，不能过度暴晒，也不能淋雨。没有上进心的员工根本不管那么多，只有小徐做带头大哥，在大雨的时候抢收木材，在天晴的时候再把木材搬出来。所有事情他都得亲力亲为，手下的员工才肯动起来。

然而，小徐再牛也终究不是超人，无法完全估计到方方面面的状况。最终，由于天气原因，这批木材中的大部分还是出了问题，导致生产出来符合标准的 A 类板材少得可怜，大多是卖得比较便宜的 B 板、C 板，国内工厂 A 板生产良品率能达到 80%，小徐的工厂则只能达到 40%，差距很大，根本达不到小徐理想中的利润率。

05
一本糊涂账

等货生产完，准备运输，小徐想着能回点血了，才发现新的问题接踵而至。

1. 运货费用超标

每次把板子运回国内，都需要装载在集装箱内，木材加工成木板后，一块块叠起来打包。一个集装箱陆运 + 海运的费用有 7500 元。由于良品率仅为 40%，大部分的板子是从各种角度翘起来的，无法严丝合缝地装进集装箱，因此原本能装 1600 包板子的集装箱，小徐这边只能装 1300 包。在运输成本上相当于每个集装箱每次多了 1875 元的运费成本。

2. 成本明细混乱

由于公司没有聘请专业的财务，小徐每天需要解决的事情又实在太多，实在没有工夫去算账。每次做账都只是简单算了材料价和出货价的差额，没有考虑运输、损耗、日常开销等一些细节支出，连每个月到底是赚钱还是亏钱都不知道。

小徐每日苦苦支撑，最终还是面临倒闭。日子就这么一天天过去，在外人眼里，小徐俨然一位前呼后拥的老板。但小徐其实每天又要干苦力，又要干管理工作。

大家肯定想问：那么他的合伙人施大吹去哪了？施大吹自从工厂投产，总是以身体不适或有事等各种理由不去工厂。在工厂运行第二年的 11 月，小徐发现钱包早已空空如也，之前施大吹和自己投的 100 万元，就在这种账目不清楚的情况下稀里糊涂地亏完了。厂里除去人工和一堆废料，最值钱的是那 4 组设备，当时是花了约 40 万元购买的，小徐和施大吹各拿 2 组，按照二手价格 5 万元 / 组甩卖，2 组就是 10 万元。

但是这么大的设备虽然可以卖钱，却不可能原封不动地运回国内卖。小徐只能靠自己去联系一名越南当地的朋友帮忙售卖，当天小徐还以为能回血 10 万元，把这 2 组设备都拉到了那位朋友的场地，就回去等着收钱。没想到，小徐被骗了，最后一分钱都没有收到。这件事够绝望吗？

也就是说，小徐投资了约 40 万元，花了一年多的时间，拿命在越南当苦工，终究血本无归。

几年后，小徐依然在越南周遭寻找机会做生意。某天，他与另一名做贸易的合作伙伴聊天时听说，几年前他就进过小徐木材厂的原木材料。

小徐一听，想不通了，他从来没卖过原木材料啊。经过反复核对查验，小徐才确定了真正的幕后黑手，就是那个“摆烂”的施大吹！

原来，施大吹表面看着不管事情，实则发现直接卖原木更简单方便。于是施大吹就做起了内贼，偷偷卖了工厂的原木，监守自盗。

这真是：一颗老鼠屎，坏了一锅粥。一匹害群马，搅了一盘局。

这几年，劳动力、土地等方面的因素，总是将越南推到聚光灯下。对于越南是否会成为下一个世界工厂的问题，不同的人有不同的答案。但是，切莫把在中国做生意的思维惯性，带到另一个国家，不然你会遇到踩不完的坑。小徐越南开厂暴“负”的故事，就是典型的案例。

快递驿站：心血耗尽，只剩心累

占地 10 平方米的快递驿站月入 10 万元，是再攀高峰还是再也攀不上的高峰？

01 相信命运

从命运的角度看，创业大致可以分为两种模式。一种叫作投资，另一种叫作“人肉”。前者虽然风险高，但它的盘子也往往越做越大，后者虽然看似平稳，但它的体量和利润却往往相当有限。之所以把后一种模式叫作人肉创业，就是因为创业者必须把整个人和生意绑定，付出许多心血，才能赚上一份辛苦钱。

一次，我和一位朋友聊天。朋友说他想开一家快递驿站，但不知道做这类生意到底赚不赚钱。其实，开快递驿站正是一种典型的人肉创业。

在开始讲故事前，我想先给大家简单科普一下常见的快递驿站收入组成。

1. 代寄快递

客户到你的快递驿站寄包裹，付的是零售价。因为快递驿站是和快递员长期合作的，一次性大量揽件，一般单件零售价约为 8 元，驿站成本只需 3~4 元。这样一来，两种费用是存在差值的。

2. 代收快递

这也是驿站的主要收入来源之一，快递员为了缓解自身的派件压力，会将快递送到驿站，单件付给快递驿站 0.4 元左右的费用。

3. 社区团购

小区居民通过线上商城购买了生活用品、蔬菜生鲜等，暂存在快递驿站，快递驿站也可以从中赚取稳定的收益。

4. 商品销售

快递驿站嫁接便利店、生活超市等，利用取件的人流量变现，实现店铺商品的销售，带来盈利上的增长。

5. 商圈广告

这是根据取件的人流量多少来决定的，一个快递驿站每天有 600 左右的人流量，一年下来数据是非常庞大的，可以与附近的商圈合作，从中赚取广告费。

以上就是快递驿站的收入组成，主力还是前两条。大多数社区快递驿站纯收益不会超过 1.5 万元 / 月，过万的都算经营得不错的了。做了快递驿站，就意味着 365 天全年无休，对于大部分快递驿站老板而言就是挣个辛苦钱。年终无休，你赚到的是你的工钱，加上一定的浮动收益。最后你会发现，你的利润永远就等于雇两个店员的人工成本。

那么，开快递驿站是不是必赔无疑呢？接下来我们一起进入今天的故事。

02
上了一课

2017 年春节的时候，即将毕业的大学生阿文和两个朋友一拍脑袋，决定创业。可是，选择什么行业呢？

其中一位朋友小 A 眼珠子一转，就有了主意。说起这位小 A 嘛，学问不算太大，但见识绝不算少，两年前辍学跟家里去阿根廷做过生意。

能说会道的小 A 告诉阿文和另一位朋友小 Z，自己曾经跟几个同学在校内开了一家快递驿站，接的都是小品牌快递。那时候，通达系的快递巨头在校园里都有自己专属的驿站。而小品牌快递，则没有统一的收发点。市场嗅觉敏锐的小 A 当然要把握这绝佳的商机。别看他们做的都是小品牌，但胜在可以多谈几家，而且每个包裹单价会比大品牌高 1 倍。再乘以学校 3 万多名师生的流量，收入就很可观了。

那时候，大家都是小白，还不知道要去做调研。阿文他们听小 A 说得头头是道，便信以为真，直接入手了小 A 所说的那家店铺，转让费竟然高达 9 万元（这家店的面积只有 10 平方米左右，房租是 1000 元 / 月，9 万元的转让费相当于这家店 90 个月即 7 年半的房租费用）……那家店的前老板拍着胸脯保证，用不了半年，阿文和朋友们就能回本。也就是说，阿文等人需要用半年时间赚到这家店 7 年半的房租。直到不久以前，后知后觉的阿文才意识到那根本就是个坑（当时学校里的通达系大驿站转让费也只有 10 万元左右）……

不管怎么样，驿站是盘下来了。阿文、小 A 还有小 Z 三人合伙经营。除转让费之外，店里还需要一辆电动车和一辆三轮车，但是店里账户上没钱，所以阿文个人垫了 5000 元，小 A、小 Z 表示等驿站有钱了，再从店里账户上划钱还给阿文。

经过几天的观摩学习，阿文、小 A 和小 Z 热情高涨地投身到工作中去……

紧接着坏运气来了，当时可能是全国首例，大学里的驿站原先是几家不约而同聚集在一个小广场，现在校方要求所有驿站搬迁到指定位置并且集中管理，所有包裹的经营权需要重新进行招标，且收取一定的管理费，没有允许不能随意进出校园。快递的利润是按毛、按分计算的，堪称“锱铢必较”，阿文他们的利润本就微薄，承担不起管理费用，便拒绝了搬迁，于是，他们的快递车无法进出校门。

在这段时间里，阿文只能开自己的私家车来拉货，还要统一编辑短信，让客人来某某车牌的汽车取货。阿文用着自己的油费，送着他们合伙开的店的货。两个合伙人也没有给他补贴，信任的裂痕就此开始一点一点出现。到后来，阿文的私家车车牌也被拉黑了。最后，无奈之下，阿文几人合资，一人出 5000 元，共 1.5 万元，买了一辆二手面包车，挂在其他人名下，这样，车子才终于能在学校进出了。

刚解决了车的问题，新的问题又出现了，驿站当时承接的小快递包裹，包括安能、万象、风达、宅急送、优速国通和全峰等快递物流品牌。虽然这几家公司给驿站的派送费都是一样高的，但是其中万象物流是他们驿站派件收益的大头，因为当时万象负责的是天猫商城的物流配送，所以单量相对比较多。

2017 年清明前后，阿文收到万象物流站长通知，以后天猫商城的包裹将被阿里转交给芝麻开门负责运输，总而言之，从万象那边拉不到多少业务了。比如之前万象一天能给阿文 200 单，一单派送费为 2 元钱，那从万象这边一天下来收入就有 400 元。

4 月之后，万象的单子锐减到四五十单 / 天。这个单量的下滑对阿文这种与小快递公司合作的驿站打击非常之大。阿文几人一度怀疑是不是把门店转让给他们的原店老板早就获悉了小道消息，才匆匆退场。

总之，从 3 月开始接手这家驿站，一直到 5 月份，店里基本没怎么见到钱，每个月只能发给阿文他们每人 3000 元工资，分红是一毛钱没有。

紧接着就到了 6 月份，迎来了暑假和毕业季。许多学生要把行李寄回老家，对于快递行业而言这就是一个旺季，单量特别多。于是阿文他们就想着打价格战，他们联系到了一家快递公司，叫作宅急送，虽然物流用时比通达系慢两三天，但是价格非常便宜。阿文他们觉得学生快递走的大多是铺盖等大件行李，不急用，所以便宜才是王道。几人就去学生宿舍一个一个寝室贴海报、发传单宣传。

那时候，学生宿舍是没有电梯的，只有楼梯，学生自己搬行李觉得很累，并且阿文的驿站距离学校宿舍比较远，于是，阿文又推出了上门收货的服务。当时店里有三个人，一个人去送件，一个人看店，阿文上门去帮学生拿行李。

宿舍楼最高层是 6 层，只有楼梯，还没有搬运工具。阿文说他每次都是脖子上挂两袋生活用品，左手拎几袋衣服，右手拎几袋床单、被褥，晃晃悠悠地走楼梯下来。每天的单量非常大，阿文经常忙到一天只能吃一顿饭。每次那种高 4.2 米的快递大货车来阿文这收件的时候，都要拉走三车快递。可想而知辛苦的阿文每天要来来回回上下楼多少次！整整 2 个月的时间，阿文从 150 斤瘦到了 120 斤！时至今日阿文才恍惚觉悟了一个道理：每一斤学生时代长的赘肉，都是为经历社会毒打之后的暴瘦做的准备……

毕业季的高潮平息之后，暑假期间，校园重新归于宁静。到 7 月中旬的时候，已经没有什么单子了，之前三人因为爆单期就没怎么算过账。喧嚣结束之后，三人满怀期待，想算算经过这两个月的努力到底挣了多少钱。经过核算，总共只挣了 2 万元左右，平均下来一个月大约 1 万元，三人一分每个人只有 6000 元左右。

虽然挣了钱，但是收入并没有期待的那么高，阿文感觉自己的辛苦并没有得到理想中的回报。而且快递的费用需要驿站先垫付给快递公司，次月快递公司再结账。不仅赚得少，公账上没钱，还得自己先垫钱。三人经过半年经营，觉得确实赚不到钱，也没什么发展前途。阿文提出关门转让，但是小 A 和小 Z 说想再试试，如果实在不行再转让。到了 2017 年 9 月左右，店铺还是转让出去了。但是小 A、小 Z 以阿文第一个退伙、店铺亏了钱等为由，拒绝将拿到的转让费分给阿文，连三人合伙凑钱买的车也不还给他，只撂下一句：要么给你 2000 元，你把你买的电动车骑走，要么就啥都没有。

阿文和小 A、小 Z 两人从幼儿园就认识了，十几年的交情，没想到面对利益的时候，两人翻脸比翻书还快。

最后，阿文合计损失 5 万元左右，而且为此失去了两个朋友，备受打击。

然而，阿文觉得干这一行还是有利可图的。为了了解快递行业的条条框框，他选择从头开始，从基层开始做。他入职了一家快递公司，从最基础的快递员开始做起。每个环节、每个岗位都亲身体验。阿文花了一年的时间积累了经验后，觉得是时候开一家自己的快递驿站了。

03
熬不死对手非好汉

那时，阿文的父母都在老家开店。回到老家的阿文在母亲的服装店腾出了面积 10 平方米左右的空间来做临时快递驿站。房租由阿文和母亲平摊，摊下来每人 2500 元 / 月。选址在这儿，不光是因为房租便宜，也因为阿文做过了一定的考察。

第一，店铺旁边就是这个片区第二大的小区，对面是一个大菜市场，附近还有两所小学和一个创业园，以及工业园区，店面又贴近十字路口，人流量特别大。

第二，这个小区已经有一家快递驿站叫作“× 云小站”，但是阿文觉得周边人流量非常大，一家驿站吃不下来，还是有蛋糕可分的。

第三，小区东南西北各有大门，但是西门跟北门附近是没有门面的，“× 云小站”开在南门，阿文妈妈的服装店正好开在东门，这样靠近东门的住户和快递员收件、取件更加方便，能吸引这部分客流。

第四，在快递公司的这一年，阿文不是光干快递业务，还专门去认识了一些这一片区的快递老板和快递员。阿文出来开快递驿站之前，就跟那些老板和快递员打了招呼，搞好了关系。他们说可以将“× 云小站”目前一半的单量分给阿文，这让阿文在前期就有了基础的客户。

盘算好理由，在 2019 年过完年的时候，阿文的快递驿站就正式开张了，前期投入了 3 万元左右。

很快，阿文发现自己所处的位置附近的工业园区里有很多做淘宝、拼多多电商业务的公司，有很大的快递需求。

所以，他的驿站不仅做 C 端周边小区的生意，B 端也有需求。单凭这一点就已经做到了差异化竞争。阿文通过各种方式，比如朋友介绍、社区网站留信息等，认识了这些电商客户。一旦对接上这些客户，他就和人家说他家的快递价格更加便宜。比如，客户需求发货 1000 件，每单的价格是 3.5 元，阿文就说这 1000 件给他发，每单 3 元就可以发全国，每单成本低了 0.5 元，客户自然同意。

等单子积累到一定数量后，阿文就去找快递公司，说他这边有客户发 5000 件快递，如果快递公司能按照 2.8 元 / 件发走，那么 5000 单就全部交给这家公司发。于是，阿文每单就赚到了额外的 0.2 元，5000 件就是 1000 元。

这样不仅让阿文增加了收入，还给快递公司拉了更多客户。虽然有些快递员会支持"× 云小站"，但快递公司老板更加支持阿文的驿站，命令自己的快递员必须用阿文的驿站，谁不用就会被调走。

一开始，阿文驿站的单量仅占社区快递总量的 1/5，2 个月后已经可以做到社区总量的一半了，渐渐地，对手"× 云小站"撑不住了，倒闭了。阿文的传奇经历印证了那句话：熬不死对手非好汉！

04
没那么快

但是阿文的这种经营方式也是特别之卷。据阿文描述，电商客户只看价格。毕竟每天几万件的快递，每一件有几毛几分钱的差价，整体就能差出不少。这种客户基本维持不长久，很快就有人出更低的价格抢客户。

阿文接触过的客户里，合作时间最短的，做一个月就换了价格更便宜的合作商。阿文虽然把辖区内的竞争对手给击垮了，但是顶不住这个市场中有一类人叫作“快递黄牛”。

什么是快递黄牛？在正规的体系里，每一个快递公司的总部下设有转运中心，转运中心负责一个片区的业务，转运中心把业务承包给不同的直营网点或者一些代理加盟网点。

正规的基层网点是根据区域来划分业务的，但是快递黄牛不一样。在快递网络中，不同的加盟网点的出货成本不同，从总部拿到的出货价格也不一样，快递黄牛会跨区收件。因为快递总部会根据网点的业绩给出不同的返利，所以不同地区不同站点之间快递存在差价。若 B 地的快递单价低于 A 地，快递黄牛会将 A 地的快递统一运输至 B 地发货。快递黄牛会通过联络商家获得单量，以较低的价格向商家收取费用，再将搜集到的单量整合，以更低的价格卖给快递网点，或者直接越过网点卖给转运中心，从中赚取差价。

快递黄牛不用派件，投入也不大，只要拿下四五家大客户，一辆车 2 个人，就足以赚得盆满钵满，几乎就是空手套白狼。快递黄牛攫取的是基层网点本就微薄的利润。快递黄牛的存在，破坏了市场买卖的公平性，但对于部分需求方来说，快递黄牛手上的资源能解其燃眉之急。动辄上万的单量，闻者动心，见者落网。

这些快递黄牛一出手，就是一串辉煌业绩，足以扭转一家小网点的生死。随着任务量、包仓指标越来越高，为了避免进一步亏损，一些基层网点不得已只能求助于快递黄牛，快递黄牛则以更低的价格和网点谈判，从中赚取差价。快递黄牛不派件，成本低，无业务量考核，苦的是下面的网点和业务员。

正是由于快递黄牛的存在，快递行业本身的良性生态被破坏了。阿文的生意也受到了一定的冲击，所以月入 10 万元也只是昙花一现。

现在，一些电商商家会先找快递黄牛报价，然后再去找合作网点要相同的甚至更低的价格，不给就威胁说换别家合作。

即使现在快递政策对于跨区收件有严格的处罚，但是阿文说有一些大的快递黄牛依然能做，因为他们本身的体量太大了，对于快递公司而言就是香饽饽。有些快递公司中转负责人会直接给快递黄牛开一个窗口，对外声称这是转运中心对接的客户。下面的网点也拿这没办法，因为转运中心确实能给出网点给不出的优势条件。

目前，大的电商客户纷纷在一边倒的竞争优势之下受到利益驱动选择了跟快递黄牛合作，阿文现在手上都是一些小型的电商客户。虽然单量没有以前那么大，但是竞争压力小，单价也没那么低。

除了这些，快递驿站还可以从中捞上一笔收入的就是协助刷单。电商平台的刷单曾经是个成熟的灰色产业，都是流水线作业。做戏要做全套，早期有很多电商客户，会把一小包纸巾、一只口罩、一小袋洗衣粉之类的物品打包，选择指定的快递品牌发货，并且在收货信息上留下识别标志，比如在收件人名字后方加上 SSS。快递到了驿站，扫描入库时驿站就会根据这些标志直接进行签收操作，这样有 1.3 元左右的派送费就会绕过快递员，直接进驿站的口袋。

不过连这 1.3 元中，都还有 0.8 元要返点给电商商家，剩下的分给扫描员和驿站各一部分。有时候客户一天会刷 2 万单过来，一天就有好几千元的利润。尽管如此，注重诚信的阿文并没有走刷单这条路。他认为自己是有底线的，钱可以少赚，诚信不能随便丢。

后来，随着法治建设日益完善，刷单成为被严厉打击的违法行为。

快递总部和中心一直开会强调，不能做这种业务，否则就会助长歪风、加剧用户信息泄露。

之前还有一些诈骗组织，也会找阿文这样的驿站买用户信息，一个人的数据信息出价 3 元，当然对于这种违法行为，阿文更是坚定拒绝的。

总之，做快递驿站必须学会打理人际关系。当时的大多数同行只打通快递员的关系，而阿文不仅打通快递员的关系，更打通了快递公司老板的关系，毕竟快递公司老板对驿站的影响比快递员更大……

任何一个行业里都有犄角旮旯，任何一个犄角旮旯里都藏着学问。

现在的阿文，一边做一边学，观望着合适的网点出手承包，希望更上一层楼。目前店里的寄件与小型电商客户带来的收益，已经超过驿站的派件包裹带来的收益了，但是阿文也不敢随便关闭驿站只做寄件和电商，因为驿站对他而言就是树干，寄件和电商就是枝丫和树叶，即使枝丫再粗壮、树叶再茂密，也不能砍了树干，因为它们的繁盛全部基于树干，只要树干还在，树倒猢狲散的那一天就没那么快到来。

做快递驿站一定要能吃得了苦、耐得住寂寞。要做好 365 天天天工作的准备，并且时刻不能懈怠，因为随时都有可能被对手淘汰掉。

“快递驿站像生了病的奶牛，吃的是无限的精力，挤出来的却只有清汤寡水……”

彩票店：
彼时无限风光，此时人走茶凉

天将降大任于是人也，必先使其遭点儿罪。经营一家彩票店完全不像表面上看起来那样清闲，利润虽高，但是做起来非常辛苦。

01
生存哲学

世界上有两种人。一种生活在因果关系里按部就班，另一种同样生活在因果关系里，却相信偶然的机遇可以让自己乘风飞起。于是，这两种人各自按照自己的心意，活成了他们想要的样子。前一种人朝九晚五追求稳定，后一种人嗅觉敏锐创业经商。不过，还有一种生活在两者中间地带的人，他们有着独特的生存哲学。

近年来，来到大街小巷，你总能看见闹市中的诺亚方舟——彩票店，开门笑迎八方客。

彩票店是一个十分神奇的存在，它将财富与希望赋予那些相信命运的人，同时也成就了老板自己悠闲的养老式生活。然而，事物往往并不像表面看起来的那样简单，彩票店光鲜的背后，藏着你所不知道的艰辛。我们今天故事的主人公安安正是一家彩票店的老板。但是，与那些自主选择入行的老板不同，安安的第一家彩票店，竟然是别人送的。那么，这份从天而降的“幸运”，到底是怎样落在了安安的头上？后来的故事发展如何？

02
天将降大任

那是一个昨天、今天和明天都毫无波澜的普通日子。朝九晚五的上班族安安突然接到了一个改变他命运的电话。原来，一位朋友生了场大病，想把自己手上的一家彩票店交托给安安这位值得信赖的“良人”。

彩票店？安安不禁回忆起一段往事。不久以前的自己从不相信彩票，直到有一天，他一时兴起，踏着悠闲的小碎步走进彩票店看了看，却突然听到一阵响亮的欢呼。原来，一位农民工大兄弟当着他的面刮中了 10 万元大奖。当时的安安俨然感受到一把崇高而庄严的命运宝剑，正悬挂在别人的头上。也正是那场神奇的巧遇，让安安相信一夜暴富真的可能，而卖彩票也不是耍流氓。那段日子里，安安甚至一闭上眼睛，就在埋怨自己错失良机：假如当初刮开那张小小彩票的人是自己，岂不是能逆天改命了？

想到这里，安安觉得这家彩票店简直是天将降大任于是人也。一旦自己接管了这家店，工作轻松悠闲不说，甚至还很有可能近水楼台先得月，通过一些“内部消息”自己下注，赢得传说中令人艳羡的大奖，从此飞上枝头变凤凰。

于是，安安毫不犹豫地接下了彩票店，并将店里白天的生意交给了自己的母亲打理。自己则是白天继续朝九晚五上班，晚上来店里帮忙。

一眨眼，时间过去了 3 个月。又一个偶然的日子，安安打开电脑后，算了一下最近的流水，发现这家店当月居然有近 2 万元的利润。安安激动得膝盖直打战：自己辛辛苦苦打工才赚 6000 元 / 月，假如全心全意来做这家店，那岂不是能成倍血赚？于是他当即辞了工作，全身心投入彩票店经营中。

当时恰逢 2018 年俄罗斯世界杯举办。比赛期间，安安店里的盈利一个月竟然高达七八万元。世界杯之后还有很多零零碎碎的杯赛联赛，每月四五万元打底那都不是个事儿。

然而，天将降大任于是人也，必先使其遭点儿罪。经营一家彩票店完全不像表面上看起来那样清闲，利润虽高，但是做起来非常辛苦，尤其是一个人开店。一般彩票店早上 9 点或者 10 点才营业，但是安安的这家店在一个菜场旁边，对面就是一个小学，有很多送孩子上学的家长，还有来买菜的老头老太。所以安安早上七八点就得开门收割这第一波客流。

那段时间，足球、篮球的比赛如雨后春笋般涌现出来，有一种快开型的彩票叫“11 选 5”，一轮开奖只要 10~20 分钟。于是，有些老熟客就边跟安安聊天，边在店里玩上一天。这些老熟客能在店里一直坚持到晚上 10 点才散场。当时，安安觉得自己的日子辛苦归辛苦，但也很有一番酣畅淋漓的诗意。彩票店里，客人们来来往往，像极了李太白诗中所写：醒时同交欢，醉后各分散。

一方面，赚得盆满钵满让安安很有一番成就感和安全感，但另一方面，彩票店的弊端也逐渐显露了出来。

彩票店这一行有个规矩，全年无休是最起码的标配。之前只有春节才放假，现在也就再多国庆的 3 天假期。反正自从干了这行，所有亲戚朋友的婚丧嫁娶跟店主就没有关系了。安安自从全职开彩票店之后，唯一休息的日子，就是他结婚的日子。

为了减轻儿子的负担，安安妈妈上早班，下午两三点安安去换班，一直到晚上 10 点多再收拾收拾关门。这样的日子一天天过下来，安安感觉完全没有自己的生活，天天就像坐牢一样。店里全天都离不开人，安安泡在店里可以说是能看的电视剧、电影都看完了，每天只能坐在柜台里打游戏。

03
都是找茬

那么，彩票店的客人们又是怎样的呢？来彩票店的人可以说是千奇百怪，安安有时甚至会打趣地说客人来的目的“都是找茬”。

经常会有莫名其妙的人，冲进店里神神秘秘地问店主："彩票都是假的、骗人的，你说是不是啊？"遇到这种人，作为彩票店老板，也不好多说什么，只能轻描淡写地一笑，然后就没有了下文。

当然，也总有那些把彩票店店主当成生猛骗子的"惊弓之鸟"。最夸张的一次事件大致是这样的：有一位看起来很年轻，应该是刚工作的女士在店里买了一注 25 倍的大乐透，那注乐透中了 7000 元。兑奖那天，她爸妈陪着她来，她妈妈站在柜台前说今天必须给现金，她爸爸就站在店门口堵着不让别的客人进来，一副觉得安安会逃跑或者黑他们钱的样子，眼里充满了对安安和对彩票的不信任。安安有时候也捉摸不透，既然不信，为什么还要买呢？

其实，彩票店才是最希望客人中奖的，彩票店店主永远不会嫌自己店里中奖的人太多，因为大多数中奖者最后都会把奖金的 1 倍，甚至 1.5 倍重新投入彩票。当然，偶尔也有那种"见好就收"的。安安店里以前有个常客，每次都买同一组数字，总是对大家说中了请你们吃饭、中了得给你们包个红包。有一年他那组数字真的中了 10 万元，大家都在为他高兴，然而从此以后大家再也没见过他，他就这样消失在了茫茫人海中。

04
有个盼头

彩票店每单抽成只有 8%~9%，光靠散客可能连房租都赚不回来。真正支撑起彩票店营收的是那批喜欢玩球的老板，江湖人称"榜一大哥"。

有次，一位"榜一大哥"到店里，直接就说要某种机选，说要一张票打满。要知道，这份豪气可不是人尽皆有，一张票打满要 500 多元呢！

于是安安问他要打多少，人家大手一挥，一副气定神闲的样子，说道：没事儿，一直按就行！仿佛完全不在乎具体买多少，数字就是电脑随机选的。"榜一大哥"看也不看，全都买 10 倍、100 倍那种 500 元一票打满的彩票。等到他最终喊了停，松开手的安安被眼前的阵势震慑住了：这位"榜一大哥”总共打了六七万元的彩票，真是财神降临挡不住，人美心善大客户。一般来说，像这样的“榜一大哥”一个月会来两三次，每次都会买价值五六万元的彩票。

通盘看下来，彩票店的普通客户占了九成，大客户只占一成。这样对店铺而言，既是好事也是隐患。

安安周围的彩票店、棋牌室，每到中秋、春节，都要请店里的榜一、榜二、榜三吃饭。做彩票店最重要的就是维系客群，安安平时也会建交流群，分享每天的号码，一有人中奖就立刻群发、发朋友圈宣传，在店里拉横幅、挂锦旗恭喜中奖。这样客人就会觉得这个店运气好，就会来这家店买彩票。现在彩票店也特别卷，虽然有规定说500米内不允许有第二家店，但社区占地面积都很大，一个社区里可能就有两三家店，你一个没伺候好，客人去其他店是分分钟的事。

除此以外，也有很多让旁人意想不到的客人。比如安安的小学老师、初中老师，都是安安彩票店的常客。还有一位退休在家的前大学教授，这位老爷子天天来，每次买得也不少，有五六百元。

买彩票的客人往往有属于自己的一套选号策略。

有靠玄学的，也有靠“科学”的，很多老爷子会自己带把尺子，趴在墙上测量往期号码之间的距离，每个人都有不同的算法。

当时安安店里还有个“大神”，是附近小学的数学老师，每次都在开奖前的最后几秒下注，每次都说得头头是道，仿佛在里面找出了什么特殊的规律，至于这位“大神”的中奖率，那就一言难尽了……

“榜一大哥”买彩票倒不新奇，但你或许会觉得奇怪，那些知识分子也会喜欢买彩票吗？彩票这东西没个特别好的运气总归是会亏钱的吧。但是对有些人而言，也许他们更享受的，是猜中号码的那个过程，中奖带来的强烈的成就感也能填补生活中的一些空缺，生活最重要的不就是有个盼头嘛。

05
情愿去带孩子

早出晚归的日子又过了几个月，安安妈妈觉得吃不消，就不干了，甚至对安安说：“你和你媳妇赶紧生个孩子算了，我情愿给你带孩子，带孩子都比开彩票店省力。”

在这之后，安安靠一己之力坚持了半年，最终还是放弃了。当时正值 2019 年底，最热门的“11 选 5”等快开型彩票还没取消，安安就把这家店以 10 万元的价格转让了出去，没想到第二个月就出现新冠疫情了，安安直接在家歇了大半年。安安的这次转让倒也十分幸运。

转让彩票店后，安安也考虑过回去上班，但是自己已过 35 岁大关，一时间也没找到什么合适的工作。8 个月后，一个朋友表示自己认识一批玩球的人，邀请安安与他合伙，重操彩票店的旧业。然而，这家店的情况与之前安安获赠的那家店铺不同，在规格上就豪华得多。房租、水电、桌椅板凳、竞彩要求的实时转播以及配套屏幕，连宽带都算上，前期共投了 11 万元。

按说豪华的配置有利于客户的留存，但是新店偏偏选了个特尴尬的地理位置，在一条热闹街道的犄角旮旯，基本处于倒闭的边缘，虽不至于直接死掉，但也赚不到什么钱。

不过，最主要的问题还是出在彩票这个行业本身。前两年有个游戏很流行，叫 ×× 在线，但是新闻报道批判其赌博性质太强烈了，结果连带着彩票店“11 选 5”之类的游戏都被取消了。但是彩票店卖得最好的就是这种快开型的彩票，因为像我们熟知的“大乐透”“双色球”这种游戏，都是晚上 8:30 停止下注，9 点才开奖，有些彩民就会觉得这有一个后台操作的过程，认为店家说不定动了什么手脚不让他中奖，即使这都是不可能的。而快开型彩票只要 10~20 分钟就会开一轮奖，有些人就觉得这种游戏被做手脚的可能性比较低，也更能体现他们下注的技术。

抱着这样先入为主的揣测，彩民们情愿去买快开型彩票，也不愿尝试“大乐透”“双色球”这类游戏。无独有偶，如今的体育总局又砍掉了很多赛事，一天可能只有一两场球赛。以前的那些“榜一大哥”可能都去玩其他游戏了。安安现在的这家彩票店盈利可能只有以前那家的不到一半，还时好时坏。

附记
生存大作战

既然彩票这个行业如今在走下坡路，那么那些依然挺立的彩票店店主，又是怎样夹缝中生存的呢？

这就要说到我们的另外一位粉丝小智，他的彩票店的获客方式别出心裁，就是自己研究赛事然后推送当天的竞彩方案。把自己的竞彩方案以小视频的形式发布出去，吸引潜在客户私信联系，然后转化为自己的微信客户。发小视频也不容易，因为短视频平台不允许出现跟彩票相关的信息，很多内容都无法发布，一个不慎甚至会被直接封号，需要绕很大一个圈才能让人知道你是干这行的。

就这样，每天花一两个小时研究赛事，1 个小时制作视频，1 个小时进行各平台的发布，小智忙得不亦乐乎。高光的时候，当月的推送方案命中率高达 60%~70%，吸引了一批彩民甚至同行的关注，他们会追着来要方案，那段时间小智觉得一切尽在掌握中。

小智的这种策略效果远比搞一些线下活动要好，起码吸引来的人基本是对口的，都是玩足球竞猜的人，多少也会加微信进行下单，月销最高可达七八万元，能基本保持盈亏平衡。然而，原本以为自己的生意能够越做越大的小智怎么也不愿意相信，这个数字就是他店铺所能达到的业绩巅峰了。

好景不长，两三个月后，小智的方案命中率逐步下滑，跌到了 50% 以下，小智越来越没信心了。越没信心，命中率就越差。陷入恶性循环的小智屡屡失手，最多连续 10 多期不中，彻底崩溃了，停更了好长一段时间，销量也被打回了原形。

小智劝勉创业者，如今想要再入局彩票行业，日子会非常难。目前的彩票生意基本靠老客户，几乎没啥新玩家，那些老客户还会随着中奖率降低而不断消失在你面前。即便你的店铺是新开的，你依然要抓住老彩民，这就意味着，你要想方设法，从别人的店里抢走属于别人的客户。

总体来看，彩票店曾经是一条不错的赛道。但它的兴衰与整个大环境息息相关。有心创业的你在选择行业的时候一定要审时度势，毕竟时势造英雄，这一点是不会改变的。

种植车厘子：与老天斗，其“泪”无穷

一位正能量满满的实在人，却被回报遥遥无期的创业折腾得焦头烂额。不过好在，辉哥最终越挫越勇，选择了将战斗进行到底。

01 创业未半，花光预算

人类有一个特点，就是当他刚刚进入了一个行业，那个时候往往就是他最狂妄自大的时候。等到他经历了许多挫折、四处碰壁，甚至踩了许多坑，他才慢慢吸取教训，学会了谦虚。

我们今天故事的主人公辉哥正是这样一位曾经年少轻狂，如今赔得精光的创业者。

辉哥本布衣，躬耕于南阳，创业未半，花光预算。种了 8 年大樱桃，到现在几乎颗粒无收。为了种樱桃，辉哥掏空了父母、老婆和他自己的 4 个钱包，亏了 200 多万元。8 年里，每年他都遇到各种意外，年年都受灾、年年都不同，交不完的学费、踩不完的坑。

辉哥是河南省南阳人，2008 年，他大学毕业，进了一家事业单位工作了 5 年。

2013 年，辉哥从单位里出来，跟着当地的一个老大哥，管理 1000 多亩麦田，成了一位浪漫的“麦田守望者”。干了两年以后，辉哥觉得种植也没多少技术含量，不如自己干。

2015 年，辉哥在全国各地奔波考察，看了十几个品类，包括苹果、桃子、梨、葡萄、土豆、红薯，全都看了一遍。他还跑了很多家农科院校、科研机构，挑选种植品种，看看他老家河南南阳这个地方，气候、土壤种什么比较合适、经济价值比较高。

辉哥的前期考察工作可以说做得非常扎实了。最后，辉哥选择了种大樱桃，也就是车厘子。

02
专家风波

为什么选择种车厘子呢？

因为他所在的城市——河南省南阳市，正处于南北气候交界处。有什么好处呢？北方大棚的车厘子上市大约在 4 月底，南方露天种植的车厘子上市在六七月，中间的五六月，会有一个多月的空档期。

而南阳市的地理位置和气候，正好可以种出能在这段时间成熟上市的车厘子。这个空档期，市场上几乎没有货源可以供应，供小于求，车厘子价格比较高。他能在这段时间上市，就更能赚到钱。

选定了品类之后，辉哥开始选择品种。车厘子有几十、上百个品种，有国内的、国外的。

恰恰在这个节骨眼上，北方某知名院校的一位知名专家，帮他选了个北京的品种，还给他推荐了苗木。

他当时满心觉得自己找到了最著名、最权威的专家，在专家的指导下，他肯定能种出最好的车厘子，可是直到现在辉哥才恍然大悟，并且捶胸顿足地说，盲目迷信专家，正是他失败的开始。原来，在这个行当内，大家压根就没听过谁跟着学院派的老师能挣到钱，种植这个事，理论和实践之间有着巨大的鸿沟，学院派几乎就没有干成的。

2015 年 10 月，辉哥在河南南阳租了 120 亩地，签了为期 20 年的合同。1000 元 / 亩 / 年，12 万元 / 年，租金一年一交。2015 年 11 月，在“砖家”推荐下，辉哥到河北去买了一批苗果，花了 10 万元，没想到 7000 棵苗种完之后全都死了。卖苗的人说是天气太冷了，苗冻死了，与他无关，他卖出去的时候苗是好的。辉哥说你这个苗本来就有问题。两个人开始扯皮，扯了半天，最终双方各退一步，辉哥又补了 5 万元，而卖苗的人到第二年春天再给他补发一批苗。

这一年，辉哥有一种神奇的预感——国内的车厘子市场肯定会大火，他的果园一定能赚大钱。他的预感对了一半，车厘子确实火了，但他的生意却没赚钱。

03
1095 天

还记得小的时候，我们觉得“想你的 365 天”已经相当漫长，不过这与辉哥等待车厘子苗开花结果的日子相比，已经非常短暂了。

一开局，辉哥就踩中了专家指导这个深坑，这是一个很深很深的深坑。因为种植果树，不是第一年种下去，你就能知道这个品种好不好的，要等 3 年，也就是至少 1095 天才能结果，果子吃到嘴里，你才知道甜不甜。

但是 3 年过去，你已经投入了上百万元的成本，陷入了进退两难的境地。

幸亏辉哥当初没全部都种专家给他推荐的品种——3 年之后，这个品种差不多全军覆没，幸亏他还种了两个外国品种，一个叫布鲁克斯，另一个叫雷尼。

这两个品种，六七年前引进国内的时候还不被看好，但现在只能靠它俩，才有可能把辉哥拉出泥潭、力挽狂澜。

虽然开局不利，辉哥依然鼓励自己，天道酬勤，我还要干，一定要干，把苗重新种上，一定会有好果子吃。

2016 年春天，辉哥的第二批车厘子果苗种下去，终于成活了。他一共有 120 亩地，40 亩种了北京的品种，40 亩种了布鲁克斯，40 亩种了雷尼。由于樱桃种植 3 年后才会结果，前两年辉哥都在忙着做各种基建工作，如给果树堆肥、给果园修建铁丝网围栏、在果园里造个平房给自己住、在果园里看守。曾几何时的麦田守望者重新上线了。

04
此口非彼口

这时，辉哥一心想着等待车厘子成熟之后抓住风口，殊不知自己却掉进了真正的“风口”。只能感叹时运不济，命途多舛，此“风口”非彼风口了。

南阳是一个盆地，辉哥当初考察这块地的时候，其他条件都考虑到了，但没想到这里居然是个风口，降雨量比较大，很容易被水淹，这给辉哥的果园埋下了一个雷，迟早要暴。

他的果园是在一条国道边上的，正好这一年，降雨量很大，路比果园高半米多，国道上的水直接倒灌到果园里，淹死了辉哥的几百棵果树。

辉哥当时急得团团转，也想了各种办法来挽救。他想到的救急办法之一是挖一条水渠，把水引到河里去，但是果园距离最近的河还有 1 公里，中间涉及很多农户家的耕地，大家都知道，和农户一家一家去协商是非常难的事情，这不是光出钱就能搞定的。

没办法，最后辉哥在自己的果园靠近国道的一边，留了 10 亩地，挖了 2 米深、5 米宽的沟，还挖了一个面积几百平方米的水塘，专门用来防止下大雨时的雨水倒灌，这个问题总算是解决了。

05
开到了“雷款”

时间到了 2019 年，也就是果树种下去的第四年，这一年终于可以见果了，辉哥满怀希望，辛辛苦苦忙了三四年，终于能吃到果子了。然而，前文也说了，品种到底好不好、果子到底甜不甜，就像开盲盒。很不幸，辉哥开到了“雷款”。这一年结出来的车厘子，不仅产量非常少，而且全都是畸形果。

什么是畸形果呢？你可能见过那种两个果子长在一起的樱桃，那就是畸形果。

为什么会产生畸形果呢？

这和品种、气温都有关系。一是专家推荐的品种本身有问题，二是这一年的天气变热得比较早，果子生长发育受到影响，产生畸形。

这种果子品相不好，卖不上价。这一年辉哥的车厘子，只卖了 1 万多元，和上百万元的投入相比，几乎可以忽略不计。

农业其实是个大坑，之所以这么说不仅是因为它深不可测，而且因为它靠天吃饭、吉凶未卜。

2020 年和 2021 年，连续两年的天灾让辉哥的果园颗粒无收。

2020 年的花期，连着下了 7 天雨，满树的花都被浇没了。2021 年 3 月，本来气温已经到了十几度、二十度，突然遇上降温，气温降到了零下好几度，把花苞都冻死了。

在种车厘子之前，辉哥一直认为人定胜天，在逆境中也要勇往直前，相信通过自己的努力，一定会得到好结果。

但经过这 7 年，辉哥终于幡然醒悟，人在大自然面前微不足道，种果子不能遇到倒春寒，不能遇到连阴雨。只要遇上一遭，这一年的收成就没了，要等下一年。靠天吃饭，和老天打赌，有没有回报是个未知数，而你永远没有筹码。

2022 年，辉哥打算最后一搏。

这年 4 月份又到了果园的花期，风调雨顺，一切顺利。等开完花授完粉，只要没有大规模降雨，他就放心了。如果果子成熟期遭遇连续降雨，会造成裂果，那果子就不值钱了。

等到车厘子结果之后，他还要盖防鸟网，小鸟吃果子其实吃不了多少，但它们就像孙悟空吃桃子一样，每个都咬一口，吃得果子上全是小眼儿。被咬了的果子就卖不出去了，没人要了。盖防鸟网还要花 10 万元。

他错选的 40 亩北京的品种，结出的果子很小，也不甜，估计没什么收益。两个外国品种，种了 80 亩地，被淹死了 10 亩，所以现在剩 70 亩，一亩预计结果 1000 斤左右，顺利的话，能摘到大约 7 万斤果子。

他预估收货价在 7~15 元，取个中位数 10 元，就是有 70 万元的收入。采摘还要人工费，差不多 1 元 / 斤，7 万斤就是 7 万元。

06
你所不知道的一面

辉哥的故事听得我胆战心惊，农业可以说是创业成功率最低的一个行业，与天斗，与地斗，与人斗，还要与动物斗，比如小鸟、老鼠。

特别是樱桃树这种多年生的果树，它整个生长周期很长，中间只要一个环节掉链子，就前功尽弃了，直接归零。

不像别的生意，比如我开果汁店，今天下暴雨一天没有客人，那我一天没有收入，但我还有明天后天，还可以接着做生意。

但搞农业，就算躲过了品种和技术的坑，也无法控制天气，从开花到结果，碰上一天的极端天气，这一年就白干了，就要等到明年再开花了。

至此，我们不妨来算一算辉哥的前期投入以及 8 年来的总账。

表 1-11　辉哥种植车厘子的一次性投入

项目	金额
种苗	第一批 15 元 / 棵 ×7000 棵≈ 10 万元 第二批 5 万元 共计约 15 万元
人工 1	整地开垦：2 万元 种植种苗：5 万元 共计 7 万元
水利系统（水管、喷灌设施）	10 万元
果园围铁网	2 万元
防鸟网	10 万元
盖房（在果园里自住）	5 万元
冷库	自费 5 万元（政府支持了 5 万元不计算在内）
积肥（注意是积肥不是施肥）	6 万元
总计	约 60 万元

表 1-12　辉哥种植车厘子的持续投入

项目	金额
一次性固定投入	约 60 万元
地租（120 亩）	12 万 / 年 ×8 年 =96 万元
人工 2	每年施肥打农药（1 个长工）：2500 元 / 月 ×12 月 =3 万元 / 年 共计：3×8 年 =24 万元
肥料费	后续每年：3 万元 共计：3×8 年 =24 万元
农药费	1 万元 / 年 ×8 年 =8 万元
水电杂费	2 万元 / 年 ×8 年 =16 万元
请客疏通关系	1 万元 / 年 ×8 年 =8 万元
共计	约 236 万元

如此庞大的投入让辉哥不堪重负。

好在辉哥也有你所不知道的一面。他有一个酷炫的爱好——玩力量举。

他卧推能推 110 公斤以上，深蹲 205 公斤，硬拉 210 公斤左右。

为什么喜欢健身呢？家人们，只要咱懂技术、努力去锻炼，加上正确的饮食、合理的作息安排，身体就会有改变，就能看见数字的增长。

好好吃、好好练、好好睡，只要有付出就会有回报。这种正反馈对辉哥来说太重要了。

然而，正是这样一位正能量满满的实在人，却被回报遥遥无期的创业折腾得焦头烂额。

不过好在，辉哥最终越挫越勇，选择了将战斗进行到底。

让我们祝辉哥新的一年大丰收，少赔一点是一点。

柳暗花明，
前人创业逆袭致富有心经

倒闭洗衣店：逆风翻盘，起死回生

从 30 万元加盟费血本无归，到破产洗衣店逆风翻盘，阿喵究竟做对了什么？

01
洗衣店的生意经

正所谓条条大路通罗马，在这个世界上，创业成功的原因各不相同。但不幸的是，破产的原因总是大同小异。

接下来，我们要聊的这个行业，表面上看起来不是刚需，但其实它早已在欧美日韩等发达地区和国家渗透到了中等收入群体以及以上收入群体的日常生活中。它就是——传说中的洗衣店。

在我国，年青一代已成为洗衣店的主要受众群体。一大批没时间做家务的年轻人要么懒得洗，要么不“会”洗，毕竟不同衣服的洗涤方法各有讲究——有的只能干洗，有的可以水洗，有的还要注意能不能泡或者漂……一些年轻人图方便，用滚筒洗衣机清洗羽绒服，导致发生爆炸的事件屡屡发生。因此，洗衣店就显得尤为重要。随着需求的增长，洗衣店也如同雨后春笋般涌现出来。

然而，有这样一个故事：日本有家洗衣店，有一次接收了一件香奈儿的外套，衣服售价大约是 35000 元人民币。结果洗完后顾客取货时发现外套掉色了，于是愤怒投诉。洗衣店只好联系香奈儿品牌方，询问这件衣服究竟应该怎么洗。香奈儿品牌方的回复是——我们这个产品设计的时候就没有考虑到要洗涤的情况。

当然这只是个玩笑。我真正想表达的是，看似生意不错的洗衣店，其实经营起来并不容易。与其他行业不同，洗衣店经营的难点，在于它特殊的性质。

一是加盟风险大：招商加盟会说得再天花乱坠，但实际加盟下来就会发现钱并没有那么好赚。以小白入行，30 万元的加盟费、设备费、门店租金、人力成本来计算，前 3 年基本上处于养店的状态，且会员人均预充值 600~800 元，门店才有可能实现收支平衡。

二是渐进式获客：开洗衣店，想要快速收割“韭菜”的可能性几乎为零。洗衣店品牌需要基于周边环境，通过两三年的口碑积累，才能获得一批忠实的会员（老客）。

三是淡旺季考验：洗衣店的淡旺季非常明显，就和我们之前提到的小龙虾行业一样。原因显而易见——很少有人会在酷热的夏天西装革履，夏季服装轻薄，日常居家洗涤即可满足需求。而冬天是洗衣店的旺季，厚重且贵重的羽绒服、大衣等冬装洗涤起来可以说是体力和技术的双重挑战，对人员和专业度都是考验。

02
“理想主义者”的破产记

有这样一位理想主义者，她叫作孙姐。之所以说她是“理想主义者”，是因为她根据自己的一套学习模型，来制定自己的经营战略。孙姐出身北大 MBA，自己已有一份体面的工作。因为有亲戚在北京开连锁加盟店，她接触到了这个行业。当时她的亲戚开的是北方某连锁皮具维护、洗鞋修鞋店，孙姐见形势大好、很有赚头，就动心了。

在听了各种招商加盟会的宣讲，并且结合自己所学的商业知识选择了“多店模式”之后，孙姐决定入行，选择了某品牌洗衣店进行加盟。

什么是多店模式？其实很简单，就是在一片不太大的区域内，开一个大店（面积在60～100平方米）接受订单，再开设多个小收活点（面积在10平方米以上）统一加工。这样一来，可以大大降低加工成本，后开的收活点面积小、房租低，可以节省一大笔钱。加上当时孙姐所在的区域洗衣店市场相对空白，于是，孙姐自然萌生出了做垄断的想法，一口气从品牌公司买了好几个开店指标，开始了风风火火的经营。

谁料造化弄人，作为洗衣店小白，缺乏实战经验以及对洗衣店商业逻辑的深入观察的孙姐，在经营了一段时间之后宣告破产。不过好在孙姐本身投资洗衣店只是玩票性质的，破产的洗衣店对她而言，可以说是食之无味、弃之不可惜。怎么办？转让！

03
阿喵的“起死回生术”

很快，急着转让店铺的孙姐就找到了“接盘侠”。她叫阿喵，正是她的出现，让这家破产的洗衣店咸鱼翻身！

没有加盟费、转让费、设备成本等，阿喵需要做的只有付房租和消化剩下的会员，这是阿喵捡到的第一个便宜。对于阿喵来说，这简直是一个绝佳的契机。不过，在撸起袖子加油干之前，阿喵对自己的经营策略进行了全盘思考。

阿喵盘下的孙姐的店铺，面积在60~70平方米，位于城市主干道边，停车不方便，尽管有曝光，但是难以吸纳客源。好在店铺空间大、设备齐全，有烘干机、水洗机、干洗机、熨烫台、洗鞋机、修鞋机等。

经过顺藤摸瓜式的调研，阿喵发现，孙姐当初竟然有一家外包服务供应商。其实，这种“我接单，你干活”的模式在业内很常见，江湖“黑话”为

“行活”。

而承接孙姐洗衣业务的门店，是一对夫妻加盟的专营洗衣店。受新冠疫情影响，他们的店开不下去了，阿喵也顺手接了下来。阿喵雇用了原先的老板娘做自己的店员，每月开两三千元的工资。这无疑是阿喵捡到的第二个便宜。这家店同样是接手来的，省去了加盟费、设备费，且人力成本很低。现在，她有两家店了，到这一步，阿喵已经跑赢了很多开店的人。要知道，从目前的行情来看，从零起步开一家洗衣店，包括选址、加盟、设备、人力、客源等林林总总的开销，怎么也要花费 40 万元以上。

由于第二家店铺位于超市入口处，周围有许多高层住宅，对面是菜市场，地理位置绝佳，能够吸纳足够的人流，阿喵决定开启“前店后厂”模式，第二家店铺揽客接单，第一家店铺洗衣干活。这种前店后厂的模式绝对能够吸纳并承载足够多的单量。

从获客上看，阿喵的第二家店位于京郊，这里是北京的后花园，房地产广告打的都是“两河六公园”。年轻人工作日白天去北京市里上班，工作日晚上和周末回到这里休息。这对阿喵来说，好处是，能够准确掌握客流高峰，周末等休息日到店的客人数量是平时的 3 倍。而且在这里她能用十几元 / 小时的人工价格雇到宝妈来当员工，这个价格相对而言较为低廉。如此便利的加持让阿喵的双洗衣店经营得如鱼得水。

后来，阿喵的故事有了很好的结局，从孙姐那里接手来的洗衣店逆风翻盘、咸鱼翻身，阿喵也走上了发家致富的道路……

因此，想做洗衣店，懂行的人往往会选择接手别人的店。因为最苦最难的日子都被别人熬过去了。而且只要位置合适、能吃到人流量的红利，就能做起来，虽然赚的不是暴利。而且，洗一件衣服的成本非常低。一件衬衫，干洗收 25 元，但成本不超过 1 元。阿喵在入门这一步就领先了大部分同行。

轻投资、小成本、好策略、巧经营，阿喵的实力加运气成就了这次洗衣店的起死回生。不过最重要的还是阿喵踏踏实实、不慌不忙的开店节奏。

做生意最忌讳着急，心急吃不了热豆腐。阿喵这一招“谋定而后动”值得我们学习：步步为营，盘活倒闭洗衣店也能赚得比很多上班族多。

小菜摊：
卖菜阿姨玩转时代，草根菜场就是江湖

有这样一句话：没有江湖气的人走不长，只有江湖气的人走不远。在菜场这片江湖，要人情世故，也要左右逢源，但更难的是恪守职业道德，常怀利他之心。

01
改革春风吹满地

这天，我收到了一条与众不同的拜年微信，来自 B 站的一位粉丝。

他告诉我，他的丈母娘王丽华（化名）的菜摊上，单除夕夜前 2 天里，就卖掉了 5 车蔬菜，净赚 6 万元。6 万元，正好是王丽华所在城市的人均年收入，却在她的菜摊上用了 2 天就赚到了。算下来，单靠卖菜这门生意，王丽华的年收入就已达到了百万元。

过去很少有人关注卖菜这样的小生意，商超近 2 年也频频被唱衰。但在这个被社区团购和生鲜超市“围剿”的寒冬，王丽华的菜摊却爆发出了强大的生命力。今天我想和大家分享她的故事，撇开宏观洞察和经营的大道理，见微知著，从一个平凡个体的奋斗史中，看看卖菜这门并不简单的小生意，以及菜场可能走向的未来。

1996 年，改革开放的春风吹到了全国各地，国企改制推动了一波创业潮。王丽华就是身处浪潮中的工人之一。她是浙江一座县城的纺织厂女工，拿着 300 多元 / 月的死工资，在时代洪流中接受飘摇的命运。直到有一次，卖菜的老父亲让王丽华帮忙到镇上卖菜。这一卖，王丽华成了“下岗女工”。她不是被开除的，而是主动辞职的。一方面，已为人母的她，嗅到了国企改制的气息，想为孩子们提供更好的生活；另一方面，帮父亲卖菜这个偶然的机遇，让王丽华发现，卖菜这个不起眼的小生意，收入却比在工厂打工赚得多。王丽华毫不犹豫地辞掉工作，开启了卖菜的生意。

02
“圈地运动”

20 世纪 90 年代中期，菜场是怎样一番景象？它不是货品整齐陈列的超市，也没有遮风挡雨的大棚，而是一块约定俗成的空地，周边市民知道这里的菜贩集中，就会来这里买菜。但只要有场子，就有江湖。在菜场，很多时候决定你收入高低的，不是菜品是否优质，而是能否占据优质摊位。这在互联网思维里，被称为“得流量者得天下”。为了占据一个好位置，王丽华要在凌晨 3 点半出发，否则来晚了，好位置都没了。

有一次，王丽华和父亲从村里往镇上赶的路上，她们的三轮车出现了故障，到达得晚了一些，导致原来的好位置被其他菜贩占了，蔬菜卖到最后卖不完，不得不降价处理，收入比平时少一大截。

这时，王丽华开始思考起“抱团抢位”。一个人抢的话，不能保证每天都那么早地到达，但一群人占位的话，总有人会先到的。于是，王丽华联合其他摊贩，形成一个小团队。为了保住有利位置，王丽华和团队成员策划出设障、盯岗、值班、轮岗的方法。她们用门板和砖头“圈地”，摆出“外人免入”的字牌，圈住的空位仅供团队中的菜贩使用。

同时，她们在附近租了一个房间，安排人守夜看管摊位。在卖菜“黄金期”的春节前后，摊位争抢最为激烈。团队会安排几户人家里最壮硕的男性，带上家里养的看门狗，直接睡在摊位上，让别人抢无可抢。此外，王丽华还想到“一摊多用”。流动的菜贩都不是卖一整天的，于是“菜贩联盟”和“水产联盟”达成了合作——同一块地皮上，上午卖水产，下午卖蔬菜，充分开发了摊位资产。当然，“菜贩联盟”并非长久之计，深究起来也不合法，占用公共空间必然引起争议。在抢位的过程中，“菜贩联盟”也出现了一些矛盾和纠纷，加之自然形成的流动摊位越来越多、缺乏管理，整个集市脏乱吵闹、严重扰民，经常被周边居民投诉。没过多久，政府开始出资建立菜场，推动集市向规范的菜场转化。

03
休想浪费一根菜叶子

菜场建成后，如何说服菜贩向菜场内搬迁，成了难题。主要阻力来源于摊位费和经营范围的细分。彼时，大多数菜农和王丽华一样，不是从批发渠道进货，而是卖自家种的菜，种多少卖多少，做的是小批量、小成本的买卖，除了一辆三轮车，以及种菜过程中的种子、肥料，没有大额的固定支出。但一交摊位费，成本骤升，每月便有了固定支出，盈亏平衡的红线一下子被拉到了很高，搞不好就是赔本买卖。

此外，菜场为了规范化管理，要求菜贩挑选、售卖同一种类型的产品。若选择卖蔬菜，你就不能卖水产，若选择卖水产，你就不能卖鸡蛋。但很多菜贩在家中既种菜，又养鸡，还有人去捕鱼，最后都靠一辆小车拉向市场，支撑起全家的生计。若按照菜场的品类细分，很多人的生意难以为继。因此，在菜场建成初期，小贩们不愿进驻，和管理人员展开了为期 3 年的斗智斗勇。

凌晨 3 点半，菜贩来抢位置，管理人员来围堵，当管理人员转头离去，菜贩又杀回来，重新占领阵地。与管理人员进行了一段时间的“游击战”后，王丽华意识到，取缔流动摊位是迟早的事，躲得过初一，躲不过十五，继续对抗下去，损人不利己。最重要的是，越早进驻，越能获得优质摊位，这是新游戏规则下的洗牌。在成为第一批入驻菜场的菜贩之一后，王丽华开始帮助管理人员劝说“打游击”的流动菜贩进驻菜场。在王丽华的协调和鼓励下，大部分菜贩放弃了“打游击”，选择进驻菜场。随着入驻的菜贩增多，人们也纷纷前往菜场采购食材，菜场流量也就起来了。

为了解决“自家种的菜不够，无法覆盖摊位成本”的问题，王丽华把菜场的流量运用到极致，开始向同村、隔壁村的菜农收菜。这是从自产自销向渠道商转换的关键一步。与此同时，菜场经营过程中的折损，也推动着王丽华从做 C 端生意向做 B 端生意进一步转型。入驻菜场的第一年，菜摊生意出奇地好，但也浮现了新的问题，比如“讨价还价消磨精力”“挑拣过程中带来损耗”。意识到这两个问题后，她将菜场的散客生意交给家里人打理，自己琢磨起了 B 端生意。

她瞄准了酒楼类的餐饮店，找老板、大厨谈供货。因价格好、品质优、种类齐全，以及维护客源的策略合适（如采购对象是厨师的话，她会给一定的回扣），王丽华拿到大批量订单，也就有底气去 30 公里以外的蔬菜批发市场进货了，那里的菜更便宜，且种类更多。

对于供给餐饮店后多出来的菜，除了在菜场卖给散客，她还会以中间价卖给之前小团队中的人。对于其他菜贩而言，因为销售量不够大，覆盖种类也不多，无法像王丽华一样去批发市场进货，否则还要再贴货运费。卖菜本是低毛利的生意，若做不出规模，便很难负担此类成本。至此，王丽华的卖菜生意从一辆三轮车来回奔波，变成辐射菜场内外的经营。新批发的菜一般会按层级分销：

“在我的摊位上，休想浪费一根菜叶子。”王丽华不无得意地说道。生意模式搭建起来后，盘子做大了，但王丽华和家人并未做甩手掌柜。当人们准备进入梦乡时，王丽华和家人就开始了进菜、运输、配送的工作。

表 2-1　王丽华及其家人的作息表

时间	具体事务
23 点	出发进货
3 点—8 点	分拣菜
7 点—10 点	给餐厅配货
下午	梳理订单，追加配送，完成后才开始休息

如此昼夜颠倒的作息，王丽华和丈夫一坚持就是许多年。这些新鲜的蔬菜，会在第二天，成为饭店餐桌上的珍馐佳肴、菜场小摊贩的生计之本，之后被散客们带回家，支撑起每个家庭的平凡日常。

凭借这笔生意，王丽华在开启卖菜生涯的头几年内，快速攒下了百万元资产，给家人带来了更好的生活。在实现小康后，王丽华并未停下脚步，随着菜场的生意发展壮大，她也面临了新的挑战。

04
树立公信力

起初，菜场的生意非常好，但由于管理不够规范，菜场慢慢地失去了消费者的信任。

一方面，一些小商贩搞假钞、假秤，还经常给水产灌水；另一方面，不愿搬进菜场的流动摊贩，截留了部分客源，因为没有摊位租赁成本，他们的菜能给出更低的价格。

2001 年前后，国家开始推行“农改超”政策，推动农贸市场的社会供给职能向超市转移。除了上面提到的问题，“瘦肉精”“注水肉”等食品安全问题，也引起了管理部门的担忧。一座座超市拔地而起，蚕食着菜场的生意。“内忧外患”之下，“菜贩联盟”的带头大姐王丽华坐不住了，开始着手解决问题。

第一是通过树立公信力，挽回流失的人心。一方面，王丽华和早期的“菜贩联盟”成员一起，在自家摊位上设立一把公平秤、一台验钞机。消费者在菜场任一摊位买的菜，都可到这里核实重量，还能在这里验钞。该做法类似“行业联盟”，通过成员间的互相监督，为消费者提供诚信保障。另一方面，为减少流动摊贩的截留，她和“菜贩联盟”的成员主动当起了志愿者，帮助街道管理人员拦截流动摊贩。至此，王丽华实现了“由个体户到供应商再到规则维护者和管理中间人”的身份转变。主动承担管理职责，为她带来了更多摊位费上的减免，进一步压缩了经营成本。

第二是解决“农改超”进程中的阻力问题。老的农贸市场物业条件差，规模小，改造成本高——同等面积相比，“农改超”比新建生鲜超市的成本高出 20%～30%。

因此，“农改超”政策转向“农加超”——农贸市场和超市共同发展的模式。在王丽华和菜贩们的共同努力下，菜场恢复了热闹。在生意较好的那几年，菜场曾提出过涨租金。王丽华并未因享受自己参与管理获得的价格优势，不管其他菜贩的生存，而是和他们共担风险。一方面，她联合整个菜场的摊贩，把租金涨幅谈判到最小；另一方面，她说服不肯统一涨价的摊贩，在摊贩和菜场管理者之间维系平衡。新冠疫情期间，买菜的人流大幅减少，饭店需求中断。王丽华组织起摊贩，联名和物业谈免租，帮摊贩们减少了损失，渡过了“黑天鹅”事件。

05
走向黄昏

随着生鲜电商的发展，王丽华的菜场生意也受到了影响，好在她还有 B 端生意支撑。但其他菜贩的生意却成了水中漂萍。尽管少有个体的力量能够抵抗时代的洪流，但洪流过后也并非寸草不生。菜场中虽然少了许多年轻人，但还有年迈的老人、下班后的中年人，习惯来买看得见、摸得着的新鲜菜，在周末和节假日期间，这里依然人声鼎沸。菜场这个贴近人间烟火的地方，也有自己的江湖。

有这样一句话：没有江湖气的人走不长，只有江湖气的人走不远。在菜场这片江湖，要人情世故，也要左右逢源，但更难的是恪守职业道德，常怀利他之心。

和“菜”打交道的25年里，王丽华赚得过人生的第一桶金，却从未懈怠过。她一次次地发现问题，并勇敢地站出来带头解决问题。正是一种来自泥土、扎根大地的敢打敢拼、敢爱敢恨的精神，帮助她迎刃而解众多难题，一路走来游刃有余。

许多人的致富故事里，有个人智慧的因素，有时代的机遇，但更多平凡人的成果，靠的还是日复一日的坚持和在一个领域深耕的决心。如今，相比生鲜电商的冲击，王丽华更担心生意的传承。她早已到退休年龄，想把积累的资源、渠道传给子女，然而孩子们却不太愿意接手这“又脏又累”的行当。王丽华菜摊的生命力，来自她的坚持和勇气，这样的精神，有时能够使个人避开时代浪潮的冲击，但我们也很难忽视，执着坚守于市集小车和小店的菜贩们，还是渐渐走向了人生的黄昏。

西班牙餐厅：破釜沉舟借百万开店，细分赛道终创业成功

我们今天故事的主人公 Harry 的西餐厅正是上海大食代的新标杆之一，一种精细化程度更高、文化休克更少的差异化打法，正在异军突起……

01 能成大事

前面的故事里讲到很多兄弟姐妹合伙做生意最终失败的糟心事儿。

但今天，我们要讲的是一个兄弟合伙创业成功的案例。故事的主人公叫 Harry——注意后面没有波特，曾经是一位西班牙语专业的大学生。

在大学期间，Harry 寝室的 3 个人中，室友 A 非常喜欢做饭，对烹饪颇有研究。

虽然室友 A 本人不擅长表达与交际，但是经过大学几年的相处，Harry 深觉 A 是一个干练通达、能成大事的人。

室友 A 原在厦门工作，由于其所在团队的问题，以及室友 A 个人不善言辞，A 在团队里待得并不愉快。适逢 Harry 在 2015 年也处于刚刚离职的

境遇，于是在某一天，A 向 Harry 袒露心绪的时候，Harry 就提出由他来投资，给 A 提供资金支持，令 A 得以脱离团队自己出来发展，两人一拍即合。

因此在 2015 年，室友 A 便离开原本的团队，从厦门来到了上海。除了室友 A，另外一个室友 B 也一同参与了他们的创业计划。

确定合伙后，这 3 位曾经的室友就开始了市场调研。

在和很多老外交流沟通的过程中，Harry 等人发现不少在中国生活的外国人都希望在自己的居住地附近，能有一家口味正宗的西餐厅，可以作为和朋友日常小聚的据点。而在当时，国内大多数西餐厅餐品的价格非常高，在节俭的西班牙人看来，国内西餐厅溢价的特性无法吸引他们买单。

纵览当时国内的西餐行业，西餐品类没有较为详细的分类，专门制作西班牙餐的餐厅更是寥寥无几。与其他欧洲人相比，西班牙人的口味更重，上海很多西餐的餐品都经过本土化改良，不太符合西班牙人喜好的偏咸口味。

Harry 的两个室友此前都去过西班牙留学，得益于此，他们不仅能自如地和老外沟通，而且对西班牙人的饮食习惯也比较了解。

综上，餐厅最终定位为平价西班牙餐厅，主营西班牙 Tapas，目标消费群体主要是在上海生活的西班牙人。这里需要说明的是，Tapas 是统称，指西班牙的一种轻便小餐下酒菜，包括奶油球、甜椒塞肉等。

02
云淡风轻

经营初期，3 人决定先试试水，试验餐品与经营模式。

这个刚刚成立的团队在延庆路上租了一个小店面，沿街，面积只有 15 平方米，只够放 10 多个座位。虽然店面很小，又是开墙营业的沿街门面，本身是办不出经营执照的，但胜在位置优越，地处上海原本的法租界，周边定居的外国人非常多。3 人发现这个小店面周围有多家类似的沿街老店铺，开店后长达七八年无人看管，而且只要 7000 元 / 月的房租，也没有转让费。他们没多想就将其租了下来，这里就埋下了隐患。

表 2-2　第一家西班牙餐厅前期投入情况

项目	金额
房租	0.7 万元
中介费	0.8 万元
装修 + 设备	0.65 万元左右
合计	2.15 万元左右

第一家店在 2015 年 5 月正式营业，由室友 A 负责后台餐品的出品，Harry 偶尔帮忙照看前台的日常经营。当时，餐厅主营的餐品是不同食材 + 法棍等最简单的小食，餐品单价普遍在 15~20 元。

餐厅的第一批客人多为 Harry 几人在工作学习中认识的西班牙人，西班牙人习惯于“抱团”，这种特质表现在只要有一个客人能认可这家餐厅，他就会介绍自己的朋友也来这家餐厅，从而给餐厅带来更多的客源。不仅如此，当时的上海人普遍喜欢打卡外国人较多光顾的餐厅，这些客人再带自己的朋友来，通过这样的方式，3 人慢慢积累了一批稳定的客源。单周的营业额可高达 6000 元左右，到餐厅运营的第 11 个月，净利润就有约 1 万元。

那时，Harry 觉得生活云淡风轻，一切无忧无虑。

03
破釜沉舟

然而好景不长，在 2016 年，上海开始了“五违四必”专项整治。“五违四必”指违法用地、违法建筑、违法经营、违法排污、违法居住“五违”必治，安全隐患必须消除、违法无证建筑必须拆除、脏乱现象必须整治、违法经营必须取缔“四必”先行。

Harry 等人的店因为没有营业执照，被归结为开墙占道经营，也在这次整治的范围内。于是，小店在 2016 年 5 月关门停业，但是 3 人并没有就此放弃，机缘巧合下，他们在附近的富民路上找到了一家合适的门面。

新的门面占地 60 平方米，位置离原本的小店很近，步行只需要三四分钟，原本积累的客源得以很顺利地转移到新店。唯一的缺点可能就是租金需要年付。前期投入中，仅租金一项就花费了 65 万元。因为前一个租客是一家客单价非常高的餐厅，转让费又花了 23 万元，加之餐厅还需要进购原材料等货物，店铺还未装修就已投入 88 万元。

加上其他的一些成本，此次开店前期总计投入 100 万元，这 100 万元资金是 Harry 借款筹得，也算是破釜沉舟了。为了节约成本，他们在装修上选择能省则省，设备、桌椅等能买二手的就买二手的，3 人准备在店铺经营起来后再进行升级换代。店里需要做一个长吧台，但是市面上售卖的长吧台价格都很高，恰好当时附近的一个老城区正在改造，很多空置的老房子被拆迁。Harry 和 A 就来到老城区，经过一番沟通，以极低的价格购入了两根老房子里拆下来的房梁，再运回店铺里，自己动手把两根木头拼接起来，终于改造出了店里的吧台。

表 2-3　第二家西班牙餐厅前期投入情况

项目	金额
房租付 12 押 1	65 万元
转让费	23 万元
装修 + 设备	7 万元
食材备货	5 万元
合计	100 万元

新店开业后，依旧是室友 A 负责后厨出餐，Harry 在前台负责日常经营，另外一个合伙人 B 因为有本职工作，在空余时间给店铺做引流的工作。控制人工成本是首要条件，基于此，店铺运营初期只招了一个阿姨帮忙打扫

卫生和清洗餐盘。

为了迎合西班牙客人的喜好，餐厅会赠送一些便宜的酒品。一些奔放的客人喝到兴头上会踩在桌子上又唱又跳，甚至在天花板上画画。常常是凌晨好不容易送走当天的客人，收拾完店铺没休息多久，又要迎接第二天的客人，高峰时 Harry 和 A 两个人要同时招待 60 余位客人。

虽然这批客人消费力不高，日常的经营也比较细碎、麻烦，但正是因为有这批初始客源，餐厅才有了更多的客流量。

新店开业第一个月就做到了 20 万元的营业额，并且一直稳步攀升。

后来，附近陆续出现了各种模仿 Harry 他们餐厅的店，但是在 Harry 本人看来，客源不是靠竞争得来的，餐厅做的不是一个存量生意，就像永康路的酒吧咖啡一条街，整个街道环境好了，客人只会越来越多。

除去餐厅自身能力、品质的差异，若整个街区的餐厅都逐步发展起来，自然会吸引更多的客人来，大家都能从中获益。

而且一段时间之后，他们又从客人之中发展了新的合伙人。新合伙人本身就是做进出口业务的，经常去西班牙，深谙老外的性格脾气与饮食习惯，不仅在食材进货方面带来了更优质的供应链，店里日常必需的食材如西班牙火腿也得以以更低的价格被采购，同时新合伙人的加入填补了前台的空缺，他坐镇店长的位置，负责日常的接待以稳定发展新客。

到 2018 年，餐厅的年营业额可以做到 500 万 ~600 万元，每月 50 万 ~60 万元。其间他们也尝试开设过其他几家连锁店，尝试不同的经营模式（包括商场店中店、高端店），但是都没有富民路这家店这样成功。

当然，餐厅也尝试过外卖生意，但是平台扣点过高，并且餐厅本身线下生意火爆，后厨没有余力再做外卖的订单。此外，作为沿街店铺，Harry 觉得有很多外卖小哥在门口等会影响餐厅形象，于是外卖的计划就搁置了。

然而无论怎样，Harry 的创业都成功了。目前，第二家店经营状况良好，且与周边同行维持着良好的依存关系。

04
Harry 的生意经

故事讲完，让我们一起来分析 Harry 等人创业成功的原因。

一是选址好，赛金宝。原本的法租界周围都是来沪定居的外国人。

二是定位准，赛道对。了解需求之后，Harry 等人决定在国内缺乏平价西餐厅之时，让自己的店铺成为第一批平价西班牙餐厅之一。以 Harry 自己的话来说，西班牙菜本身不难做，更重要的是前台的接待。

三是语言通，朋友来。Harry 出身西班牙语专业，能够更好地和西班牙食客交流、引流。他抓住西班牙人节俭的特点，利用一些免费、低价的酒品，提供一个可以聚会的热络环境，留住客人。

四是人脉足，再提价。客源稳定之后，Harry 逐步提高了客单价，将原本最低价的菜品逐渐替换掉，并筛掉了一批总体质量不高的客人，同时稳固了餐厅平价的整体定位，大众点评人均消费一直维持在 100 元左右。

随着时代的发展，餐饮文化愈发多元化，西餐已经成为整个行业结构中重要的组成部分。随着人们饮食结构的多样化和消费观念的变化、消费水平的提升，西餐厅总体的经营格局正在不断调整和完善，如今的西餐行业已经朝着高性价比、轻餐化和本土化的方向演进，甚至一些特色西餐厅因为种种优势逐渐成长为餐饮行业的区域性品牌标杆。

我们今天故事的主人公 Harry 的西餐厅正是上海大食代的新标杆之一，一种精细化程度更高、文化休克更少的差异化打法，正在异军突起……

棉花糖小店：
毛利率高技术好，纵然踩坑也没赔

创业是一条注定充满风雨的路，如果你天赋平平、两手空空，不如用最低成本试错，踩过所有的坑，再去大举投入……

01
这个故事有点甜

今天，我要给大家讲一个浪漫甜蜜的故事。这个故事真的有点甜。

2018 年，粉丝小璐跟她现在的老公、当时的男朋友大海谈恋爱约会的时候，有一次在商场里逛街，看到一个卖棉花糖的中岛，好多小朋友在排队。小璐和大海很感兴趣，便去店前查看价格，二人惊讶地发现棉花糖的单价竟然可以达到 20~30 元。作为一个理工男，大海对其制作过程兴致盎然，看了看便对小璐说："要是你喜欢吃，我天天亲自做给你吃！"

一方面，男朋友的甜言蜜语让小璐满心欢喜，另一方面，她也从中发现了一丝商机：棉花糖成本这么低，大约就几毛钱，居然可以卖到 30 元，而且还有这么多人去买。于是她提议：合伙开一家这种店吧，应该很有赚头。

其实他们两人都是创业小白，都才刚刚工作一年，也没有太多积蓄，更不要说类似的创业经历了。他们只是单纯地觉得这个产品的毛利很高，做起来应该不会有太多风险。

不过没想到，一个看起来很小的项目，创业的过程也是一波三折。

自那天逛街后，大海言出必行，买回棉花糖机就开始研究，想要给小璐一个惊喜。理工男的动手能力都比较强，大海跟着网上的视频教程学习，大约学了一周的时间就掌握了做棉花糖的技术，不仅复刻了网上的棉花糖造型，还会自己研发，而且手艺特别熟练。这一点，是他们后来创业小有成就的一个非常关键的原因。

02
接连踩坑

2018 年秋天，他们在家附近的一座半露天商场（位于上海五大新城之一）开店了。准确来说，是商场一楼一个中岛的店位。这里就迎来了他们创业路上的第一个坑。

最初的店位选址在当时的他们看来是很不错的，是在商场人流比较集中的一个地方——手扶梯的上口，但其实这里有个很大的 Bug，就是这个商场是半开放式的，这就为之后的种种问题埋下了伏笔。

确定了跟商场的合作之后，大海和小璐立即开始制作道具，包括采购原材料和招聘，所有的事情，都是利用工作之余的时间，即周一到周五的下班时间 + 周末两天时间完成的。因为要分很多精力出来，有的时候不一定能够完全顾得上。

其实这些都是小问题，但有一个一开始完全没有预料到的事情，就是店位其实是没有上下水的，无法办理食品经营许可证，但这个问题，商场的招商人员并没有跟二人沟通，二人是在实际办证的过程中才发现这个问题的，而且他们也没有相应的关系能够去做公关，于是便有朋友建议他们不要做了。

然而，小璐相信，只要思想不滑坡，办法总比困难多。恰好此时，商场的招商人员得知情况后提议，用电动水泵，在水池下面连接一个桶，用水泵把水往上抽，呈现自来水下流的情形，小璐和大海照做了。

不承想，食药监工作人员现场检查的时候，发现了这个问题，怒不可遏，当场就判定这里不能开店。二人没料到在一切都准备好后，居然会遇到这样的问题。

经过反复交涉，二人得到的结果是，他们出 1 万元，商场帮他们把上水和下水接通。但当时他们其实面临很大的压力，因为食药监工作人员说这个店不可能办证了，就算接通了上下水，是否能办证也未可知。

但小璐和大海考虑到，既然已经付出这么多了，那就再拼一下，于是就做了工程改造，再次去申请了食品经营许可证，最终把这个证拿到了。但是紧接着，第二个坑出现了，就是流转租金。原来，商场并没有给他们进行减免，他们实际上多付了一个月的租金。

有关店面的问题解决后，二人又面临员工难招、难管理的情况。因为他们白天要去做本职工作，所以这个店是要完全靠员工来经营的。加上这只是商场的一个小中岛，他们又是个体户，招聘起来就特别困难。

在店开起来之前，二人费了九牛二虎之力。好不容易招到了两个员工，结果有一个员工在他们开店营业的第二天，就在未打招呼的情况下旷工，再没了消息。因而在开店的第一个月，店铺一直是只有一名员工的状态。而且做棉花糖是个技术活，一般招过来的员工肯定是不会做的。还好大海已经熟练掌握了做棉花糖的技巧，利用下班之后的时间去进行教学，周末则全天坐在店里和员工一起制作产品。同时，小璐在店里扮小丑，吸引孩子们或帮忙收银。

当时二人最怕的就是唯一的员工也离店，那么这个小店就真的无法经营下去了，于是他们对这个员工百般照顾。因为只有他一个员工，只能无休干一个月，他们怕他辛苦，于是周末大海过去做棉花糖，让他尽量去休息，小璐还会给他煲排骨汤，带到店里给他喝。可即便如此，最后这个员工也还是走了。

所以有接近两周的时间，店里是没有员工的，他们就只能靠兼职员工，白天在店里尽力顶上，但兼职员工是不会做棉花糖的，只能起到看店的作用，因为在商场里开店，店里有人是硬性规定，否则会被商场处分。

而后他们又招聘到了两个员工，而且是一个帅哥和一个美女，把他们教会后，小璐和大海以为终于可以放松下来，于是二人就去厦门旅行了。然而刚在海边骑上自行车，店里的兼职员工便打来电话，告知他们招聘来的帅哥和美女发生了激烈的争执。当时正值节假日，是生意最好的时期，店员吵架会令小店无法经营，所以他们不得不马上折返。

就这样跌跌撞撞到了 11 月，二人迎来了第三个坑。前面我们说过，整个商场其实是半开放式的，他们柜台的位置在走廊里，阴冷的穿堂风把员工冻得瑟瑟发抖。店铺不是门面，无法起到避风的作用，大海便花了好几千元安装了一个风挡，才稍微好一点，此外还搭配了两个取暖器，终于勉强将员工留住。

反观棉花糖店位附近的其他两个店位，在冬天时也冻得人难以忍受，导致店员全部离职，那两个店就没有坚持下去。

棉花糖生意也有明显的淡旺季。周末和节假日亲子客群排队的人很多，元旦跨年的那一天，一天的营业额就能达到 8000 多元。而工作日可以说是门可罗雀。

03
光荣犹在

如果一直是这样的业绩，那他们必定没办法盈利，小璐和大海决定，要打一场翻身仗！

他们想到了扩充品类，四处联系后，终于接洽到了开在街边的一个店，这个店卖糖炒栗子、糖雪球和糖葫芦，可以为小璐和大海的店稳定供货。

他们按照 15 元 / 包（20 颗）的价格售卖糖炒栗子，后来又加售糖葫芦，糖葫芦进货价约为 4.5 元 / 串，售价可以达到 12 元，草莓的则是 20 元。

增加了这两个品类之后，他们的营业额明显上涨，周末能达到四五千元，工作日也有几百元的收入。此后的销售额基本上一半来自糖葫芦，另一半来自棉花糖，在工作日的时候，糖葫芦销售占比会更高一些，节假日的时候则各占一半。冬季时，他们还想把烤红薯加进来，但是因为整个场地的面积比较小，原来的柜台设计也未考虑到烤红薯的设备，同时也缺少备案的食品经营许可证，二人只好放弃计划，这也是本次创业中他们感到比较遗憾的地方。

经营到了第二年，春暖花开之时，他们惊觉生意不好做了。原因在于商场是一个半开放式的非高档商场，密闭措施做得不是很好，到梅雨季节这种比较潮湿的时候，棉花糖根本无法成型，这一个刚做好，上一个就化掉了。还有糖葫芦，也很难长时间保存。他们根本无计可施，销售额直线下降。他们当时也加了一个新品，就是冰激凌棉花糖，然而整体的销售情况依旧不好。

就当时而言，店铺已经经营了接近半年的时间了，那时候的经营利润已经到了 10 万元，他们决定直接撤店，但是关店后押金无法退还。因为他们签了为期一整年的合同，提前撤店算违约。押金大约是 3 万元，招商人员没有退还给他们。

以上就是小璐和大海第一次创业的经历。近几年，棉花糖生意受到个人创业者的青睐，风险低、利润高和资金流转快的特点，使其成为盈利空间较大的小众轻创业项目。

总结下来，小璐和大海两个创业小白第一次创业，还能赚到钱，最主要的一个原因就是他们选择经营的品类毛利率极高，哪怕他们遇到了很多坑和意外状况，至少还能覆盖成本。所以，这场翻身仗虽然业绩平平，但光荣犹在。

此外，虽然两位创始人是兼职的，但他们熟练掌握了做棉花糖的技术，所以即使经历过几次员工管理波折，但还是克服了困难。

最后，他们通过这个棉花糖项目，一起经历了很多挫折，共同克服了困难，对彼此有了深入的了解，所以关店之后，二人很快便领证结婚了。

我想，这个故事最能启发我们的，就是：“当能力水平不足以支撑大成本生意与大量员工管理时，创业者该怎么做？”

我的答案是，你需要不停地去积累，慢慢打磨自身的能力。

针对小成本创业和零成本创业两种路径，我认为，人是可以依靠技术创业的，但前提是你的技术一定要具备时下的稀缺性，这样才有商业价值。

最后总结一下，创业是一条注定充满风雨的路，如果你天赋平平、两手空空，不如用最低成本试错，踩过所有的坑，再去大举投入……

酒水批发：子承父业抓机遇，卖酒小店步步高

市场跌宕起伏，机遇时不我待。学懂玩法，押中潜力股，抓住时机，顺应变化，才是做酒水批发生意的制胜之道。

01 子承父业

2012 年，大专毕业后，初入社会的小罗没啥就业方向。不过自小在父母的酒水批发店长大的小罗，比起同龄人，家底更加丰厚，也从父母那里耳濡目染了不少酒水生意的经营规则。

以他家门店所在城市湖北武汉市为例，众所周知，湖北有众多闻名中国的白酒品牌，武汉则被誉为“白酒之都”。因此，在武汉，白酒品牌之间的竞争非常激烈。

小罗父母的店属于主营白酒的“二批店”。什么是“二批店”呢？白酒从厂商到消费者手上，主要有这几层链路：

所以，“二批店”说白了就是负责应对所在区域的一些散而小量的供货需求的门店。

酒水批发行业对应的客群有这么几类——

第一类，团购客户，比如餐饮连锁店，就属于团购客户。拿下这类客户得靠人脉关系，拿下后白酒厂商还会给一笔团购费用，形式是返利或是给产品。

第二类，烟酒店，就是俗称的流通部门。小型烟酒店一般分两种，一种是连锁店，只要负责去连锁公司采购就行了。另一种是并非连锁店的小店，这些店会去周边的二批店拿货。中型烟酒店会形成一个组织，这样就能和大型烟酒店一样有实力和厂家、经销商签三方协议。

第三类，散客，一般指购买量不大、购买频次不固定的人群。这个人群是小型烟酒店的主要客群。

说回我们今天要讲的故事。一次偶然的家宴上，小罗从亲戚那里得到了一个消息：有一个做啤酒生意的老板由于投资失败导致资金周转困难，急须找人接管公司。其公司名下资产包含一座仓库，里面存放着价值十几万元的啤酒，还有 7 辆面包车。这些资产加在一起打包卖，挂牌价 40 万元，远低于市场价。刚毕业的小罗察觉到了生意机会，立即去核查了一番，发现消息确实不假。

犹豫之时，小罗的父母告诉他：“家里有些积蓄，能赚钱就是你的本事，全亏掉那也是你的人生经验。”父母的话让小罗瞬间下定了付款的决心。

02
渠道就是门道

以 40 万元接管了货和仓库，小罗还把仓库老员工请了回来。第一次做生意，他担心不好上手，于是想留着老员工以便摸清情况。小罗心里自然有一杆秤。现在手里人、货齐全，就剩下一个难题——没有客源。

啤酒和白酒的经营生态完全不一样。由于 90% 的啤酒都是餐饮和夜市场景下消耗掉的，因此在当地，啤酒的销售模式是厂家的业务员来跑通流通渠道。大家可能会好奇，厂家都跑渠道了，那怎么不搞直销呢？其实也有部分直销。不过销售规模越大的啤酒品牌，越需要找经销商去订货，然后进行仓储管理和配货、维系终端渠道客群。啤酒的生产需要排期，如果改为直销的话，那工厂的生产、仓储、配货压力可想而知，并且会产生一笔更大的开支。而对经销商而言，也不是万事无忧。渠道是跑通了，但客情怎么维系、怎么能让终端拿更多的货以保证节假日手上不缺货，都是一个合格的经销商要操心的事情。

小罗接下的仓库，因为被前老板关停了两个月，原有的渠道迅速被业务员分给了其他经销商。眼下是业务员和那些经销商的“蜜月期”，刚刚吃进嘴里的，如何叫他们吐出来呢？

所以小罗只能自己去找业务员谈一些零散的小渠道。在谈好合作后，业务员每天就给小罗安排一两件货的订单，而且都是些位置特别难找、道路特别崎岖的收货地的订单。就这样坚持了一个月，司机和搬运工坚持不住了。这一个月小罗的收入还不够维持基本的支出。

03
论资排辈规矩多

眼看还有 3 个月啤酒就过期了，被逼无奈的小罗想了个办法——跟业务员谈，一箱啤酒小罗只赚 2 元，其他都是业务员赚，并且小罗还把 7 辆面包车全都借给业务员开，反正司机都跑路了。使用了这种方法后，业务一下子变好了，每天出库的啤酒从 10 箱变成四五百箱。而且几乎没有额外的费用，连面包车的油费都被业务员们承包了。

这样做了 3 个月，经历了大半个旺季（啤酒的旺季是 5—10 月），小罗账户上多了 45 万元现金，仓库里也还有价格将近 10 万元的货。看似赚钱，但其实是因为这段时间不需要再付钱去订货，加上厂家给了不少补贴：仓储费、货品进餐饮店的入场费、小罗的商务费，等等。而现在每隔一段时间他就需要给厂家打 10 万元订货，然后卖一段时间算算账，发现账平了，不赚不亏。小罗觉得这样下去太没意思了，于是，他又开始辗转找别的渠道。

靠着父母常年经营酒水批发生意积攒下的人脉，小罗辗转把武汉当地的铁路供货渠道吃了下来。武汉当地火车上的啤酒就是小罗供的货。而且铁路的供货量很固定，基本上每 10 天就有 500 箱的订单，每个月可以进账 8 万元左右。

但是铁路团购看似赚钱，小罗每个月真正赚到的也就 2 万元。怎么回事呢？原来是因为，像铁路供货这种团购，小罗本来是不够资格承接的，但小罗认识的一家公司有。当时那家公司正忙于一个更大的项目，顾不过来铁路供货，就外包给了小罗，但相应地，小罗每月要返给他们 6 万元。

做酒水批发生意需要重资产、重投入，行业论资排辈，新店想要做起来谈何容易。加上淡季的时候盈亏基本持平，小罗做着觉得挺没意思的，还想趁年轻出去闯一闯，于是他把店铺以 20 万元转给了自己的店铺负责人，把 7 辆面包车也卖了出去。扣除成本，小罗赚了约 50 万元。

04
重操旧业　压中潜力股

离开武汉后，小罗去了上海。他面试了几家公司的业务员岗位，还去做过打印机的销售工作，收入只够维持基本生活。其间，他还投资了汽车修理店，亏了 5 万元。这下他彻底想通了：想赚钱还不如去熟悉的领域，子承父业不丢人！于是他决定回到武汉重操旧业。

2017 年，小罗结婚了。婚后，他用礼金加上之前赚到的钱总计 100 万元买了一个门面，小罗的父母也买了一个门面，两家店离得不远。小罗从父母那借了价值 60 万元的货。2017 年，武汉市场上出名的是稻花香和洋河这两个品牌。这就意味着不但经销商之间需要抢货，拿货也没有价格优势。小罗明智地避开了它们，选择拿毛铺这个白酒牌子。

在湖北的一众白酒品牌中，毛铺是个很特殊的存在。虽然刚刚诞生 3 年，但背靠的劲牌却是白酒行业里的老前辈，当年那句“劲酒虽好，可不要贪杯哦”的广告语响彻中国。因此毛铺的品质应该是有保障的，正所谓背靠大树好乘凉；同时，毛铺也算在名酒争霸的湖北杀出了一条血路。虽然 2015 年其销售额只有 6.5 亿元，但第二年就翻了 2.5 倍，2017 年直逼 20 亿元。

小罗很开心地分享了他当时的选品逻辑：“你看，从销售额涨势迅猛的背后能推断出 2 个信息：第一，酒好，品牌人缘好。价格、香型口感、品质、白酒的历史渊源等因素都会影响销量，而且白酒的消费群体很特殊，并不是酒的品质好就能被大家接受的。消费者喝惯了一个香型，很难换别的香型。比如你喝惯了酱酒，就觉得清香型的很难喝。毛铺酒属于清、浓、酱三香复合型，算是特立独行，但它卖得好，说明这个香型被大家认可了。第二，时机好，正逢品牌推广红利期。2017 年正逢毛铺面世的第三年，市场上经销商之间的竞争还不激烈。你想，如果卖酒也有销售榜单的话，冲到前几名的店的拿货成本是不是一定比后面的店更有优势？”

小罗这话绝非马后炮，他店里的毛铺没有辜负他的希望，销售额一路狂飙，从第一年的 10 万元暴涨到第四年的 120 万元。

现在，小罗的门店里，武汉的白酒销售榜单中，销量第一的是毛铺，2022 年总销售额大约是 200 万元。他告诉我，他有信心，2023 年能冲到 300 万元。因为毛铺的高端酒（草本 12 年）刚推出 1 年，市场的熟悉度还不高，但是这款酒明显有备而来。“现在跟以前不一样了，那些做生意、搞买卖的人非常注重养生。为了更科学地减轻应酬饮酒负担，让饮用白酒更加舒适，劲牌在毛铺上就应用了两大专利①。表现在体感上就是饮酒者醉得慢醒得快，前晚饮用不耽误第二天的安排，在湖北的高端商务场景、宴席场景中很是吃得开。所以今年毛铺高端酒的销量一定会更高。”

---

① 劲牌有限公司.一种具有降血脂功能苦荞酒的制备方法：ZL 201210559446.9[P]. 2014-01-01；劲牌有限公司.抗酒精性肝损伤的护肝白酒及其生产工艺：ZL 201010196987.0[P]. 2012-01-04.

小罗凭借毛铺打开了在武汉酒业中的知名度，在这个论资排辈的行当里可以和很多前辈进行平等对话，从而了解更多的行业信息。

05
天降时机

小罗的店开在一个批发市场外，市场里有一百多家商户卖烟。2017 年烟草行业受到管制，商场里禁止卖烟，那些商家只能搬到商场外的门店。突然换门面，老客户在商场里找不到他们，就会去商场外问，小罗刚开业的时候，店里就有很多人来问，×× 烟草店搬去哪里了？更重要的是有三家在武汉卖得最好的烟草店就开在小罗的店旁边，小罗的第一批客户就是从这些烟草店引流过来的。

有了客户是第一步，第二步是怎么留住客户。小罗牺牲自己的利润以进货价出货，以此稳住了第一批客户。之后小罗整理出了客户资料，推算出自己的销售额，然后通过这个去和厂家谈判，压低酒的进货价，再继续以老的进货价售出赚差价，通过这个方法，小罗把客户量积累起来了。

在第一批客户积累起来后，小罗已经有了较多的客户资源，但是这些客户并不能给小罗带来巨大的利润。

第二年，由于烟草店被进一步管制，在市场周边也不能营业了，小罗店旁的烟草店纷纷搬走，而几十家糖果批发店顺势搬迁到了这里，形成了有名的糖果批发一条街。

而这些糖果批发商户每一家都做了十几年，手上都有大量的团购和宴席客户。为了与他们熟络起来，小罗经常给他们帮忙：比如，小罗是学财会的，商户在财务方面有什么问题，小罗会帮他们处理；商户家有小孩子要上网课，小罗就教他们怎么操作；小罗还经常请那些商户吃饭来加强感情，一来二去就熟悉了起来。作为回报，那些商户会给小罗介绍零售客户。

2017—2018 年，由于茅台价格飞涨，名酒开始内卷，面向经销商的品鉴会变多了。宴席是名酒厮杀的重要场地，假设一场宴席 30 桌人，那就有约 300 个可以接收广告的受众，所以商家会抢一些宴席资源。这就少不了各家厂商给小罗的宴席费用，有的时候是钱，有的时候是货，但计算的维度和团购费可能略有不同。小罗紧紧抓住这个时机，把握住宴席客户。虽然一个人的一生中办宴席的次数不多，但是小罗的售后做得很好，就算客户办完宴席隔了很久才把没用完的酒水退回来，小罗都愿意接受，于是小罗的好口碑渐渐传出来了。

2020 年，武汉因为新冠疫情封城，对小罗的生意打击很大，严重的时候差点资金链断裂。到解封的时候，小罗手上只剩下 20 多万元现金。疫情期间，小罗只能在维持原价的基础上，少赚一点以稳住自己的客户量，因为他知道，酒水批发这行，“剩”者为王。果然，陆续有同行撑不住倒闭了，他们的客户就会被剩下的卖家瓜分，小罗也是通过这样扩张，增加了自己的客户量。

06
再冲一把

2022 年末，小罗做了年终总结，和媳妇共同决定扩大店面，租下旁边的一家店面，将店铺面积扩大了一倍。小罗打算先做一个品牌的区域经销商试试水，做得好再慢慢扩张，做得不好的话，也只是损失几十万元到 100 万元，可以接受。

怎样才能实现由二批店到经销商的转型呢？先得正式成立一家公司，然后去和厂家谈判，拿到专一品类的代理资质，而非什么酒类都卖。谈判的内容包含很多方面，一般绕不开销量，能达成，厂家才会把你纳入这个联盟经销商或者分销系统中来。除开销量，还有些厂家要看你面向餐饮终端的销售能力，比如毛铺早期就对经销商去餐饮店拜访的次数和节点、促销物料、酒品陈列方式等方面有比较严格的考核要求。

小罗透露，做经销商，压力自然有的，市面上很多白酒品牌的经销商都背着厂家的销量要求，而且每年都有涨幅要求。做不了，厂家就会换人。不过小罗表示，对像他这样销量名列前茅的二批商而言，还是能够轻轻松松达到要求的。

目前，小罗的白酒生意还在如火如荼地继续。一路走来，小罗坦言，市场跌宕起伏，机遇时不我待。学懂玩法，押中潜力股，抓住时机，顺应变化，才是做酒水批发生意的制胜之道。

乐高培训：
模式找对，赚钱不累

诚然，现在的科技教育市场早已今非昔比，如果除了重型投入，还要背负高风险且收益有限，那么我个人认为这样的生意就是不值得做的。

01
水涨船高

请注意，这个男人叫小 Y。

今天，我们要讲述的就是他的创业故事。

2009 年大学毕业后，小 Y 回到上海，进入一家私立幼儿园实习，其间他考了教师资格证，后来遇到个偶然的机会，他在 2010 年进入了上海某少年宫工作，接触到乐高教育，从此开始了他一直从事到现在的科技教育事业。

小 Y 的故事要从他毕业后的第一份正式工作说起。

或许是得到了幸运女神的垂青吧，小 Y 毕业后的第一份正式工作相当不错。2010 年，他进入少年宫工作，前辈给他介绍了乐高教材。

当时，乐高类机器人转型教育刚刚起步，可以说小 Y 是从事此行业的第二批教师之一，小 Y 看到乐高还可以用来编程和教学，感到非常惊讶。

乐高积木分为：乐高积木、得宝积木和科技积木。前两者无编程功能，而配置了智能砖组件的科技积木，可以对组装好的机器人进行编程，实现具体的功能，比如做一个可主动避开障碍物的汽车，或者会跳舞的机器人。课程面向 10 岁及以上的学龄儿童。

乐高智能砖

一方面，小 Y 对于乐高的前沿玩法惊叹不已，另一方面，其实小 Y 早在童年时期就对乐高有了特别的情怀。

在小 Y 小时候，上海的波特曼酒店楼下就有兜售乐高的商贩，小小一盒卖 400 元左右，当年小 Y 的妈妈一个月收入也才 900 元。后来，小 Y 的父亲去中国香港工作，每年都会带一盒乐高回来给他玩，所以他从小就觉得乐高是非常珍贵的玩具。

小 Y 在少年宫做了 2 年乐高机器人编程老师，自学了很多技术，获得过全国乐高机器人编程竞赛的第四名，薪资也从 2500 元升至了 4500 元。

少年宫的这个店，一个班 12 名学生，报名的学生已经排满，其余学生报名上课还需要等。小 Y 估算，这个店的年营业额在 500 万元左右。而在成本结构上，小 Y 估测，在上海，这类机构的房租基本只占总成本的 50%，剩下的主要是人员成本。

考虑到少年宫是公办单位，小Y估计房租并不会很高，少年宫的这家店的毛利率大约是60%。

但这里面有一个坑，就是“预存款”。如果把预存款从应收里面扣除的话，其实毛利不会太高，这也是教培行业中普遍存在的坑。

2012年，小Y不满足于收入状况，跳槽到另一家乐高机器人编程教育机构，底薪达到了7000元。至此，小Y的薪资水平一路水涨船高。

这家机构面积有800平方米，位于上海某国际社区的中心位置，老板是一个中国“第一批富起来的人”，也是某国际大学驻上海的EMBA校友会主要负责人，资源人脉非常多，主要依靠不停地拉投资，走资本扩张路线。

但资本路线和小Y“做好教育”的路线不太一致，于是，他便在2014年离职了。

02
自主创业

2014年小Y离职后，决定自己开一家乐高教育机构，开始创业。

在合伙人方面，小Y选择了一位原在成人教育机构做销售总监的伙伴，同为上海人，小Y主管课程技术，合伙人主管销售。

当时小Y认为，像他这样热爱乐高的乐高老师不多，他不仅上班玩，家里还有价值不低于20万元的乐高。

在技术上，从2010年正式入行算起，在这个新兴行业从业4年的小Y，已经配得上“资深”二字了，而上海其他的乐高老师，学历水平参差不齐，有的老师可能连大专都没毕业，甚至是高中毕业，小Y有信心在教课质量上胜过他们。加上合伙人能补齐销售方面的短板，小Y觉得这个团队一定能成功。

当然，合伙人主张的“狼性”管理风格，与小Y偏好的自由风格，也发生过冲突。小Y认为教育行业应该是自由的，但合伙人认为每个人都有惰性，都会忍不住摸鱼，所以一定要强硬地管理。因为说服不了合伙人，小 Y 就妥协了，接受了合伙人的管理风格。

在选址上，小 Y 的第一家店，选在了黄浦区的蒙自路，这家店位于 2 层，因为没有商场的业态，自然流量带来的客户很少，当时在 3 公里范围内，还有 1 家乐高机构，那家是街边的门面店，在自然流量上有一定的优势。

小 Y 第一家店的教室

在成本支出上，小 Y 和合伙人各出了 20 万元。其中，场地装修花了 10 万元，乐高器材采购花了 10 万元，房租押二付三花了 10 万元，剩下的钱则属于流动资金。

在课程体系设置上，小 Y 设置了面向 3~6 岁儿童的幼儿课程和面向 7~12 岁学生的学龄课程，幼儿课程内容主要是拼接积木，学龄课程中则增设了编程相关内容，一节课费用在 100 元左右。

因为是新店，没什么知名度，而且门店没有多少自然流量，小 Y 就把大量的成本投在了优秀老师身上，认为只有靠良好的口碑才能力压竞争对手。他给两位全职老师开出了 8000 元 / 月的底薪——当时市场上的普遍薪资只有 5000 元 / 月。在高峰期即周末，小 Y 也通过过往结识的人脉资源，找学校的老师来兼职授课，根据教学水平，每节课的劳务费在 120~200 元。在进入运营状态后，每个月的房租和人力成本加在一起，在 9 万元左右。

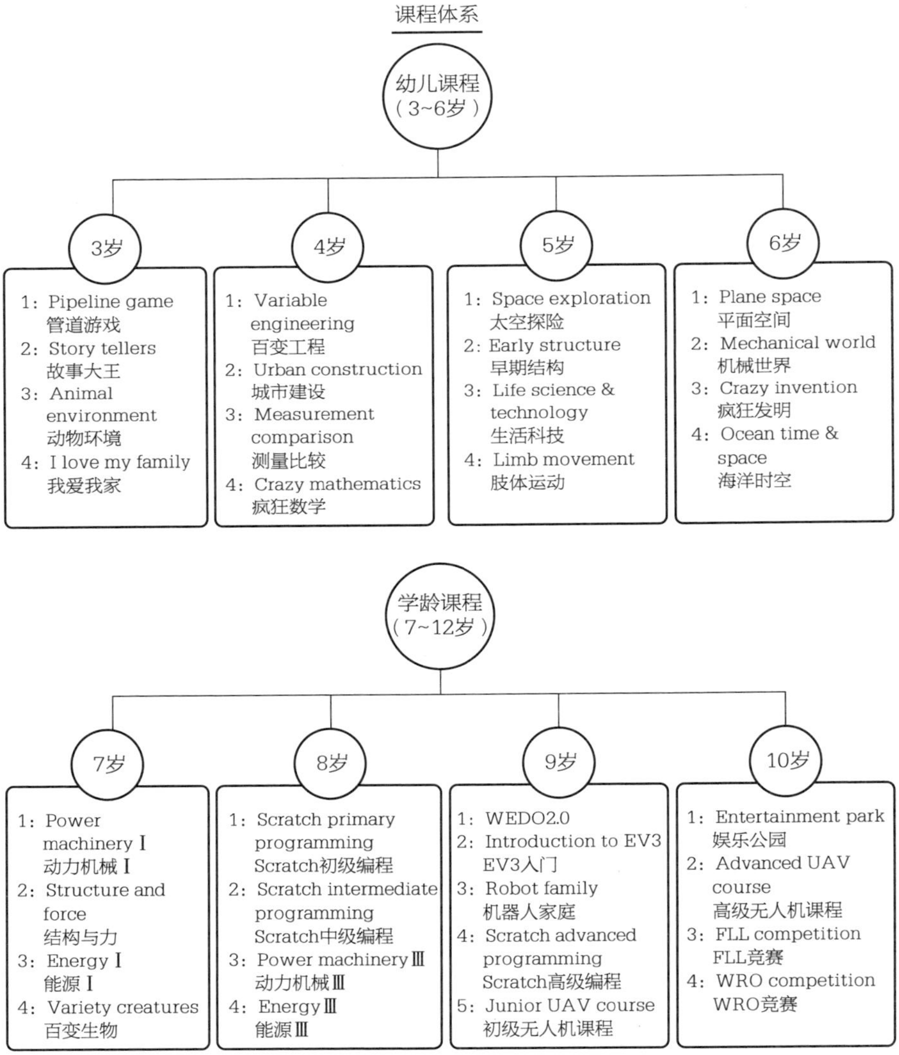

小 Y 的课程结构

03
3 年分到 180 万元

第一家店开业 1 年后便开始盈利，每年的毛利在 40 万元左右，然而这里包含了预收款，如果扣除预收款，根本不赚钱，这跟理发店、健身房办年卡的模式如出一辙。小 Y 的门店兜售的是课时，比如客户一次性花 1 万元，购买 100 节课，上完这 100 节课为止。

2015 年，有位家长看好乐高机器人编程教育的生意，加入了他们，和他们一起开了第二家店。在出资上，小 Y 和之前那位合伙人各出资 25%，这位家长出 50%，而在分红上，小 Y 和合伙人各分 30%，而且还能在第二家店领工资。

第二家店开在了新开业的商场三层，也就是早教班汇集的楼层，有了自然流量，加上周边有人口密集的小区，所以在营销方面并没有太大支出，成本结构也与第一家店类似。在开业 6 个月后，第二家店也开始盈利了。

在第二家店盈利后，小 Y 的朋友因为要出国，在浦东御桥转让门店，小 Y、合伙人和家长 3 人，直接盘下了那家店，一年后，这家店因被记录在拆迁名单内而关门。而后这家店被转给了小 Y 的另一个朋友，好在转过去后不久门店就拆迁了，那位朋友也拿到了补偿款，小赚了一笔。

巅峰时期，小 Y 开的 3 家门店，每年分红可以拿到 60 万元，3 年一共分到 180 万元。

04
净身出户

2018 年年中，小 Y 意识到了这个行业的巨大风险，放弃了两家正在盈利的门店，原因有三。

其一，竞争越来越激烈。

其实在 2015 年，小 Y 开出第一家店时，已经到了机器人教育在上海的爆发节点，第一家店开业时周围 3 公里内只有一家竞争对手，2022 年增加到 5 家。虽然小 Y 依靠先发优势，以及更好的教学服务，保持着不错的盈利状态，但过度竞争的危机已经开始了，过往能覆盖 3 公里的客户群，现在可能变成了 1 公里。

其二，也是最大的风险，"预存款"可能暴雷。

当年机器人的比赛还不多，也没有所谓的考级。各个教学机构主要的课程消耗量，还是每周一节课，扣除节假日，每个学生一年可能至多上 30 多节课，而小 Y 公司的分红模式，是把家长的预存课时一起分掉，不少家长一次性购买的课时费，够孩子学三四年了。

所以，小 Y 觉得从长期来看，消课数必定跟不上，消不完，家长就不会续费，但他必须坚持运营下去，这是个定时炸弹，后续的营收肯定会下降。

同样，因为乐高机器人编程培训偏向的是课外的爱好，并无太多功利性，客户很少有考级或者竞赛的需求，客单价也就不高。简言之，其他课程的价格是 100 元，如果小 Y 卖 500 元，家长势必不愿付钱，这也进一步限制了营收。

其三，上海某 985 非学历培训部门抛出了橄榄枝，希望小 Y 去负责四川的某个课外教育项目，小 Y 考察后觉得不错，萌生了去意。

出于以上三个原因，小 Y 跟合伙人们谈了撤出。最初，小 Y 主张，将处于盈利状态的门店卖出去，能卖个不错的价钱，但合伙人们不愿意。小 Y 只好净身出户，主动放弃了所有股份，门店之后所有的盈利亏损，都与小 Y 无关。

05
难以适从

从门店净身出户后，小 Y 接手了四川的一个教育项目，这个教育项目在四川某四线城市，合作对象是当地最大，也是最好的一所学校，学校覆盖了小学到高中学段，有 4 个校区、5 万名学生。

原本，这个学校是公立学校，后被一位在上海创业的老板收购，成为一家私立学校。5 个正副校长和小 Y 吃了一顿饭，并表示会全力配合小 Y 的工作。

在当时的小 Y 看来，老板亲自委派自己去学校做教育项目，正副校长鼎力支持，5 万名学生，按 10% 的报课率计算，也就是 5000 名学生，这个体量，在上海是无法想象的。此外，在培训场地方面，当地正在建一个绿地商场，学校凭资源拿下一个面积 600 平方米的场地。小 Y 认为自己一定会大发横财了，但后来却发现，这是一个巨大的坑。

首先，复杂的人际关系和酒桌文化令人难以适从。

实际操作后，小 Y 发现，学校内部关系盘根错节，许多骨干老师不配合校长的意愿，从中层骨干到学校高层领导，小 Y 要层层做好公关工作，难度大，花费时间长。并且，该地的酒桌文化也让小 Y 难以适从，甚至有的中层老师在晚上 11 点后还有两场饭局，这意味着公关工作和酒局非常复杂。

其次，四川的这所学校，是管投分离的，上海的母公司在学校中缺失话语权。

最后，当地的情况跟上海大相径庭。

起初，小 Y 做的是“进校教育引流 + 校外培训”的组合。

实际情况是，四川初中、高中毕业班的学生，每天上课到晚上 11 点，每周只有周六下午、周日上午休息，非毕业班教学强度也远大于上海，学生根本没有时间进行课外学习，而且当地学生家长大多只看重主课成绩，课外课很难开展。

2019 年 10 月，小 Y 和上海母公司的领导沟通后，决定放弃四川的项目。小 Y 最大的感慨便是：小城市水很深。

06
另起炉灶

虽然四川的项目失败了，但小 Y 获得了大学的资源和认可，回到上海后，小 Y 总结了之前的失败教训，决定自己单干，另起炉灶，走一套新的模式。

目前，小 Y 做的是“进校服务”和“寒暑假课程”，组织高校和行业内的老师做培训。

在进校服务上，小 Y 借助教育行业资源，以及高校技术背景，帮助上海的学校开设一些特色科技课程，比如人工智能、虚拟现实、无人机和机器人课程等。此类课程，能够为小 Y 提供稳定的收入、强大的师资团队和教学实力，也能够帮助学生在各个赛事中获奖。

在寒暑假课程上，小 Y 与各个合作方合作的模式，也是从之前的门店经营经验中总结出来的。

门店的课程周期太长，但很多家长的目标非常明确，比如让孩子在竞赛中获奖。所以小 Y 寒暑假的竞赛培训，或者一些课题报告培训，都是短平快的课程，往往只有 1~2 周的时间，诸如“7 天速成班”“10 天竞赛班”之类的，就可以基本学完在教学机构 1~2 年的课程。这意味着，曾经两三年才能拿到的营收，现在仅需十几天就能回流。

在营收和成本组成上，小 Y 向合作方收取服务费用，课程是按照整班出售的，主要面向初中生、高中生群体。

举例而言，小 Y 的一个班，服务费可能是 15 万元，合作方无论招 10 人还是 20 人，收费都是 15 万元，而且不用像过去开门店一样，一个一个地去招生，合作方会完成所有的招生工作。小 Y 只须组建好师资团队，选好场地，以及处理一些证书相关工作。

因此，在成本支出上就是三部分。

第一，大头就是师资成本。

第二，房租，因为是短期速成的培训，而且课程主要时间段是在寒暑假，很多场所比如私立学校，会有空出来的会议室，小 Y 只须短期租借即可，房租费用不高，没有长期的房租负担。

第三，证书费用等相关成本支出。

因为目的明确，竞赛和证书的含金量也很高，客单价得到了提升，而且上海不缺高端客户，他们需要的是孩子快速成长。

目前，小Y做的这些项目，每年大约可提供60万元的收入。可能各位读者会觉得小Y兜兜转转还是60万元，但区别是，通过机构赚到的60万元，需要小Y投入大量的时间，而且走预收款模式，随时会暴雷。而目前，小Y赚的60万元是纯利润，每年忙碌的时间仅有3个月，其余9个月，每周工作时间不足10小时。

07
比努力重要

故事讲完，我们来总结小Y成功的原因。

第一，自由职业者离不开过去的积累，尤其是在一个行业里深耕的经验，需要有离开职场或者团队后还能充分利用行业资源的能力。

第二，能够理解价值链的全流程，做自己擅长且有高回报的事情，对产业各个环节的ROI有体验。

第三，要有复合型的技能，单一技能或者局限在一个环节的不确定性还是很大的。

从赚钱到破产，到再一次赚钱，不停反转，就像坐过山车一样。小Y告诉我们：第一，赚钱不辛苦，辛苦不赚钱；第二，模式比努力重要；第三，思维决定出路。

诚然，现在的科技教育市场早已今非昔比，如果除了重型投入，还要背负高风险且收益有限，那么我个人认为这样的生意就是不值得做的。

反言之，小Y创业后期的模式就做得很好，轻资产、高周转、低风险并行，才有可观的收益回报。

总之，我建议大家在创业的时候多思考，不要一根筋、一股脑地去投身于一些你不可控的事情中。

宠物医院：服务大于技术，盈利接二连三

一路走来，回看宠物医疗行业的不断迭代，从做技术，到做经营，虽然还是同一个行业，但对从业者的考验绝不可同日而语。

01 隐性成本

两年前的一天，风和日丽，万物可爱，我在小区楼下，遇到一只眼部出现炎症的流浪猫，在大众点评检索一番后，便抱起这只小奶猫，前往附近的一家小型宠物医院。

进入装潢豪华的宠物医院，医生了解了情况后，抱起猫，左瞧瞧右瞧瞧，安排护士给猫剪了指甲，做了驱虫，耗了我 1 小时的时间。整理好后，医生给猫开了一瓶眼药水和一盒消炎药（盒子上面满是英文），并向我推销了猫粮和营养条，结算费用共计 800 元。

而后，我在网上检索了一下，驱虫项目加上其他产品的成本不超过 350 元，以此粗算毛利率近 60%。

再来看看行业数据，第三方调研数据显示，中国犬猫（此处数据为宠

物，而非看家护院的犬猫）数量已超过 1 亿，单只宠物猫年平均消费金额为 4755 元，其中医疗支出占比达 30%，为 1427 元（宠物狗为 918 元）。这也意味着，我救助一次流浪猫的费用，已经超过了一只宠物猫半年的平均医疗支出。

无独有偶，在翻阅了大众点评的相关评论后，我发现有不少负面评论，都起因于“收费乱象”。而在分析收费贵问题时，有人归咎于信息不对等，有人则认为宠物逐步担负着现代人的“家人”的角色属性，而一旦价值和亲密关系牵连在一起，相关服务的定价就会变得玄幻。

这样看来，宠物产业真是一条从天而降的完美赛道。如此巨大的市场和消费者日益增长的消费水平，注定了选择这条赛道的创业者完胜而归。然而，任何行业都有自己的隐性成本，宠物行业光鲜亮丽的表象下隐藏着众多深坑。想要在这条赛道上创业成功，概率并不低，但付出也绝对不会少。今天我们就一起来讲讲一位宠物医院创业者的真实故事。

02
一记闷棍

21 世纪初，卢医生毕业于动物医学专业。

当时的宠物医院基本是私营小企业。由于没有小动物医学专业，宠物医生之前大多是给猪、牛、羊等家畜看病的，各家比拼的是“看病技术哪家强”，也没有其他的衍生业务。

从实习生、助理医生、医生，再到主治医生、院长，卢医生用了 6 年左右的时间，打磨医疗技术和管理能力。

2019 年末，40 岁的卢医生和妻子决定创业，带着他们亲手培养出来的 8 位“徒弟”，各自出资、分股，组成了创业团队，奔着创立连锁品牌的目标，规划着未来蓝图。

作为品牌的第一家门店，也是品牌的总店，卢医生选址于碧桂园和万达中间，覆盖社区及周边 5 公里以内的客户。

因为是新店以及总店，且宠物医院属于需要依靠“专业＋信赖”来吸引消费者的医疗品类，装修就成了塑造第一印象的关键。前期投入中，装修成本就占了一半，采购医疗设备的首付款占40%，剩余的就是房租、水电了。

2020年1月，卢医生创立的第一家宠物医院在东莞正式开业。没错，正是新冠疫情暴发的时间节点。开业后接踵而至的疫情，让小区封的封，公共场所禁的禁，别说客流了，路上行人都没几个。

开局的暴击如同一记闷棍，疫情期间，卢医生无法开源，只能节流。

第一是人员成本。

因为员工也是股东，是卢医生和妻子一手教出来的学生，大家在困难时期没领工资。

为了节衣缩食，有时候为了点外卖省10元，大家会团各种券。后来外卖也停了，就只能在淘宝上囤面，就着水煮白菜应付伙食。

此外，卢医生每个月还得还设备的贷款，自掏腰包贴钱，硬扛了4个多月。

当时，卢医生的脑袋常常嗡嗡作响，他怎么也想不明白，究竟是什么把大伙儿逼到了这步田地。

因为根据规定，宠物医院要营业，需要有3位持有执业兽医证的医师，其他医师暂时只是入股，他们还有其他工作，尚未离职，因此整个团队疫情期间全员坚守、无一退出。

第二是药物采购费用。

由于卢医生的宠物医院是全科类的，基本涵盖各类大病小病，再加上不同的医生也有不同的用药习惯，医院所涉及的必备药品，还是比较多的。出于成本考虑，非常时期，卢医生严格控制进货。没有必要的药物，一概不进，有必要的能少进则少进。而砍掉的药物，大多是针对罕见病的。

因为卢医生既是院长，又是师父，在药物选择上，大家对卢医生的决策不会有什么意见。

03
接二连三

真正的转机，出现在 2020 年 4 月。卢医生的好运，接二连三地来了。

当时，新冠疫情形势趋缓，单位复工复产，疫情期积压的需求，加上卢医生团队之前积攒的忠实客户群，使得卢医生的生意红火了起来，并在两个月后实现收支平衡，8 月份回本，月流水稳定在 20 多万元。

紧接着，他们又投了 50 万元，在 2021 年 5 月开了第二家宠物医院。

第二家宠物医院以社区转诊为定位，仅做一些日常护理和小手术，大手术转到总店去做。因此，店面规模和设备采购成本少一半，在营业后的三四个月，就达到收支平衡，开始盈利。

卢医生的扩张策略，正是在前一家店回本盈利后，着手准备下一家新店。

因此，在第二家店回本盈利后，卢医生在 2022 年 2 月，又开了第三家店，对标总店规模，资金投入达到 100 万元。

第三家店的选址策略，总结起来就是四个字——高档小区。

其选址的地段，周围 5 公里内有 15 个小区，其中 10 个是高档小区，包括两个半山半水的别墅区，以及其他大型别墅社区。

若以现在的营收情况测算，3 家店的年营收在 700 万元左右。在营收构成上，医疗服务占比 75%，猫粮猫砂等商品售卖、宠物美容业务各占 10% 左右，寄养、殡葬等相关宠物服务占 5% 左右。

作为营收大头，医疗服务是宠物医院的根基。对于争议最多的检测费用，以卢医生的宠物医院营收结构为例，检测费用占医疗服务的 40%、总营收的 30%。卢医生估测利润率在 40%～45%。

2022 年 3 月份新冠疫情反扑，广东省受到冲击，卢医生不断往返于 3 家宠物医院之间，落实好防疫政策。对于疫情后续对医院经营的影响，卢医生心里也没有底，只能走一步看一步。

04
症结所在

其实，身为宠物医院的院长，卢医生深知行业的症结所在。

对于收费乱象，尤其是检测费用问题，卢医生认为，原因既有行业端的弊病，也有宠物医院经营的特殊性。

第一，行业端。

前几年的资本扩张期，行业集中度提升，逐步规范化的同时，也造成了良莠不齐的现象。

尤其是在资本布局宠物医院的前些年，资本组局收购宠物医院，会和院长签对赌协议，即制定营收目标。这些业绩压力，会转移给一线的员工。在信息不对等的医疗行业，部分医生会要求宠物主人进行一些不必要的检测，或者兜售昂贵的药物，来达成业绩要求。

这的确会短时间内提振业绩表现，但也会影响行业口碑。

第二，专业性。

宠物不像人，不会描述症状，自然需要通过设备检测来判断病情。同时，宠物越来越多地在现代人的生活中扮演“家人”的角色，因此医生会更加审慎地做出医疗决策，自然需要更多的检测，来确定病情、对症下药。

此外，宠物医院大多属于民营机构，宠物看病不会纳入医保范围，且大多数宠物主人不会给宠物买医疗保险，费用自然由个人承担。

第三，经营性。

一台进口彩超设备，价格超过 30 万元，再高端一点的，价格就到 100 万元以上了，约等于一台宝马 7 系汽车的价格。

而宠物医院是民营行业，必然会将机器的折旧成本，算入医疗检测费用之中。此外，宠物医疗设备的使用率并不高，进一步推高了单次检测费用。

至于宠物医疗设备使用率低的原因，卢医生梳理了 4 点。

1. 客流量是最主要的原因

前期选址、线上引流能否吸引足够的新客户，医生的技术能否转化更多忠实的老客户，这是影响客流量的关键。

卢医生有一个优点，那就是与时俱进。在运营管理方面，他尤其注重学习和思考。除了“高档小区”的选址策略，卢医生还有一套“线上 + 线下”的引流打法。

在线上引流方面，卢医生主要围绕搜索广告、信息流、自媒体及社交平台进行推广，并根据预约数和实际到店数，优化广告投放，以及引入客服支持团队，从预约到到店全流程，持续跟进和引导，最终完成线下转化。

在线下转化环节，卢医生拆解了 6 步。

①门店引流：给客户一个舒适、舒服的第一印象。

②免费体验：初期设计一些免费的项目，让客户来免费体验，并针对大多数人贪小便宜的心理，给出一些有价值的项目。

③福利赠送：初期设置到店福利，后期设定会员优惠、会员折扣和会员专享等福利。

④买赠优惠：每月推出商品促销活动，每季度策划医疗套餐活动等。

⑤线上支持：针对线上的问题咨询，客服作出免费专业的解答，再引流到线下。

⑥线上抵用券、优惠券：提高到店率，捆绑式销售，提升销售额。

2. 医生技术问题

《2019 中国宠物医院发展报告》显示，我国宠物医院从业人员学历在专科及以下的占 61.6%，本科占 31.2%，硕士则占 7.2%。从年龄来看，从业者以年轻人为主，工作年限在 1~5 年的占比达 52.9%，而有 10 年以上工作经验的仅占 20%。

根据相关规定，宠物诊疗机构（医院）需要有至少 1 位执业兽医师，而有开腔手术项目的宠物诊疗机构，需要至少 3 位执业兽医师。相较于不断增长的宠物医院规模，执业兽医师的人才规模难以跟上。

卢医生解释道，从动物医学专业毕业，愿意持续做宠物临床（而非猪羊牛等家畜临床），再拿到这个证的人的占比，不到 10%。部分宠物医院便会走灰色地带，通过租赁执业兽医师证，来达到开医院的许可标准，这不仅造成了设备利用率低，也是宠物医疗负面事件频发的原因。

3. 客户的消费观念

在固有的认知中，不少宠物主人认为，宠物生病，打针吃药就可以了，不需要像人看病一样，做各种检测。

4. 医院规模情况

有一定规模的医院设备也多，不可能面对每个病例，都把所有的设备用一遍，但所有设备都有折旧成本，这些成本都会折算进客户的“账单”。

此前，某些宠物医院为推广设备的使用，将设备使用率作为医生的KPI，但后来被很多客户质疑是恶意推销。

卢医生认为，提升设备使用率的关键在于病例量、需求量，如果宠物医生有足够的经验，以及良好的沟通能力，设备使用率不会太低。

05
独一份的生意经

在宠物医院摸爬滚打多年，卢医生自然希望自家生意越做越大。他也积累了独一份的生意经。

卢医生相信，任何生意，要扩张，做成连锁，靠的不是最强的优势，而是没有明显的“短板”。

作为完整经历过宠物医院各个成长时期的从业者，卢医生认为宠物医院已经从拼技术的保守期、拼规模的资本期，进入了向服务的转型期。

对于卢医生和他的团队而言，沟通无疑是服务的重要环节，90% 的医闹或负面评价，都是沟通问题造成的，而 90% 的沟通问题都源于没有让客户做好心理预期。

在卢医生的从业经历中，有两次医闹事件，他印象最为深刻。

事件一：药物事故

一天，一位宠物主人带一只猫来医院问诊。卢医生检测出来，猫是简单的真菌感染，便开了药让宠物主人按时给猫服用。

但宠物主人带猫回家后，没几天，猫就死了。宠物主人便到医院来闹。卢医生和药厂联系，向宠物主人说明剂量绝对安全，并协商解决问题，宠物主人一概拒绝，就是要求赔偿 2 万元。

因为当时国内并未有相关法律承认的专为小动物（宠物）做尸检的部门，因此无法用有公信力的尸检报告来明晰责任。后来经过协调，宠物主人同意药厂赔偿 2000 元的解决方案。

事件二：拒绝检测

一次，一位宠物主人带一只狗来检测，医院初步判定狗的心脏有问题，想进一步检查时，宠物主人却拒绝了，并且把狗带回了家。

回家后，狗开始咳嗽，宠物主人便拿小孩服用的消炎药给狗吃，狗的病情就越拖越严重，最后呼吸都困难了。

宠物主人实在没办法，又带到医院来看病，卢医生再次建议做检查，宠物主人还是一口回绝，让医生开个药拿回去给狗吃。医生没办法，就给狗打了消炎针。狗的病情有所缓和，医生便给了药和医嘱，让宠物主人回去按时喂药。

但宠物主人表示，自己不会给狗喂药，护士就演示了一遍喂药过程。

这一喂，就坏事儿了。临近观察期结束时，狗突然不行了，四肢僵硬，医生立马展开抢救，但是没救过来。这件事其实超出了医院的能力范围，毕竟心脏病发作往往是突发事件。

然而，宠物主人却一口咬定，狗是被护士喂药喂死的，连续几天来医院闹，这件事开始在媒体上发酵。

或许，当“盈利”和“医疗”联系在一起，就会产生很多社会问题，以及误解。面对医闹事件，卢医生和他的团队深知必须拿出一百二十分的耐心，方能解决问题。

06
来得轰轰烈烈

尽管卢医生开宠物医院在许多外人眼里看来是稳赚不赔的好生意，但只有卢医生自己知道他面对的竞争压力有多大。

这一次，资本的狼来了，而且来得轰轰烈烈。

除了对内打好“技术 + 服务”牌，对外，卢医生也要面对资本加持的价格战。

作为行业老大，瑞鹏（新瑞鹏前身）于 1998 年在华南市场开出第一家医院，即深圳华南总院，2016 年瑞鹏通过并购组成了瑞鹏医疗集团，并挂牌新三板。

2018 年，瑞鹏医疗集团停止挂牌，与高瓴资本达成合作。除了未被披露的融资款，高瓴资本还带来其所投资的 700 多家宠物医院，与瑞鹏旗下 450 多家宠物医院整合，实现多品牌矩阵的布局。

2019 年，“新瑞鹏集团”成立，并向着产业链上下游延伸，分别成立润合供应链集团、铎瑞教育集团。

表 2-4　新瑞鹏融资历史

时间	融资轮次	融资金额	投资方	投后估值
2014 年 1 月	首轮增资	未披露	个人投资	1.1 亿元
2015 年 12 月	A 轮	未披露	达晨财智	—
2017 年 3 月	定向增发	5600 万元	融汇资本、厚生资本	11.7 亿元
2018 年 8 月	战略投资	未披露	高瓴资本	—
2020 年 8 月	股权融资	未披露	融汇资本、中金公司、宠颐生	—
2020 年 9 月	战略融资	数亿美元	腾讯投资、勃林格殷格翰、碧桂园创投、雪湖资本、奥博资本、Aspex Managemant、清池资本	估值近 300 亿元

注：资料来源于腾讯网等。

在经营模式上，新瑞鹏走“1+P+C”模式。“1”代表的是中心医院，吸纳整个城市和周边重大病例；“P”是专科医院，包含眼科、骨科等特色专科医院，主打细分市场；“C”是规模较小的社区医院，满足周边3公里范围内的普通看病需求。

目前，新瑞鹏旗下拥有1600多家分院、14000多名员工，年服务客户数量达到600多万，并准备赴港或赴美，冲刺IPO。

好的资本故事，需要好的规模，于是新瑞鹏同构上下游整合，压缩成本，同时集团多区域、多业务营收。

在东莞的卢医生，无法避免与新瑞鹏的直面竞争。尤其需要面对的是在免疫、体检、驱虫和绝育四大刚需引流项目上新瑞鹏的强势发力。

比如在绝育项目上，卢医生认为把价格控制在700元已经是极限了。新瑞鹏一来，直接把价格杀到了200元，这个生意直接从现金流，变成了亏损流。

“价格会越来越透明”，卢医生坦言，“没有技术和专业沉淀，又没有雄厚的资本，注定是夹缝中求生存，在东莞，月流水能做到20来万元的品牌，一只手就数得过来”。

面对竞争，卢医生表示，他跟新瑞鹏无法拼价格，只能回到自己的优势上——“技术（如设备齐全）+专业（医生团队专业）”，做好5公里内的生意，用服务提高客户黏性。

由于医生团队既是股东，也是学生，卢医生能最大程度地控制人力成本。目前，人员工资成本占比控制在25%。而从全国市场来看，宠物医院成本支出占比中，人员薪酬占比已超过一半，35.4%的宠物医院盈利在10%以下。

对比2020年2月和2021年8月的统计数据，全国宠物医院数量正在减少，新冠疫情、资本价格战等因素，正在推动行业集中度提升。

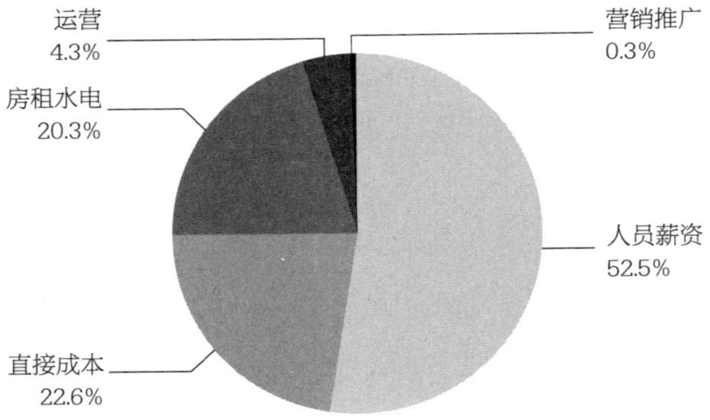

2021 年全国宠物医院成本支出占比

注：数据来源于行业报告。

07
三个问题

“对于技术人员，或者职业经理人创业，你会给出什么建议？”

“我会先问三个问题。第一，我会问他是否选对了行业；第二，问他是否做好了应对一切困局的心理准备，是否拟定好了目标、调整好了心态；第三，生意的高门槛，不代表高枕无忧，我会问他是否能在不断提升技术与服务的同时，永远把服务放在前头。”

一路走来，回看宠物医疗行业的不断迭代，从做技术，到做经营，虽然还是同一个行业，但对从业者的考验绝不可同日而语。

同样地，对于每一位创业者而言，不确定性永远是常态。

美睫店：
找准客群，差异打法，她的生意步步为“赢”

小糖经营好 3 家美睫店看似轻轻松松，实则步步为营。每一步都是经过细致思考得出的最佳结果。

01
映入眼帘

有这样一个互联网上流传的梗：当你审视一个男人，你往往先看到他的眼镜；当你审视一个女人，最先映入眼帘的往往是她纤长美丽的睫毛。

如今，放眼大街小巷，美甲美睫店如同雨后春笋般层出不穷。美甲店其实早已不新鲜了，而美睫店近年来可以说是越来越火热。

我们今天故事的主人公小糖正是一位美睫店店主。如今她的美睫店稳赚不赔，她究竟是如何做到在非一线城市凭借高端服务赢得众多中高端客户的青睐的呢？让我们一起解析小糖的生意经。

小糖是在新冠疫情出现之后开始创业的。2020 年初，她开了她的第一家美睫店，到目前为止，她已经有了 3 家店，每家店年利润在 50 万元左右。创业前小糖混得没老公好，创业后只能是老公混得没她好了。

为什么会选择开美睫店？这背后是一个新手妈妈的逆袭故事。

小糖毕业于211高校，毕业后在大公司做财务工作。结婚之后她在家休息了一段时间，做起了家庭主妇。从小学霸体质的小糖，在家也没闲着，开始疯狂学习，考了MBA，又学了日语（这个技能在之后的开店过程中派上了大用场）。

做了几年家庭主妇后，小糖决定重出江湖。因为她自己经常去做美甲、美睫，审美品位很好，于是她准备开一家定位高端的美睫店。

美甲美睫这种跟“美业”有关的服务，一般都是从美业最卷的国家——日本传过来的。在美业非常发达的城市——上海，很多高端理发店的Tony老师，都得去日本进修一趟，才能回来吹牛、把自己的技术卖个好价钱。

女性自己在家就能搞定的，是贴假睫毛。但贴假睫毛每天都要卸，比不上去店里种睫毛，持久美丽，而且更加逼真，也更加方便。

当然，美睫也有淡旺季。

旺季就是节假日。谁不想在假期里保持美丽呢？

国庆节前两周、春节前一个月，美睫店生意是最好的，非常火爆，根本忙不过来，而且客户要提前预约才能排上，这几百元还不是你想花就能花出去的。又因为做一次美睫能保持一个月左右，所以春节前一个月，小糖的单店利润就超过了15万元。

淡季则是没什么节假日的月份，比如国庆节过后，到圣诞节、元旦之间的两个月，没什么假期，生意就比较一般了。

02
天龙八部

2019年，小糖选定了店铺，从11月开始装修，原本是准备次年1月开业的。然后大家都知道，新冠疫情暴发了，于是她直到2020年4月中旬才开业。

到现在为止，小糖一共开了3家店。

为什么在开局不利的情况下，小糖的店还能经营得下去呢？接下来咱们一家家来说。

先来说说小糖第一家门店的基本情况——定位高端美睫，客单价为四五百元。

小糖开的第一家店，选址在核心商圈的核心地带。店铺位于商住一体的写字楼里，所以租金不高。如果是街边店，50 平方米左右的面积房租至少要上万元。

新冠疫情严重的时候，小糖连装修工人都找不到。不过小糖的老公 2014 年开火锅店破产，在那段创业经历中学会了自己做水电、做木工。虽然店倒闭了，却学会了一点点手艺。

于是，店铺刷墙都是小糖和她老公两个人来完成的。一开始夫妻双双把墙刷，他们还觉得浪费了两人的时间，但是新冠疫情的那段时间，他俩有大把的时间，反而省了一部分人工成本。

比起一般的美睫店，小糖的店拥有独特的优势。

首先是技术。小糖专门到上海的一家专业日式美睫店学习，这个店特地请了来自日本的老师，小糖就是跟她学美睫技术的。

其次是材料。小糖拥有独特的货源。小糖用的睫毛是日本品牌的产品，价格是国产品牌的好几倍，更加柔软，舒适度更高，仿真度也更高，效果比较自然。我们之前说了，小糖学了日语，产品是她自己去和日本经销商沟通、进货的，国内是没有货源的。现在市场上，大多是山东产的睫毛，20~80 元 / 盒，而日本睫毛 180~240 元 / 盒。她说有很多竞争对手来她家打探货源，假装是客户，来偷拍。但是他们拿不到货源，所以只能学点皮毛。

最后是体验和服务。小糖专门升级了这方面。店铺采用日式装修风格，非常注重仪式感和体验感。小糖在西南某个城市，在这里，做这个行当的人，大部分是学历比较低的。这些人或许技术还可以，但对细节并没有那么注重，比如门店的卫生、客户进店时的问候招待、操作时的消毒之类的。

而学霸体质的小糖，相当于对这个行业形成了降维打击，客户到别的店只是完成嫁接睫毛，但到小糖的店里能获得一种身心的放松和美的体验。

小糖对全部的流程都做了规范化。

第一，客户进店的时候，店员去门口迎接，问候、寒暄，然后拿起一双一次性拖鞋，半跪下来给客户换上，然后帮客户把大衣、包包都存放好。

第二，嫁接睫毛之前，店员详细询问客户的偏好、日常的妆容，比如喜欢浓妆还是淡妆，喜欢偏自然还是稍微夸张一点的风格。有些客户其实不太了解适合自己的款，那店员就需要在了解客户的喜好之后，根据客户的眼型，帮客户选定适合的款式。

第三，操作的时候所有的一次性用品，比如一次性床垫、枕套，店员都要当场给客户打开，让客户亲眼看到清洁和消毒的过程，从而更加放心。

第四，美睫师穿的是统一的带日式元素的工作服，操作过程中，动作很轻柔。包括说话的声音、在每个操作环节的询问语，都是培训过的。

第五，天冷的时候，操作前美睫师还要先用热水温手，不能用冰凉的手触碰客户的面部，以防引起不舒适感。

第六，店里提供红枣茶、银耳粥、小甜点、水果、进口饼干零食，因为做美睫的时间通常要一个半到两小时，客户做完可能会有点饿，因此，店里提供一些小食品，会让客户觉得很贴心。

第七，嫁接完睫毛之后，店员会做满意度调查，并承诺 7 天内的修补售后服务。店员添加客户的微信，把后续保养、注意事项发给客户，也方便做后续的朋友圈、私域运营，提升复购率。

第八，客户做完美睫离开的时候，店员要把客户送到电梯口，帮忙按电梯，微笑道别，稳稳拿捏住最后一刻的客户体验。

作为这本书的作者，我认为这样一套操作规范简直是近乎天龙八部的“武功秘籍”，非常值得大家学习借鉴。

小糖说，在北京、上海等大城市或者沿海地区，上述这些都是人们习以为常的操作。而在她所处的那个西南城市，店员的服务意识没那么强，因此这些操作是比较少见的，很多美睫店对待客户都是比较随意的。有的时候连操作工具也不会每次都清洁，流程很粗糙。这些店里往往是比较吵闹的，音乐、电视剧声音放得很大。

这或许正应了那句话——没有对比就没有伤害。

然而，万事开头难，该怎么启动引流呢？一开始，小糖的办法是在大众点评做霸王餐、做推广引流。等老客户稳定之后，就不需要再花钱买流量了。

就这样，从 2020 年 4 月开店，过了半年，到 10 月份，小糖就不亲自为客户做美睫了，而是雇了两个店员完成美睫项目的操作。她自己解放了双手，做经营管理，筹备开第二家店。

第一家店开得很好，但也面临一个问题，即店面比较小，只能放两张美容床。美睫是一个精细的手艺活，服务一个客户需要一个半到两个小时。也就是说她的两个员工一天最多只能接待 8 个客户，再有客户就得预约别的日期了，于是每个月营业额很快就到了上限，有五六万元，一年的营收在 60 万元左右。

于是，小糖选择了扩张，开第二家、第三家店。

03
船小好调头

第二家门店说开就开。

2021 年初，小糖的第二家门店应运而生。然而这一次，门店定位稍微偏向中低端，客单价也就是和其他美睫店差不多的价格，在 200 元左右。

为了控制成本，小糖的第二家店是和一个做美甲的老板一起开的，店面 100 平方米，每人占 50 平方米，前期投入装修 10 万元左右，小糖和做美甲的老板两家分摊了装修成本，每家 5 万元。至于其他成本，则和第一家店差不多，雇了两个员工。

在同一家店里，一半做美甲，一半做美睫。这样做有一个好处，即可以互相导流。因为她们的客户差不多是同一个群体，都是比较爱美，愿意花钱、花时间、花心思做美容项目的女性。而且很多女性都喜欢和闺蜜、朋友一起做这些项目。但两个人可能想做的项目不一样，一个想做美甲，另一个想做美睫，所以她们更倾向于选这种综合型的店。

在选址方面，第一家店是在核心商圈，哪儿人多就往哪儿开。小糖当时还没有对她的客户群体做精准画像。而通过经营第一家店，她把她的客户群体圈定了。

所以第二家店，根据房价选址，她开在了新兴的中高端住宅区，周围有大量年轻的中等收入群体，选址定位更加精准。

既然小糖精准锁定了中高端客群，那么客单价又为什么定在200元左右呢？

这是因为，美睫是需要定期做的，频次大约是每月一次。第一家店客单价在四五百元，很多人不会长期稳定复购。小糖发现，客单价降低一半，可以稳定客户的复购率，以及增加几倍的新客流量。

所以，做了差异化的价格定位之后，虽然客单价相对低一些，但由于消费频次比第一家店翻了几倍，营收反而更高了，年营收大约为70万元。

稳定经营之后，小糖到上海考察学习期间，又看到了新的美睫项目——翘睫术。

嫁接睫毛，俗称种睫毛，是把假睫毛粘在客户自己的睫毛上。而翘睫术是让客户自己的睫毛变得更卷翘，是以前的烫睫毛、夹睫毛的效果升级版。

2021年下半年，小糖又筹备开起了第三家店。这次她打算专门做翘睫术。

第三家店主打的就是新兴的翘睫术，客单价依然在200元左右。选址在核心商圈的核心地带的商住楼里，和第一家店差不多。

但是，经营了一个月，小糖发现生意很差。后来，她找到了原因。

翘睫术俗称“妈生睫”，适合喜欢裸妆感的女性。所谓妈生睫，意思是“你妈妈把你生下来时你的睫毛就这么好看”。这种美丽，是为了让你看起来美得毫不费力，但是别人都不知道其实你背地里为了美非常努力，就像以前读书时的那种“伪学霸”。

然而，小糖所在的城市，消费者更喜欢那种浓密的、卷翘的、像一把扇子一样的睫毛，一定要让别人看出来自己花了钱，一定要看起来扑闪扑闪的。她们对于翘睫术这个新项目的接受度还比较低，花了几百元，睫毛只是看起来卷翘了一点，很多消费者还不能接受，感觉这钱花得不值。

这里就要说到流行趋势的辐射效应了，时尚潮流一般都是从大城市发起，逐步向小城市辐射，从东南沿海扩散到内陆地区。我小时候听过这样一种说法：在上海、广州流行的衣服，可能过两三年才能流行到北京、天津，过三五年才能流行到西北五省，那想要流行到县城可能就需要更长的时间。

现在的网络加速了流行趋势的扩散，但总体而言，还是有一个时间差存在的。所以，翘睫术在上海这些一线城市，都是才流行没多久，那么要流行到小糖所在的西南地区，肯定还需要一定的时间。尽管由于时尚潮流没跟上导致吃了亏，好在小糖的店船小好调头。小糖迅速调整，很快加上了之前嫁接睫毛的业务，恢复了业务量。

第三家店面积比前两家小一点，约 30 平方米，现在年营收在 40 万元左右。

04
美业迷思

在这个时代，颜值经济的发展带动着人们越来越多地为自己消费、为“美”消费。美发店、美容店、美甲店、美睫店等“美”店的涌现，正是对这一现象的诠释。

然而，开一家客单价好几百元的美睫店，相当于客单价几十分之一的成本其实可以忽略不计，那为什么小糖的 3 家店要做 3 种差异化的定位？

这其实是由于，小糖认为在主要业务稳定的基本盘上，可以做不同的新业务尝试。3 家店采取不同品牌、不同打法，一是为了抓住不同消费层级的客户，二是为了做细分、差异化，拓展不同的客户需求。就算最后没做起来，风险也在可控范围内。小糖表示，她还打算再开 2 家不同的店。

最后我们来说说员工管理。美睫这个行业的很多员工干着干着就出去开自己的店了。因此小糖店里的美睫师年龄都比较小，在 20 岁左右，比较老实听话。培训时间为半个月到两个月，小糖自己教她们技术、培养她们，这样她们能比较稳定地多干几年。

从打出店面差异化，到找准市场定位；从店面装修，到私域经营；从商业营销，到员工培训……小糖经营好 3 家美睫店看似轻轻松松，实则步步为营。每一步都是经过细致思考得出的最佳结果。

一路走来，小糖所具备的敏锐洞察力、精准判断力与果断执行力，都正是开好一家店所必需的能力。

高端布艺：君子爱财稳扎稳打，顺势而为深藏功名

时来独占鳌头，时变急流勇退。以退为进的八叔凭借独树一帜的洞察力，在追求财富的道路上步步为营，他的故事，值得我们传颂……

01 当八叔还是八弟

有这样一句老话，叫时势造英雄。这句永不过时的话中俨然蕴藏着某种真理。

改革开放后，为了缓解就业压力，国家在政策上放宽了对个体经济的限制，客观上促成了大批人员下海经商，逐渐形成下海经商潮。“下海”，这股在20世纪八九十年代蔚然成风的潮流，造就了无数人的事业变迁。

从此，人们不再只盯着“捧铁饭碗、拿死工资”，勇敢的创业者们在商场的风云变幻中抓住时代机遇，成为新中国改革开放后最早一批经商成功的人士，中国民营经济迎来了春天。

我们今天故事的主人公八叔也是其中一员。作为下海经商的弄潮儿，八

叔在改革开放之初就下海了，当时他只有 14 岁，也就是说，八叔当时还是八弟。初始时，八叔的小本生意小赚小赔了很多次，直到 20 世纪 80 年代末，他的生意才稍微有了起色。

在各种领域进行了尝试之后，八叔把生意聚集在了服装生产上。

八叔的发家地在广州，不得不说的是，改革开放后那里形成了一批服装批发市场。到了 20 世纪八九十年代，白马、沙河、十三行已经享誉全国。

八叔虽然并非市场营销专业出身，但凭借与生俱来的敏锐嗅觉，八叔觉得做生意就一定要做简单好控制的那种。

当时做服装生意的人普遍面临 SKU 越来越多、库存压力越来越大的问题。那么，怎样才能让自己的生意良性滚动起来呢？一方面要能够实现批量化生产，另一方面要尽可能保证高附加值和独特性。

八叔想到，如果给酒店提供员工服装，可以使用几套设计模板大批量生产衣服，订单也会很固定可控，于是他开始着手介入酒店员工服装的生产。

如果是普通的酒店，置办员工服装的预算可能不会很高。但如果是高档酒店，员工仪容仪表也会被纳入服务水平的评判标准中，因此酒店往往不会在工作服上面吝啬。加上随着改革开放后国际贸易与商务往来的增长，广州的高档酒店横空出世，于是，八叔就把目光放在了广州的一家正在筹备中的五星级酒店上。

然而，发掘这个赛道的机会只是第一步，更难的是和高端酒店搭上线、把路子跑通。

八叔最大的优点在于懂得谁是重要的人，并知晓怎样搞定关键人。他以自己最擅长的服装生意作为切口，通过朋友接触到了这家酒店的采购经理。通过提供定制服装，他不仅和这家酒店的采购经理搞好了关系，还打通了她周围的好闺蜜的关系，之后拿下酒店的单子，就成了顺理成章的事。

就在交付服装的时候，采购经理给八叔指了另外一条路，为他打开了新世界的大门。

除去酒店员工服装，当时酒店的装修采购也是由这位采购经理负责的，采购经理找到八叔，说，既然你做服装，那窗帘、沙发这些室内的布艺装饰是不是也能承包？

八叔一听，觉得这是个好机会，因为从工艺而言，服装要打更多的版型，还有设计方面的竞争；而室内布艺装饰只有尺寸上的差异，只要能拿下更优质的布料，会比服装生意更好做。

于是八叔当机立断向做室内布艺转型。

02
成功破圈

当时，国内还没有高端的窗帘品牌，市场上大多还是家用的普通窗帘。八叔通过聘请设计师、到国外采购布料，圆满地实现了这批窗帘的交付。与此同时，一个巨大的机遇来临了。

这家装上了八叔工厂生产的窗帘的高档酒店，机缘巧合地接待了重要人物，因此登上了报纸头条。在人物合影的背后，八叔生产的首批窗帘赫然在目。

看到这一消息的八叔，立马让员工把这期报纸买了 100 份，把这张图片剪了下来，开始与上海和北京的高档酒店的采购经理接洽。

那时，国内的差旅并不是随意通行的，需要审批或者公函。为了应对距离问题，八叔想到了一个好办法。

八叔把报纸上那张照片作为展示图片，随着一封封商务邀请函递送到了一批在建的五星级酒店的采购经理手中，请他们到广州参观他的公司并参加新品展示会。

面对这样的机会，这些采购经理自然不愿错过，纷纷赶往广州赴约。八叔也借此方式将自己的人际关系网拓展到了上海和北京。

03
第一次打击

就在生意蒸蒸日上、准备腾飞之时，八叔的高档酒店装潢生意遭遇了第一次打击。

在他刚刚将资金投入布料采购和生产时，一些五星级酒店在装修过程中出现了工程停滞，许多只支付了定金的单子短时间内没有进展。八叔的室内布艺业务线面临资金链断裂的风险。

在这次危机中，八叔遇到了他的第一位合伙人 A。这位合伙人 A 是八叔早年做服装生意时结识的，基于两人过硬的交情，合伙人 A 二话不说，给八叔投资了 10 万元，救了他的燃眉之急。

熟悉后来的经济走向的朋友肯定知道，在短暂的停滞后，商务往来迎来了新的爆发，五星级酒店的建设恢复了，八叔的生意也走向了正轨。但是合伙人 A 相较室内装修更看好老本行，希望回到服装生意中去，于是和八叔商议撤资。

当时八叔的项目刚有起色，还没办法一下子抽出这么多资金。于是他和这位合伙人 A 商议后决定，这 10 万元不按投资，而是按借款来算，参照银行利率分期归还。

在归还完欠款和利息、结束了第一段合伙关系之后，八叔之前在各大五星级酒店采购经理那里种下的种子，终于开始生根发芽，他逐渐接到了大量订单。

经过了一段时间的订单高速增长，八叔觉得有些力不从心，于是决定物色一位懂财务的合伙人，由他帮忙分担账款管理和出货工作，八叔则只须盯好工厂。

当时八叔找到了第二位决定他生意命运的合伙人 B。在调查的过程中八叔发现，这位合伙人的能力非常强，自身工作态度也非常积极，美中不足的是其家中财务状况有一些问题，但是八叔认为，他是他，家人是家人，于是八叔仍和这位合伙人建立了合作关系。

然而现实总是事与愿违，就在公司蒸蒸日上之时，合伙人那边出现了问题。

有一段时间，一家之前合作过的酒店，还没有付款就不断催促八叔交货，按他们之前合作的经验来看这是不合常理的。

八叔疑惑地去和酒店的人交涉，对方却说他们早就付了款。但是八叔完全没有接到通知。他飞快地冲到银行，一查发现账户中只剩下了 288 元，不是 288 万元，是 288 元。而那个项目的预付款，是当时他所承接的项目中订单款最大的一笔，足有 570 万元。

合伙人 B 卷了预付款，跑了。

以商品价格和居民收入比来衡量，1995 年的 1 万元价值大约是今天的 8 万～10 万元，这 570 万元就相当于大约 5000 万元（4560 万～5700 万元）。

04 活成了致富经

当然，我们的故事不会到此为止。

八叔凭借一己之力将原本可以荣登我做的“破产系列”故事之一的创业史“逆天改命”，活成了致富经。

当时八叔面临两个选择，一个是走法律程序，向逃到国外的合伙人 B 追款。但是这样做耗费大量精力也不一定追得回来钱不说，还必然在客户那里失信，没有客户敢和濒临破产的商户合作。

如果他选了这条路，必然会为“破产系列”提供素材。但他做了另一个选择：不追款，先交付。

八叔迅速去各个仓库盘了一下存货，大致算了一下，把存货清掉差不多能够补上货款。于是，他一头扎进了清库存的工作中。

也是在清库存的过程中，他观察到了高端豪宅市场正在崛起，催生了很多 C 端的室内布艺需求，于是八叔通过此前积累的人脉，打入了北京的豪宅圈子。

这类圈子普遍有这样的特点：喜欢办聚会，喜欢跟风攀比。于是，在服务了几位圈子里叫得出名字的大佬之后，八叔的名气逐渐打响了。

一边筹措资金保证生产，一边处理存货保障现金流，这场危机很快被八叔“渡劫”成功，存货清空，款项填平。

在这次事件之后，八叔也开辟了 C 端的生意，一边是五星级酒店的业务扩展，另一边是C端私人豪宅的装修生意，双线业务快速发展，在20世纪90年代中期，八叔成了业内名号响当当的高端布艺供应和生产商。

05 急流勇退

攻城易，守城难。八叔是如何保住财富的？

正当八叔的高端布艺生意蒸蒸日上的时候，他却在世纪之交选择了急流勇退。

在转型C端后，八叔发现生意开始变得难做了。为什么呢？问题主要出在竞争形态和库存压力两个方面。

在20世纪90年代初，高端布艺和高端装修是个新奇业态，但随后越来越多国际品牌进入了中国市场，国内的品牌也在逐渐崛起，竞争压力越来越大。想要获得更广阔的市场，就要有更独特、更具设计感的产品，满足个性化需求，这就导致了库存压力的加大。

之前做B端供应商的时候，一般流程是先确定样式，然后批量生产，库存压力没有那么大。但C端的生意需要满足各式各样的需求，提前备货。随着SKU越来越多，仓储的压力越来越大，每月仅房租成本就不菲，现金流也日渐紧张（八叔称，在他决定不干了之后，很多库存没有清出去，这么多年有亲戚朋友搬家、结婚，八叔就给他们送家居，到现在也没消耗完）。

以八叔在商场摸爬滚打多年的经验，他觉得这样的生意模式已经失去了效率，长此以往只会逐渐把自己套牢。在和很多C端客户，特别是和很多有钱人打交道之后，在那个信息不是非常透明的年代，他获得了一些很有价值的信息，并捕捉到了房产增值的趋势。

因为做高端装修，八叔观察高端住宅市场多年，对房价的涨幅很敏感。他看到越来越多人开始投资房产，于是2000年前后，他逐步缩小主营业务范围，抽出一部分资金投资房产。当时许多朋友并不看好他这个做法，在他们看来，八叔的生意蒸蒸日上，撤出资金放在房产中不会如放在生产流通中赚钱的。这个故事的后续发展想必各位读者已经心照不宣：我们的八叔，早早进入了幸福的退休生活。

06
传奇人生

在整个故事中，八叔每一步都踩得非常到位，才会有这样的结局。因为并不是所有人，在 2000 年左右就已经从零积累了几百上千万元，也不是所有人都能看到房产市场的机遇，并承认生意越来越不好做这个事实。

从八叔身上我们可以看到几个促使创业成功的关键点——

一是左右逢源。要懂得辨别关键人并有效地维护人际关系。其实八叔提到，他并不是有什么神一般的预测能力，他职业中很多的关键转折，都是被人提点后作出的抉择。比如当年从服装转行室内布艺，再如在国内房价起飞前置办固定资产。

二是潜心沉淀。一手经验是最牢靠的，它能够练就你对经营状况的敏锐度。八叔说，他没上过什么商学院，也不爱看什么成功学。他的商业经验，是自己 14 岁就进入社会一步步摸索出来的。赚赚赔赔近 10 年，他积累了很多人脉和经验，练就了对经营状况的敏感性，整整积淀 10 年，才有了后面的爆发。那些教你一两年财富逆袭身价暴涨的人，大多是要割你“韭菜”。

三是无论财富积累到何种地步，都要始终保持谦卑。当年，在生意已经做得很成功的时候，八叔也从来没有飘过。他把手头的流动资金拿去购买房产，自己却还住在老房子里，没有买车，没有消费奢侈品。甚至当年还有这样的传说，说有个人总是骑着三轮车去别墅，说的就是八叔。用八叔的话说，就是要把钱用在刀刃上。

八叔的一生是不亚于《阿甘正传》主人公阿甘的一生。八叔的一生也是跌宕起伏的一生。作为国内高端布艺品牌的先锋，八叔一度成为 B 端响当当的供应商。然而，时来独占鳌头，时变急流勇退。以退为进的八叔凭借独树一帜的洞察力，在追求财富的道路上稳扎稳打，他的故事，值得我们传颂……

八叔病危时，我们为他画的全家福画像

零食店：走在自己擅长的路上，就是身在最好的时代

查尔斯·狄更斯说过，这是最好的时代，也是最坏的时代。我相信，虽然任何一个时代都有其局限性，但进击的普通人永远都有机会。

01 不是传奇的传奇

“创业”这两个字仿佛离大多数普通人很远。普通人创业，还能打造出一个热销品牌，堪称不是传奇的传奇。今天要讲的就是这样一个不是传奇的传奇。这是一个普通人“打怪升级”，打造年销量过千万的零食品牌的传奇故事。

你或许会吐槽，在那个风起云涌的20世纪90年代，做什么都是可以赚钱的，现在你再试试，一定没那么容易。

可我想表达的是，要透过表象看到本质。每个时代有每个时代的机遇，不能说时代不同了就没有借鉴意义了。就像数学考试，你不能因为考试的题型变了，就说学习基础知识毫无价值。

我们今天故事的主人公小京，正是一位凭借自己的思考能力从底层飞上枝头变凤凰的“普通人”。32 岁的小京，拥有自己创立的零食品牌，2021 年 3 月拿到商标，2022 年半年销售额已经达到 1000 多万元，利润 100 多万元。他是怎么做到的呢？先来介绍一下他的商业模式。

简言之，小京注册了自己的商标之后，先找到代工厂生产一批零食，再包装上自己的品牌，通过参加线下展会结识了一批经销商，经销商们从他这里拿货去卖给超市、便利店等。

很多人可能会问，为什么经销商会进一个没有什么名气的品牌的货呢？这是因为零食这个行业，头部的品牌就那么几个，不是所有经销商都能拿得到大品牌的货，而且大品牌对于利润把控的话语权是绝对的。同样规格的一批货，经销商们卖小品牌的货带来的利润可以达到大品牌的 10 多倍。

同时，零食这个品类具有特殊性，每年都会有那么几种零食突然火了，谁也不知道为什么。经销商们要做的是什么？就是尽可能去物色多种类、多品牌的零食，以增加“中奖的概率”，所以经销商们也有需求去物色一些潜在的、可能卖得好的零食。这样一来，包装设计得好看一些，同时价格在一个合理的区间内，消费者购买的概率就会比较大。并且，很多时候消费者购买零食其实属于冲动消费，对不同品牌零食的差价并不是很敏感。

当然，小京的创业之路并不是一帆风顺的。他也经历了合伙创业、观念不和分道扬镳、同时打三份工来养家糊口、重新开始创业，以及注册品牌失败、一年多的心血付诸东流，等等。

02
难于上青天

下面我们一起来回顾小京的个人奋斗史。

小京在自己创业之前，在一家外企的糖果工厂实习、上班，后来做过外贸经理，有一定的零食行业从业经验。2018 年 5 月，小京辞掉了工作，和两个朋友一起在广东汕头创业，开了一家外贸公司。由于小京之前做外贸经理积累下的资源大多是线下渠道的客户，于是，小京主做线下生意，另外两个朋友主做线上生意。过了一段时间，小京发现，公司几乎所有的盈利都是他的资源带来的，但他自己的股份却是最少的。久而久之，他心里自然不平衡。

而后来发生的一件事，更成了小京退出合作的导火索。有一天，小京和他老婆去公司的时候，撞见了自己的一个合伙人和员工的不正当关系，这个合伙人是有家室的。

常言道，近朱者赤，近墨者黑。小京目睹了这桩丑闻，自然萌生了远离污泥浊水的想法。加上本来心里就因为股份的事不平衡，小京就觉得待不下去了，于是在 2018 年 8 月底退出了这个创业公司。

由于当初小京出的钱最少，小京在退出公司时并没有分到什么钱，基本是“净身出户”。并且，那段时间小京的老婆怀孕了，于是，小京就在自己创业的同时又找了一份工作和一份兼职来维持家庭生活。那段时间可以说非常辛苦。小京白天上班，午饭时间联系一下自己的客户，晚上还要照顾家庭，周末则去兼职当外语口语培训老师。就这样一直坚持到 2018 年 12 月，小京的孩子出生之后，他才辞掉了工作，全身心投入创业。

但这次创业并不是他现在做的零食品牌，且这次创业，竟然是死在了商标上。

原来，商标注册竟然是一件难于上青天的事情：两个字的常用字商标基本已经被注册完了，而且注册所需时间不确定，可能会拖半年多，甚至更久。

小京在提交注册商标申请之后，生产了一批零食参加线下展会。但是 2019 年 6 月，注册结果出来了，显示他注册的商标被驳回了，这个商标是不可使用的。也就是说，在商标审理的这几个月里，小京已经卖出去的零食对于他的品牌知名度提升而言，其实并没有任何帮助。

从 2019 年 6 月到 2020 年 9 月，也就是小京现在的品牌商标注册成功之前，他都没有商标可用。这对于做一个品牌而言是很痛苦的，所做的努力对于品牌口碑没有积累作用，而之后再注册的商标因为改了名字，所以客户并不认识。

因此，我在这里提醒一下，如果有朋友想要创业做品牌，务必先搞定商标的问题，不然很多努力都可能是徒劳的。

商标注册的标准很模糊，一些名字相近的商标可能就是注册不了，但是等你注册成功之后，你可能会发现其他人的商标名字都和自己的很像。

比如，小京的品牌叫作“××乐道”，他注册的时候，有人已经注册了“××乐”，导致小京的“××乐道”注册不了。好在这个“××乐”的商标所属的公司已经注销，小京经过“撤三”，也就是去申请撤销三年没有使用过的商标，才把自己的品牌注册成功。大家平时可能也听说过很多关于商标的纷争，比如郑渊洁、冰墩墩、谷爱凌，还有我在视频里提过的各式各样的“新百伦”等，更是有很多人专门做商标贩子。

之后，小京干脆一次性注册了几十个商标，直到 2020 年 9 月，小京的一个商标才初审通过了。随后，他准备了半年多的时间，到 2021 年 5 月，终于去上海参加了线下展会。展会上，他找到隔壁展位雇来的礼仪小姐，说给她十几包零食，让她在小京的展位拍几张照片发朋友圈。后来，他干脆改成谁来展位就送谁零食，于是来小京展位的人越来越多。参加这个展会的效果不错，成功吸引了一批客户来下单，慢慢地，小京的品牌就做起来了。

03
直播陷阱

我们的小京还踩过什么坑呢？那就是直播。2019 年，直播还没有现在这么泛滥。小京通过渠道联系到当时两大短视频平台上比较头部的主播给他带货，其中某音的主播坑位费是 6 万元，但那次直播“翻车”了，数据特别差。小京找的某音主播的中间人不愿意退钱，还跑路了。

某手的主播，坑位费是 4 万元，对方让小京备够价值 10 万元的货，说备少了不够卖。结果，那次直播只卖出去几千元的货，剩下的零食卖不出去，只好销毁。这里有人可能要问，剩下的零食不可以再卖吗？答案是卖不出去。

那个时候小京的销售能力有限，当时他一个月内所有种类的零食加起来也只能卖 10 多万元。而他备好的货又都是同一个种类的零食，所以根本卖不出去。并且经销商们对于食品的生产日期是很敏感的。小京为了筹备直播，提前准备好了大量零食，后来直播卖不出去，索赔也无果，这些零食的生产日期就越来越老，经销商们是不会再要的。

于是，我们的小京再也没有找过直播带货。他还向我们透露了一些直播行业的内幕——大家平时看到直播卖的东西很便宜，那这个便宜是怎么来的呢？很多大主播或者 MCN 机构，会自己根据配方表估算成本，然后要求供货商以这个价格供货给他们。这样一来，供货商赚不到钱，甚至会赔钱，卖得越多赔得越多。那怎么办？缩减成本。即生产一批直播特供的货给这些主播或者 MCN 机构。没办法，因为正常生产是赚不到钱的。所以小品牌找人来直播带货，要么就得赔本赚吆喝，要么就得昧着良心给产品“缩水”，不然是很难赚到钱的。

附记
做自己擅长的事

了解了零食品牌面临的一系列问题，以及小京一路走来踩过的坑，我们可以发现，不仅市场上的大热行业难做，许多不起眼的行业也各有各的难处。复杂又多样的大众群体构成了人人赖以生存的商业体系。所以，我们不能只看到聚光灯下的行业，很多不起眼的行业也有着独特的魅力与生意经。

如今，小京早已过了三十而立的年纪，走上了奔四的道路。在历经无数次的踩坑之后，他的零食品牌终于拿到了商标，并在 2022 年上半年，销售额达到 1000 多万元，利润达到 100 多万元。

之所以能够创造如今的辉煌，小京只做对了一件事情，那就是走自己擅长的路，做自己擅长的事。在做生意这件事上，每个人都有自己擅长的方向。小京从一开始就专攻线下，于是，展销会成为他开拓商机的主要战场。

当然，小京也在与时俱进，在赚到了第一桶金之后，他开始学习天猫旗舰店的运营管理。

时代的车轮滚滚向前。查尔斯·狄更斯说过，这是最好的时代，也是最坏的时代。我相信，虽然任何一个时代都有其局限性，但进击的普通人永远都有机会。

儿童乐园：入行快人一步，见顶功成身退

回顾阿凯的创业经历，时机在其中起到了关键的作用，敏锐的商业嗅觉使阿凯在整个行业还处在萌芽期时就早早入局，而当行业增长逐渐见顶，阿凯又早早地全身而退……

01 何处遛娃

周末遛娃去哪里？儿童乐园为家长们提供了一个新选项。近年来，各类儿童乐园出现在我们的生活中，有开在大商圈里的大型连锁品牌儿童乐园，在资本加持下从设计到服务都做到尽善尽美，客单价可以达到 300 元；也有开在社区里的小型儿童乐园，用体贴周到的服务维持住周边熟客，实现极高的复购率，客单价在 100 元以内。

孩子们的“吸金”能力有目共睹。那么，开儿童乐园是不是门好生意呢？

我的粉丝阿凯，是国内最早开办儿童乐园设备工厂的创业者之一，在积累了一定的资金后又亲自下场，投入儿童乐园的实际运营中。可以说阿凯

对儿童乐园的上下游都有极为深入的研究，今天我们就来讲一讲他的创业故事。

02
中国智造

阿凯在儿童乐园行业已经深耕了10余年。2009年以前，阿凯一直在佛山的一个大公司里做品质管理工作。当年他有个老上司（早几年已经出去创业了，在佛山卖高档家具）。有一天，阿凯在一个电商平台上接到一个奇怪的订单，客户需要定制一个阿凯从没见过的软体设施。阿凯去询问老上司如何回应客户，老上司试探性地开出一个天价，没想到客户立刻就接受了，迅速支付了定金，让阿凯打几个样板出来。老上司敏锐地觉察到这件事不简单，就顺藤摸瓜做了调研，发现这个设施的应用场景是儿童乐园，下单的上海公司只是一个代理，它的背后是日本大阪一家连锁儿童乐园企业。

老上司派人去日本大阪实地探访了一番，发现大阪的这套软体游乐设施并没有很高的技术壁垒，价格却异常昂贵。在国内，儿童乐园已经有20来年的历史，但是一直发展得不温不火，因为我国一直没有生产儿童乐园游乐设施的企业，儿童乐园的设备大多从外国进口，所以在我国开儿童乐园成本异常之高。而且当时居民家庭消费能力有限，这使得整个儿童乐园市场规模非常小。

老上司认为，如果自己办工厂做这个软体游乐设施，肯定会非常有成本优势，到时候可以把产品出口到海外，也可以供给国内儿童乐园的店主。当儿童乐园开店成本变低，产品需求会变大，整个飞轮就转动起来了。

发现了这个风口之后，老上司就想到了阿凯等几个上进小伙。那个时候阿凯所在的公司已经快要上市了，他过着很滋润的小日子，但是想到自己还年轻，也想干出一番事业，于是他还是辞掉了工作，和老上司一起凑了二三十万元，在佛山办起了一个小工厂。

03 踩中风口

最初他们在自己的小工厂里仿制，大家都不懂品牌、销售、渠道，只管制造，唯一的售卖方式就是在之前那个电商平台上接单，但是订单源源不断，很多买家慕名来他们的工厂参观、拿货。究其原因，第一，阿凯他们是第一批吃螃蟹的人，当时国内除了他们没有人做儿童乐园的设施；第二，他们踩中了一个风口。2004 年是中国商业地产的元年，我们所熟知的万达、龙湖、富力、凯德等都是在那个时候做大型购物中心起家的，建好的购物中心需要配套设施，于是电影院、餐饮店、超市、儿童乐园都开始爆发式增长。

在那一时期，婴儿的出生率也屡创新高，近 10 年保持在 1600 万上下，偶尔甚至能冲到 1800 万。经过近 10 年的经济高速发展，城市里已经聚集了相当一批收入可观的中等收入群体，他们有很强的意愿把钱花在下一代的教育、亲子活动上，从 20 世纪 90 年代开始进入中国的儿童乐园也在相当程度上教育了市场，所以阿凯入局的时候，行业处在红利期里。在卖设备两年之后，阿凯已经积累了相当雄厚的资金，想纵向拓展自己的业务，于是开了自己的直营店。

04 情感连接

阿凯非常看好儿童乐园的生意，他觉得如果儿童乐园的生意都不能做，那中国就没有可以做的生意了。儿童乐园堪称傻瓜式生意，前期多投入一点，然后运营一下就可以了，完全不涉及进货、研发什么的。而且在很多人看来，再穷也不能穷孩子。2010 年，阿凯在佛山、宜昌、清远、遵义等知名的二、三线城市相继开了店。为什么没有在一线城市开店？阿凯说，一线城市已经有具有资本力量的大品牌在崛起了，像永旺的莫莉幻想、万达的宝贝王，还有拿到投资的悠游堂，他们大多自己就是商业地产商，在场地、资金、人员等方面具有碾压性的优势。阿凯没有选择与它们战斗，而是退而求其次给巨头们供货。

在三线城市，试错成本更低。我们要明白，在三、四线城市里是不缺乏机会的，比如遵义，开一家店，周围 5 公里的距离内能覆盖大约 40 万人，乘以 2‰的婴儿出生率，再乘以 8 个年龄段，客户群有 36000 人，是足够支撑店铺发展的。在三线城市开一家店，面积大约为 600 平方米，租金押一付三（48000 元 / 月 ×4），人员 6 人（3000 元 / 月 ×6），水电费、物业费 7000 元 / 月，装修 30 万元，设备投入 80 万元，算下来开一个店需要准备 200 万元左右的资金。

在同行竞相开店的过程中，阿凯最需要解决的就是同质化问题，为此，阿凯想了很多办法：第一，在收费上和同行采取田忌赛马的策略，比如同行的入场门票很贵，那他的入场门票价格就定得低一些，主要靠儿童乐园里需要二次消费的儿童电玩、儿童玩具来盈利；第二，引进一些受小孩子喜爱的 IP，像熊出没、小飞侠等；第三，培训服务人员的服务态度，儿童乐园做的主要还是熟人的生意，所以用户黏性一定要高，服务需要很到位——阿凯要求他们店的员工能叫出大部分熟客孩子的名字，了解孩子有什么兴趣爱好，甚至连某个孩子平常是爸爸妈妈还是爷爷奶奶带来的都要记得，而店员也都有相应的名字，像桃子姐姐、苹果姐姐等。孩子会很认姐姐，姐姐也会非常照顾孩子，如果孩子流鼻涕了姐姐会第一时间帮孩子处理。当和孩子产生了情感连接，一些员工就会说：“小朋友，我们店里周末有一个活动，你会答应姐姐来店里和姐姐一起参加吗？”然后拉勾勾做约定。这样，周末的时候孩子往往起得比爸爸妈妈还早，兴致勃勃地就要去儿童乐园玩。经过一段时间的陪伴和照顾，小孩子会非常忠诚于某一个儿童乐园。

05
众矢之的

但是，因为儿童乐园服务的对象是小孩子，所以店员的行为要格外小心。时不时会发生两个小朋友争抢同一个玩具的情况。小孩子在店里打起来了，双方家长也在店外大打出手的情况时有发生。如果小孩子在你店里磕了碰了，身上青了紫了，家长也会来闹。更为重要的是，一定要做好对招聘人员的背景审核和监督工作。

阿凯介绍了一个案例。两三年前，一个投资人在县城投资开了一家儿童乐园，这个儿童乐园面积非常大，有2000平方米，所以需要雇用的场内工作人员相对而言也很多。但是儿童乐园是一个淡旺季极为明显的生意，寒暑假和周末节假日贡献了绝大部分的收入。这个店主就想了一个投机取巧的方法——固定雇的人刚好能维持平日的需求，到节假日就聘请一些临时工，聘请的临时工主要是社会上的青年。他们当时招来了一个小伙子，这个小伙子给人的感觉是非常老实、肯干事。然而后来的某一天，一位母亲发现自己女儿不停地哭，她觉得不对劲，要求店里调了监控，这才发现自己的女儿被那个小伙子欺负了。她当即大发雷霆，而店长并没有及时做好安抚、沟通工作。这位母亲报了警，也拿到了监控视频并发布了出去，这个视频一下子就在当地传开了，大家的情绪一下子就被点燃了，这个店成了众矢之的，很快就被迫关门停业，几乎是在一夜之间就倒闭了。

所以，任何和儿童有关的事情都马虎不得。

06
恶性竞争

阿凯在早期开店的时候非常注重选址问题。儿童乐园其实在诸多个人投资领域里算是需要较大资金体量的种类，对资金的回笼和资金链的弹性都提出了很高的要求。根据阿凯的经验，如果经过估算，一家店铺在一年之内没有办法通过办卡、卖门票、二次消费等渠道回笼全部资金，他是绝对不会投资的。那些和别人争抢客流的店铺回笼资金的速度会更慢，更容易遭到市场淘汰。

之所以对选址十分慎重，还要从阿凯目睹的一个“狗血”故事给他留下的心理阴影说起。在一个没有排他协议的购物中心，A 先开了一家儿童乐园，生意一直非常红火。B 看到这个情况非常眼红，在 A 对门也开了一家儿童乐园，在开业的时候做了各种促销，就把 A 的客人分流走了好多。A 看到自己收入锐减很不乐意，于是打消防电话举报 B 的儿童乐园存在消防隐患。消防接到举报是必须出警的，而儿童乐园的消防非常复杂，对消防管道、消防喷淋、独立的消防通道、安全逃生距离等都有要求，所以几乎是一查一个准，查了就会罚款，还留存了记录。

后来，A 隔三差五就举报 B 的店，B 慢慢就回过味来了。B 察觉了自己的店一直是被 A 举报的，他火冒三丈，决定报复回去，于是也打消防举报电话，举报 A 的店。两家店天天互相举报对门的店有问题，最后两家店就都被消防以项目消防不合规为由要求停业整顿，两家店都开不下去倒闭了。

通过这个例子，我们也能看出，此时的儿童乐园生意已经逐渐从蓝海转变为红海，竞争变得异常激烈了。

07
急流勇退

到 2018 年，阿凯已经开了近百家店，营收做到了 6000 多万元，但在这一年他急流勇退，关掉了所有的直营店，因为在这个时候，阿凯判断整个行业的红利期即将过去，市场接近饱和了，国家也对商业地产进行了宏观调控。在新冠疫情之后，人们的购物习惯已经发生了转变，去商圈消费的人会越来越少，越来越多的商圈空铺率达到了 20%，甚至 30%，这对儿童乐园的客流影响是巨大的。

现在，儿童乐园市场中，一线城市的品牌更多是有资本加持的大品牌。比如 meland，它能够把客单价做到 200 元，这在过去是不可想象的。meland 的出现对这个行业而言是一种颠覆，过去大家都是按照工装的质量来装修，按照 500 元 / 平方米的标准，但是 meland 把家装的标准带到了这个行业，他们每平方米的装修成本为 6000 元起步，融入了更多美学上对色彩、场景的追求，一家店的投资成本非常高，回本周期相当长。

08
差异发展

如今，没有资本和光环加持的普通人想开店，更须追求“小而美”，要找到特殊的场景，而不能扎堆进商场。阿凯说，如今做得好的几个儿童乐园，都巧妙地开在了敬老院旁边，当子女带着孩子去看老人的时候，孩子需要有一个玩乐的地方，或者老人需要有一个可以陪孙子孙女度过一段时光的地方。这种小而美的需求会逐渐成为一个大趋势。

在新冠疫情之后，家长会更加慎重地选择儿童乐园，办长期卡的意愿减弱了很多，健身房、教培机构频繁跑路也搞“臭”了办卡消费这种盈利模式，而且随着各地都在打造绿色城市、空气质量好转，家长更期待孩子去户外健康活动，儿童乐园终究是一个密闭空间，缺乏娱乐上的延展性。

目前阿凯已经完全撤出了 ToC 的业务，专注于供应设备。这些年海外的生意也在不断变好，印度、迪拜、新西兰都是他的主要市场。

回顾阿凯的创业经历，我们会发现，时机在其中起到了关键的作用，敏锐的商业嗅觉使阿凯在整个行业还处在萌芽期时就早早入局，而当行业增长逐渐见顶，阿凯又早早地全身而退。想要做到这些，不仅需要过人的胆识，更需要对所处的行业有长期的经验积累和观察评估，而这也正是每一个创业者的创业必修课。

童装：
磨合调试、蓄势待发，“痴心熬尽”迎来机遇

做生意，很多时候讲究的是蓄势待发，要看谁熬得久。能熬下去，才有可能等到商机爆发的那一天。

01
吸金能力

中国服装行业普遍“内卷”。作为一个高毛利的品类，服装赛道早已拥挤不堪，充斥着各路选手。童装市场细分赛道还未形成，而“吞金兽”的吸金能力已促使越来越多的企业试水童装业务，试图分食服装行业的最后一块蛋糕。

我们今天故事的主人公叫小玟，从金融专业毕业后相继在基金公司、私募公司就职。经过几年高薪工作的积累，小玟手头存了些钱，在经历2016年的行业震荡后，她辞职准备创业。

02
不谋而合

当时，小玟留学时期认识的一位服装设计师出身、家里开服装厂的同学

正想创立自己的服装品牌，于是二人不谋而合，决定合伙。

经过一番调研，她们看中了童装这一细分市场，并且采用了“买手订货模式”，定位为中高端童装。

为什么是中高端童装？原因有二。

其一，上文提到过，童装市场细分赛道还未形成。童装市场缺少专注于这一领域的品牌，我们看到的童装大多是成人服装品牌在儿童领域的副线。比如，国内童装行业市占率最高的品牌巴拉巴拉，就是国产服饰企业森马旗下的品牌。

其二，在20世纪八九十年代，小孩子的“新衣服”往往是亲朋好友家孩子那些穿不下的旧衣服。但随着消费水平的提高，对于差异化童装的需求一定会呈增长态势，小玟判断，中高端童装市场有机可乘。

那么，为什么是买手订货模式呢？

买手订货模式在成人时尚服饰领域并不新鲜：买手们的订货渠道以大型品牌展会、showroom为主。比如，在上海时装周期间，很多品牌会集中展览，品牌设计师或相关人员会在现场为买手介绍产品，包括品牌理念、服装材质等相关信息。

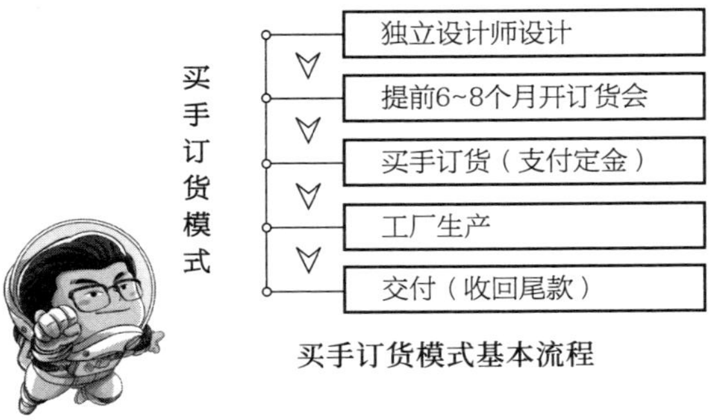

买手订货模式基本流程

目前买手订货模式尚未在童装领域铺开，大多数童装店还是采用原始的服装批发模式。虽然采用这种模式有风险，但是对小玟来说，还是值得尝试的，因为在这种模式下，库存压力小，市场反响快，并且还可以针对爆款迅速补货。这样的模式，给新手创业带来的资金压力小了很多。

03
“水火不容”

2017 年 5—6 月，小玟与朋友正式注册公司，前期投入了 300 万元左右，最主要的成本来源是房租、团队建设（包括设计师、设计师助理、跟单人员、PR 等人员配置）。在生意还没跑起来时，每月已经产生了大额的人员成本。此外，打样（备货）、渠道铺设（参展之类的活动）、拍摄等方面也需要资金投入。

创业第一年，生意并不顺利。一方面，国内童装领域买手订货模式还未成熟，前期的市场反馈并没有想象中那么热烈，大家对新品牌持观望的态度，需要靠小玟去拓客；另一方面，小玟和合伙人的磨合也出现了问题。

在创业初期，小玟的商业思维和合伙人的艺术思维产生了“水火不容”的冲突，各自的经营理念产生了许多大大小小的摩擦。在成本控制、订货和回款周期方面，她们也产生过一些分歧。

比如，她们做的一款 T 恤，如果使用普通面料来做，面料成本为 30~50元/米，加上人工费及其他成本，总成本大约是80元/米，零售价定为240元。但合伙人非要用一款进口的面料，价格大约为 130 元 / 英码（1 英码≈0.914 米），零售价还是定为 240 元，这样，卖这款 T 恤就无法赚到钱了。

遇到这种情况，高情商的小玟通常会理性劝阻，失败后就先按照合伙人说的做，等到真的亏损了，合伙人就会妥协了。

“刚开始彼此不了解，合伙时有争议很正常，如果能用可控范围内的损失，让双方都学会成长，那也是一种磨合的过程。”小玟如是说道。

2018 年，也就是创业的第一年，公司的整体营收只有 100 万元左右。对小玟而言，这一年可谓非常艰难的一年。

04
触底反弹

小玟并没有灰心，而是借鉴成人设计师品牌常走的路，开始前往国际时装周参展。也是在这个过程中，她认识了很多同去参展的国内买手。随着买手订货模式在童装领域逐渐铺开，小玟的生意终于在创业的第二年有了起色。

2019 年，小玟的整个生意开始被盘活了。

一方面，渠道不断被打通，参与订货会的买手越来越多；另一方面，小玟她们自己的设计和生产流程跑得更顺畅了。

在她们正想大干一场时，新冠疫情来了。2020 年的新冠疫情暴发在 1 月底，直接影响了夏秋订货会的举办。这一年，小玟的经营虽比较混乱，但对整年的影响并不大。

有了 2019 年的火爆，小玟她们相信新冠疫情只是短暂的影响因素，等疫情过去之后，营业状况还是能回到正轨的。

2021 年的情况，果真没有辜负她们的期待，营业水平很快恢复到了新冠疫情前的水平，甚至稳中有升。在这一年，她们的营收就达到了 800 万元，终于回本，且开始盈利。

在这一波增长中，小玟也遇到了供应链的问题。

小玟的合伙人家中虽然也有工厂，但当短期订单量过大时，也会对接一些外部的工厂协助生产。在 2021 年秋装的生产过程中，他们合作的一家针织工厂出现了问题，由于一直联系不到人，导致订单无法被正常交付给买手。后来，小玟多方辗转才得知，这个工厂因为老板负债，资金链已经出现了问题。于是小玟当即联系大货车司机，日夜兼程赶到这家工厂，把辅料运到了另一家工厂，然后通过安抚买手以及给出下次合作的大额优惠保证，总算把这个难关渡过了。

2023 年，因为买手订货模式的特性，小玟家春夏款的货基本已经交付，而 2022 年秋冬订货会的订单，在 2023 年 2 月就完成了。外地的工厂，虽然有一部分受到了新冠疫情的影响，但总体而言影响不大，因为风险在很大程度上已经提前被转嫁给了下游的买手和店铺。

有了 2021 年疫后营收反弹带来的信心，小玟她们相信，长期来看，她们的生意还是会朝着更好的方向发展的。

05
蓄势待发

小玟身边也有许多在服装行业创业的人，但大多都失败了。在她看来，那些创业失败的人多有这样或那样的问题。

第一，创业小白空有理想和憧憬，缺乏长期规划和财务成本意识。特别是财务成本意识，现金流怎么控、成本怎么控，对于能否长期经营至关重要。

第二，烧投资人的钱或玩票的那些人，根本没沉下心去做生意，或者本来就没准备做一个长期的品牌，这种人对于风险的抵抗能力是很差的。

第三，还有一类创业者确实好好做了，也找到了机会，但真正能够“出道即爆红”的人还是少数，很多创业者在创业初期，对于营业状况预估过好，对于回本周期要求过快，这种创业者是很难坚持下去的。做生意，很多时候讲究的是蓄势待发，要看谁熬得久。能熬下去，才有可能等到商机爆发的那一天。

贩卖打碟设备：小镇 DJ 自强不息，自学成才终致富

有人说，赚到第一桶金需要运气，但纵观杰森的故事，我们发现七分的运气无法抵消十二分的努力。还有三分，则是抓住风口、破釜沉舟的决心……

01
黄金时代

王小波写道：那一天我二十一岁，在我一生的黄金时代。我有好多奢望。我想爱，想吃，还想在一瞬间变成天上半明半暗的云。这句话对于今天故事的主人公杰森来说再恰当不过了。

杰森是一名创客，创业的创，客死他乡的客。刚刚结婚那几年，他先后开过奶茶店、蛋糕店，做过投票小程序，但是全都失败了，一共亏了 60 多万元。这些资金大部分来自家里的支持，还有他之前上班攒的钱。

更糟糕的是，连续创业失败，让他的家庭分崩离析。2021 年 3 月，刚过完年，杰森的老婆跟他离了婚，杰森自己带着一岁半的儿子生活。由于吃了没学历的亏，杰森找不到靠谱的工作，日子过得举步维艰，于是他的姐夫

就给他介绍了一份在老家的工作。

杰森的老家是江西宜春的一个县级城市，当地彼时非常流行一种娱乐活动——客户在 KTV 包房里消费酒水，KTV 有专人充当 DJ 角色，负责切歌、放曲助兴。说是 DJ，其实更像放歌员，不用懂很多技术，只要不停地放歌、切歌，然后加一些音效、旋律、节奏就可以了，一场的收入在 800~1000 元。杰森想，只要一个月干 10 天，就比之前上班的工资高多啦。

但入行后他才发现钱并没有那么好赚。因为当这个出场费被大家知道了以后，就冒出很多新人入局，杰森也是其中之一。这就导致僧多粥少，一个月下来他才上了 9 天班，远低于之前的预估。更绝的是，虽然当 DJ 赚不到钱，但是买 DJ 的设备却足足花了 1.5 万元，还是借的钱。

坚持了两个月都收入甚少，杰森想起之前看到过的一个视频，讲美国淘金热，说真正赚到钱的，除了最早的那一批去淘金的人，还有那帮卖淘金工具的人。于是他想，他能不能趁着入局还算早，去卖 DJ 设备赚钱？

说干就干。他立马研究了自己手上那台 DJ 打碟机，发现这个品牌的设备全球覆盖率非常高，处于垄断地位。而且制造商在中国没有工厂，它的代工厂只有两家，一家在日本，出货量很小且只供应日本本土；另一家在马来西亚，负责供应全球。

但由于当时半导体芯片短缺，加上当时马来西亚新冠疫情严重，导致经常停工，所以货源非常紧缺，国内在淘宝、京东卖打碟机的卖家也经常卖断货。

此外，杰森还发现，老家的客户都来自南昌。仅在 2021 年，南昌新开 KTV 就超过 50 家。这是一个非常可观的数字，且本地没有打碟设备供货商。显然，如果能直接在本地提供货源，那就是赚大钱的好机会。

所以，在观察了供应商情况以及市场之后，杰森感觉自己悟到了商机。杰森冥冥之中有一种感觉，他觉得，自己必将迎来一个黄金时代。

02
第一桶金来自二手经济

货源的问题要如何解决呢？杰森想起了泰国。2019 年他去泰国旅游过一次，看到泰国的酒吧文化特别发达，单芭堤雅一个城市，市中心的周围就全是酒吧，大大小小加起来就有 1 万多家。但是 2021 年 5 月，受到新冠疫情影响，泰国的旅游业非常萧条，大量酒吧倒闭。直觉告诉杰森，泰国应该会有大量闲置的二手 DJ 设备，还有很多新的设备也是卖不出去的。

于是他在 Facebook 的 DJ 小组里发帖“回收合适的二手 DJ 设备”，果然有很多人都留言要卖设备。杰森挑了几个在国内最好卖的型号和最赚钱的型号。比如有一个型号的设备当时在国内的二手价格是 1.2 万元人民币，但在泰国的价格在 5000~6000 元人民币。

杰森委托之前旅游时认识的泰国导游帮他上门收货，以及打包运回国内。现在想来，这个方式非常大胆且有风险，因为光拿钱不办事的也是大有人在的。一开始，他也没钱，只能收一两台设备运到国内，走的泰国 EMS 物流，花了 20 来天才收到货。两台设备上午刚到，下午就全卖出去了。就这样左手倒右手，有客户甚至下了长期订单，委托他有多少拿多少，这一波，杰森最终卖掉了 30 多台设备，一个月净赚 20 万元。

有了启动资金后，杰森就想着把生意做大。他瞄上了日本。一是这里有该品牌的代工厂，二是他听说这里的二手设备维护得比较好。他很幸运地在日本找到了一款比较老的型号的机子，全新的，在仓库堆放了 6 年。杰森以每台七八千元的价格收购，再以 1.5 万 ~2 万元的价格转手卖出。杰森又找到了一家专门做国际物流的转运公司，帮他做运输和清关服务。虽然税收比较高，但服务好，清关和货运速度很快，而且去掉了税费和运费之后一台还可以赚 6000 元左右，总共 300 多台设备，利润相当可观。这一波就是老天爷在上门送钱。

时间来到了 2021 年底，杰森开始从零售商转型成为批发商。因为他有一个发现：卖给散户的机子一旦出现问题，就需要找他售后。而那些拿货量大的客户从来不找他麻烦。只要当时当刻给他们的货没问题，就算后面有问题那也跟他无关了，这是业内默认的潜规则。而且对于打碟机这方面，虽然他也一直在学习硬件上的知识，但终归有一些技术问题无法解决。做批发商的话，就不存在这种售后问题了。

一旦决定做批发商，就得提高出货量，杰森就想成为正规军，成为这个品牌的正规代理商。

但是国内的代理费用相当高昂，至少 2000 万元，而且拿货跟爱 × 仕配货一样，得用 2000 万元一次性购买公司生产的杂七杂八、不好卖的产品。杰森又想到了泰国。没想到的是，这个品牌的泰国总代竟然是泰国皇室，只能花 40 万元成为二级代理商，不过还是相当划算的。所以杰森在 2022 年 2 月底拿着钱来到了泰国，成了正规的代理商。由于当时泰国受新冠疫情影响比较大，泰国别的商家、同行，根本就不订货了，只有他一个人在订，一入行就是泰国销量最高的代理商，拿到的货也是最好的。

03 绝非坐以待毙之人

2022 年，受国内新冠疫情影响，3 月份到 6 月份的时候杰森的生意变差了。但他没有干等着环境变好，又想出来了另一个方法。他在国内收购了大量的二手设备，然后把它们卖到欧美地区以及一些其他的国家，比如迪拜、卡塔尔、柬埔寨、老挝、越南、缅甸，卖回泰国也有，甚至还卖到了俄罗斯。至今杰森也不理解，为什么战争纷扰下的俄罗斯对这些设备的需求量那么大。

从杰森倒卖二手 DJ 设备到去年的六七月份，他一年的时间赚了 100 多万元。但是随着全球新冠疫情放开并恢复日常生活，他发现这个生意变得难做了，原因有以下几点：

第一，入局的人多，竞争压力变大；

第二，价格透明化，难以产生利差；

第三，准入门槛高，因为涉及囤货，一批货的成本达上百万元；

第四，头部聚集，形成了一定的行业垄断。

杰森说，国内头部的几个商家，基本上都是他的客户，别人想再分一杯羹会非常困难。

04
杰森的生意经

最后，总结一下杰森的几个成功要素。

首先，运气好，抓住时机，猛干。当客户要求杰森把货发到一些不太熟悉的国家，杰森哪怕心里没底，也愿意花心思去摸索，建立一套自己的发货SOP。多长的周期、走哪条路线、从哪个口岸进，他都会跟客户讲，然后慢慢地各地的生意就都做起来了。

其次，努力钻研。虽然文化程度不高，对外语一窍不通，但是为了做生意、卖货，杰森每天对着翻译软件一点一点学。现在的他哪怕不看电脑，也能背出很多个国家不同型号机子的采购价格。

再次，提供好服务，注重口碑和客户裂变。因为这个生意的圈子很小，都是以熟人介绍为主，杰森的服务好、价格公道，圈子里的人就愿意介绍熟人给他。

最后，小成本试错。当杰森赚到一点钱之后，曾经租了一个店面。他觉得这机器动不动就卖一两万元的，有个店面会显得高大上很多。但事实证明这就是在往水里扔钱，基本没几个人进店，买卖还是来源于线上。于是他及时止损，并且明白了千万不能做一些没有意义的事情。

这个故事讲到这里就结束了，让我们祝福杰森一切顺利！

有人说，赚到第一桶金需要运气，但纵观杰森的故事，我们发现七分的运气无法抵消十二分的努力。还有三分，则是抓住风口、破釜沉舟的决心……

共享自习室：
地段特点决定需求，稀缺供给就是价值

不是在春熙路开奶茶店就能赚到钱，而是在春熙路最早开奶茶店的，才能赚到钱。当供给变得不稀缺时，再好的产品和服务也失去了价值。

01
省了天大一笔

今天，我们要聊的话题和教育有关。

众所周知，全世界最“内卷”的基础教育，毋庸置疑就在亚洲。早在20 世纪 80 年代，“卷王”韩国就已经有和如今模式差不多的共享自习室。而许多人第一次认识共享自习室这个概念，正是在韩剧《请回答 1988》中。

而在中国，近年来，随着考研、考公人数的不断攀升，起初只传播到中国港台地区等沿海地区的共享自习室，在 2018 年前后，开始在全国范围内风靡了起来。

2023 年，全国考研报考人数达 474 万，创历年考研人数新高。考研人数激增，随之而来的就是对自习室的场地需求，因此共享自习室市场也在不断扩张中迎来新的盈利点，同时从一、二线城市扩展到三、四线城市，整个共享自习室市场持续下沉。

我的粉丝满满就在北京开了3家共享自习室。下面我们就来讲讲她的故事。

满满原来从事旅游行业，专门做海外定制游。新冠疫情出现之后旅游业受到影响，满满就一直在考虑发展一些其他生意。

满满开始接触共享自习室，是在2020年5月。满满最初只是想找一个可以灵活办公的场地，当时她找了很多家共享办公室，如WeWork、优客工场，大大小小不同的品牌。

其间，在一个创业园区，满满偶然看到了一家沿街的共享自习室。体验后满满发现共享自习室的整体功能和共享办公室非常相似，当时的共享办公室月租在2000元左右，但是共享自习室的价格只要共享办公室的1/3。

这是满满首次接触共享自习室的概念。其实，共享自习室这个行业发展已久，美团上能搜索到的最早的商家出现在2017年。然而当时的共享自习室大多开在写字楼里，尤其是在北京这种高房租的城市，引流完全依赖线上宣传。所以很多人如果不去特别了解，可能都没有听说过共享自习室。

此后满满又去体验了很多家不同的共享自习室，当时她发现在同一栋写字楼里能有四五家。由于价格更高的共享自习室只是提供了额外的茶水，满满经过一定的考量，选择了价格最低的那一家。因为在满满看来，有开水、卫生间就能满足消费需求。而且这家店里还有一个前台做管理，卫生也做得很干净，月卡只要400元。满满当时就觉得自己省了天大的一笔钱，能从商家手中以400元租到一个月的场地。

就这样，满满在这家共享自习室租了半年的时间，其间满满也发现了共享自习室行业的一些问题。

作为一个出租场地，共享自习室是一个整体利润非常单薄的行业。很少有共享自习室还付得起人工的成本，几乎所有共享自习室都会用无人管理的方式，共享自习室的门锁、台灯和小程序绑定。客人预约后拿到当天的密码自己开门。而多数小程序用的是二维码扫码或者活动密码的开门方式，满满有时候离开忘记带手机，回来的时候就会面临开不了门的窘境。

当时是 2020 年 8 月，小程序行业整体还不成熟。很多小程序界面没有设计，功能单一，还经常卡顿。

并且，有些共享自习室为了多做几个位置，会把桌子设计得很窄，放下电脑之后就放不下一本书了。共享自习室的桌位之间又有隔板，座位小了人与人就离得非常近，甚至能清楚听到隔壁桌的人耳机里放的音乐。

02
为刷夜而生

满满的父母都住在大学附近，满满发现当时的大学生都喜欢“刷夜”（夜里学习），但显然学校图书馆和寝室的环境都不太适合刷夜。其实这个时候，大学附近 3 公里内，已经有了 5 个共享自习室。这 5 个共享自习室里，离校园比较近的 2 家提供刷夜服务。

但是这 2 家共享自习室的位置都很尴尬，一家开在学校后门的钟表厂里，这里类似 20 世纪 80 年代留下来的老厂房，从学校过去的路上有很长一段都没有路灯，学生如果晚上去刷夜，走夜路非常不便。另外一家共享自习室开在城中村里，地处快要拆迁的平房中，环境极其脏乱差。

其余 3 家都距离大学校园很远，大学校区大多本就开设于郊区，晚上没有公交与地铁，更加不便的是这个大学周围没有共享单车，走路过去的话要耗费半个小时。

满满深觉这是一个机会，自己可以建立一个适合刷夜的共享自习室。

满满在大学的正门找到了一个商场，位于十字路口，楼下设有麦当劳、肯德基和其他一些 24 小时营业的餐厅、便利店。路口有警察亭，而且因为邻近商场，所以楼下的两个停车场整晚都会亮着灯，为走夜路的行人提供了充分的安全感。

不仅如此，该商场属于一个老商圈，2018 年，当地对沿街店铺整治过一次，导致商圈整体有些萧瑟。很多商家想当然地认为老商圈缺乏流量，都更倾向于那些靠近地铁口的位置。由于一开始周围连竞争者都没有，前期准备的过程非常简单，定下门面配置了合适的桌椅，满满只用了 3 周时间就把她的共享自习室开了起来。

03
拉满体验感

由于共享自习室创立的初衷就是抓住附近学生刷夜的需求，所以开业之后满满就特别关注刷夜客人的体验，给每个客人都提供毛毯和茶水。这样一来，体验感可以说是拉满了。

某天晚上来了一个刷夜的学生，因为新一批的毯子恰巧还在路上，所以满满就把自己的一条毛毯洗干净消毒给了他。之后满满还观察了客人留下来的茶水包装，买了这个学生同款的挂耳咖啡放在自习室的茶水间。

到了晚上，人往往就会很感性，稍多一点关心，客人就特别容易感动。这个学生随后来联系满满，表示自己是学校外联部的负责人，愿意免费为自习室发一篇公众号文章。借助这篇文章的宣传，满满做了一次朋友圈集赞免费体验活动。共享自习室前期的口碑就靠这些刷夜的学生一点点积累了起来。不到一个月的时间，共享自习室就客满了。

其实，满满的前期预算比较低，只想先试试水，检验一下自习室的经营模式。她并未做过多的装修，资金主要投入在桌椅、热水器等设备上。让我们来看一下她前期的投入情况。

表 2-5 满满的第一家共享自习室投入情况

项目	金额	具体情况
房租＋押金＋物业＋水电＋供暖＋网费……	0.38 万元 / 月	80 平方米，一共 27 个座位，三室＋卫生间 5 万元 / 年，半年付
装修（包括软装）	0.5 万元	—
设备	1.5 万元	桌椅＋空气净化器＋热水器……
前期投入	7 万元	—

再来盘一盘她的收入情况。

共享自习室有多种收费方式，有长期卡、小时卡、次卡，采用类似健身房卖卡的营收模式。当然，还有非常划算的 899 元的月卡。

共享自习室是在 4 月正式营业的，5、6 月就是大学的考试月，凭借之前的宣传，加上这一波旺季的流量，共享自习室在开业的第三个月就收回了成本。其间盈利最高的一个月，营业额达到 3 万元。因为大学在郊区，房租很低，所以整体而言这家共享自习室还是很赚钱的。

虽然很快时间就到了 7、8 月的暑假，只有一些零散的考研的学生还来光顾，但是在这种淡季，共享自习室平均一个月的营业额也有 1 万多元。

04
拷贝走了样

当时满满觉得共享自习室这个模式是能赚到钱的，自己完全可以开新的门店，而且第一家共享自习室开在郊区，且受众大多是学生，所以总体收费不高。满满当时认为，如果共享自习室开在更好的地段，虽然房租高了，但是收费也能跟着抬高，流水高了的条件下收益自然也水涨船高。

其实满满很早就预想过新店的选址，但是忙于管理第一家店，一直疏于去看铺面。等到满满去现场的那天，那栋写字楼里正好有家共享自习室开业了。满满不愿面对同行竞争的问题，立刻就放弃了原计划的选址。然而较好的地段，如大学旁的商场、地铁口等，都已经开了共享自习室。

最后满满在一家医院门口找到了一个门面，虽然距离附近的大学、商场、地铁口都有一定的距离，但是方圆几公里内没有其他共享自习室。当时满满还觉得医院里有大量来实习的医学生，或许自己还能另辟蹊径、剑走偏锋，踩中一波医考的流量。

因为新店的选址比较一般，人流量肯定不如大学那边的门店。满满就觉得自己要在其他方面做一些差异化。第一家店的筹备满满前后就花了 3 周时间，几乎没有装修，座位就是最基础的隔板桌。新店的装修，满满则在网上找了很多方案，最后做了一组洞穴式的墙面，类似胶囊旅馆。这种设计对施工师傅的技术和板材的质量要求都很高，在尽量压缩、节省成本的情况下，满满也花了 2 万多元的装修费。

我们来看看第二家店的成本。

表 2-6　满满的第二家共享自习室投入情况

项目	金额
房租 + 押金 + 物业 + 水电 + 供暖 + 网费	0.95 万元 / 月
装修	2.2 万元
设备	2.8 万元
前期投入	12 万元
第一年合计	约 18 万元

然而实际情况是，因为离大学较远，考证、考公、期末复习这样的流量都不存在，只有少部分职业考试和考研的流量。而且这家店是下半年开业的，医护类的考试集中在上半年，想象中来自医院的流量也屈指可数。

最大的危机还是房租问题。

新店的房租是之前的 3 倍，月卡却还是原来的价格。因为在市区的共享自习室已经饱和了，定价上也不像郊区那样可以自由控制。在郊区房租 3000 元 / 月，月卡能卖 800 多元，而市区房租上涨，月卡依旧只能卖 800 多元。第二家店要支付第一家店 3 倍的房租，但实际上根本无法卖到 3 倍的价格。到这时满满才明白，之前自己去体验的那家共享自习室，为什么明明开在朝阳区，月卡却只卖 400 元了。

共享自习室收入来源本来就非常单一，加之刚开业就遇上淡季，这家共享自习室经营状况就非常一般。而且，因为满满在这期间还开了第三家门店，自己难以从中抽身，就只能通过用兼职劳动抵半价月卡的方式，由一些光顾共享自习室的学生管理。学生都很负责，满满也想过给这些学生付工资，但是共享自习室的营收里已经再拿不出额外的钱开工资了。开业快 1

年，新店也没有收回成本。这一次，满满本想如法炮制，但却拷贝走了样。

05
不上不下

无独有偶，满满的第三家店和第二家的境况相差无几，现在 3 家店加起来流水在 6 万元左右，处于一个不上不下的状态，对于两家新店，满满一直在陆陆续续地投入。

满满表示："就是赚不到什么钱，可能和你回去老老实实打份工的工资差不多，甚至更少，但是又会觉得共享自习室这个生意细水长流，不会像炒股那样让你突然狠亏一笔，人就会犹犹豫豫，纠结是继续投入还是早日脱身。"

满满也尝试过给共享自习室增加其他营收渠道，她最先想到的就是我们曾提到的小程序。在满满刚入行的时候，小程序的造价还很高，两三千元的程序费用 + 嫁接设备插排，一套下来要 1 万多元，卖小程序的生意还是一片蓝海。因为满满自己会这方面的编程，所以共享自习室用的小程序是满满自己开发的。不同于当时市面上常见的扫码开门，满满的共享自习室用了人脸识别技术，更加方便。当时她省下了购买小程序的这笔钱，后来她就想到自己也可以向共享自习室商家卖小程序。

但是现在越来越多人加入共享自习室这个行业，小程序的市场也逐渐饱和，而且小程序就是一个一次性生意，只能卖给新的增量。并且共享自习室行业本身的门槛、成本都不高，能省下来的就都是利润，新入行的共享自习室店家都不接受小程序价格太高，所以现在一套小程序价格基本在 299/399 元。而使用的技术只是简单的扫码开门，毕竟大多数共享自习室商家也不在意更高端的人脸识别，便宜实用才是首选。

同时，个人开发与团队开发还是有一定差异的，后期更新、日常维护，分摊到团队成本更低，个人开发者无论从效率还是成本而言都难以比肩团队，后期如果需要技术升级，还要再花一笔不菲的费用。个人起家做小程序供应商可能还需要投入几十万元，才能在诸多软件公司中有竞争力，总体而言十分不划算。

如今的小程序市场里有一部分商家，本身是做职业培训，贩卖线上课程的，他们开发小程序售卖，就是用来植入网课等的广告的。而且做网课的这些公司本身就有工程师，用公司自己富余的生产力来制作和维护一个小程序，加上固有的销售团队，卖课打广告才是整个生意里真正的盈利点，小程序只是一个附带品，这样一来小程序的价格也就能压得更低了，个人卖家与之竞争是非常困难的。

所以满满卖小程序的路也走不通了。

此外，满满还想过将空间更大的房间用作自助瑜伽，还可以偶尔聘请老师来带操，其他时间也和共享自习室一样按时间出租。满满甚至都联系好了合作的瑜伽店，但是在这个计划正式实行前，该瑜伽店倒闭了。

共享自习室的淡旺季是由考试时间以及周围的受众决定的，考试集中的月份，共享自习室几乎是一桌难求，但是相应地，到了淡季，如果没有额外的盈利渠道，连房租都很难收回来。

共享自习室的盈利模式非常单一，就是出租场地、出租座位，收入是非常单薄的，所以共享自习室就得扩大面积增加收入，但与此同时就得承受更高的房租。而且共享自习室不像餐厅那样，不存在拼桌挤一挤的可能性，所以一个自习室可以提供的位置是非常有限的。

与健身房相比，同样卖月卡、卖年卡，共享自习室的客户，基本只要是买了卡的都会按时来使用，很少有健身年卡那样被荒废的情况。共享自习室的客户都非常自律。

此外，共享自习室有一个强烈的行业共性：整体性淡旺季。国内的考研、法考、考公等大型国考，笔试大多集中在下半年，在 10—12 月；部分考试面试集中在上半年的 4 月前后；中考、高考以及一些大学的考试多在 5、6 月。总体来看下半年的需求更高。

总体旺季：3—6 月、9—12 月

总体淡季：1—3 月、7—9 月

个体性淡旺季：取决于客群个性，选址不同，周围受众的需求不同

大学附近——

旺季：考研备考月、期末（6 月、12 月）

淡季：开学季（3 月、9 月）、寒暑假

居民区初中、小学附近——

旺季：寒暑假、中高考前（5、6 月）

办公楼（上班族午休、下班时间不稳定）——

旺季：工作日（上班前 1 小时、午休时间）

06
稀缺就是价值

最后，我们来复盘这个故事。

我始终认为做生意的本质是供给，供给量在于商业所能辐射的区域，并且这里说的供给应该是稀缺的供给，稀缺才能赚到大钱。

所以，不是在春熙路开奶茶店就能赚到钱，而是在春熙路最早开奶茶店的，才能赚到钱。当供给变得不稀缺时，再好的产品和服务也失去了价值。

在市区做生意和在郊区不一样，如同在大城市做生意和在小县城是不同的，我们可以明显感受到大城市的供应难度远高于其他地区，虽然它的需求多，但与之相应地，供给也多，这就决定了大城市竞争的高压。

大家不要认为去热闹的地区开店就一定是正确的，因为热闹并不是赚钱的本质，你的供给在这个区域是稀缺的，才是赚钱的本质。

随着越来越多的人加入共享自习室这个行业，很多城市的共享自习室市场其实已经趋于饱和，现在能够在共享自习室行业分得一杯羹的人，除房东外，主要有两类人：一类为较早入局共享自习室行业且熬死了同行的店家，他们通常具有选址优势，并且积累了比较稳定的客源；另一类则是把扫码解锁、扣款小程序卖给店家的人，他们除了收取租用费和维护费，还在小程序里植入网课广告、做宣传，卖课打广告才是他们生意里真正的盈利点。

倒卖二手自行车：抓住行业上升期，赚够第一桶金

没有一个生意可以脱离熵增定律。而专业的技能、该出手时就出手的勇气、耐住发财欲望守住底线的定力，以及及时调转方向的魄力，可以让我们在行业上升期中抓住可能改变一生的“曙光”。

01 了如指掌

据说现在的年轻人社交有三大件：自行车、飞盘和露营。

北京的长安街上，骑行队伍浩浩荡荡。有人骑着共享单车，有人骑着价值几万元的山地自行车，让人恍惚间“穿越”回 30 年前那个自行车“称霸街头”的年代。骑行潮的大火，让二手自行车一度堪比理财产品。闲鱼上，3 万元 / 辆的二手山地车比比皆是。

我们今天的故事来源于一位粉丝的投稿，这位粉丝讲述了他如何在读书期间凭借倒卖二手自行车赚到了人生的第一桶金——近 120 万元。

2011 年，共享经济尚未爆发，来自山东的石头被厦门大学录取了。

厦门，迄今都是国内数一数二的滨海旅游城市，政府在环岛沿岸修建了

很多条公路，让厦门成了众多骑行爱好者的天堂。当地人也爱骑行，吹着海风，以骑行迎接早晨或傍晚。

浓厚的骑行氛围，让石头也爱上了这项运动。当然，作为一名“不务正业”的大学生，除了骑行，石头还加入了各种各样的学生社团。一次偶然的机会，他加入了某项全球人才交换计划，意外收获了许多商业上的启蒙，这也为他之后的生意埋下了一颗种子。

因为骑行的频次很高，自行车难免出现一些故障。修理次数多了，维修费竟也成了一笔不小的开销。靠家里给生活费的他，只能开始自己摸索着维修，经常借修车之际，跟修车摊大爷讨教。日子一长，他竟把大爷的维修本事学了个七七八八。

因为对骑行的狂热，石头还愿意免费帮骑行圈内的人修车过过手瘾，这就大大提升了他对各种车型进行修理、维护、平衡调节的技术水平。不出小半年，他就可以在 20 分钟内把一堆零件组装成整车，就连只有骑行专业人士能感知到的微小的平衡问题，他也能够迎刃而解。在修车之余，石头也把二手自行车市场摸了个底朝天，练就了准确估价的本领。

渐渐地，骑行圈内的人传开了——有一个叫石头的人，对任何牌子及型号的车都了如指掌，想买车，就找他指导，估价误差在 10% 以内。

02
倒卖模式

那么，问题来了，对于骑行爱好者而言，自行车到底要拥有什么样的配置才足以成为灵魂伴侣？

山地自行车，300 元、500 元的，也能满足基本的骑行需求，但若是追求审美、追求配置、追求极限，那恐怕上万元也打不住。

作为一名在校大学生，石头因为囊中羞涩，无法买到自己心仪的山地车，于是开始留意各种赚钱的门道。机缘巧合之下，他发现厦门岛内与漳州地区有着巨大的物价差别，一辆车以 180 元从漳州收入，转手便可以 350

元在厦门岛内卖出。

于是他利用课余时间，运行着“漳州收——厦门岛内卖”的倒卖模式。

他经常在前一天收购两辆车，联络好卖家，第二天清晨 6 点从漳州出发，骑着一辆，右手把着一辆，经 30 分钟，骑行至漳州港码头，乘坐货运船至厦门岛码头，再骑行 20 分钟到达交易地点。完成交易后，乘坐公交车回到厦门岛码头，然后乘坐客运轮渡回到漳州，再乘坐漳州的公交车返校。

若是遇上休息日，一天可来回两地三四次。到了暑假，石头也没有返回山东老家，而是留校继续倒卖。不下雨的日子里，他每天的行程都安排得满满当当。仅 7 月份这一个月，他就赚了 2 万余元。而当时厦门月均工资才 4377 元，石头赚的这笔钱，5 倍于当时一名普通职工的月收入。

看到自己银行账户里的数字嗖嗖上涨，石头感到难以置信。深夜 12 点，他骑着靠自己的能力新置换的二手山地车在中山路上飞驰，他记得那一夜的满天繁星，耳边的风吹得聒噪。

03
塞翁失马

生活总是在冥冥之中保持平衡，刚刚赚到第一桶金的石头怎么也没有想到，即将面对的是一次身心与金钱的双重重创。

有一次，石头偶然瞄到某家不熟悉的车行的角落里，有一辆配色和造型都很眼熟的车，车架号被抹除，售价仅为 1800 元。

石头心中清楚，这辆车的新车市场价接近 1 万元，而卖得这么便宜，多半是因为这是辆黑车。虽然觉得有风险，但他还是不假思索地收了这辆车。简单维修后，不出 3 天，这辆车就以 6600 元的二手价在厦门岛内售出了。

这次的捡漏，让石头觉得自己“术业有专攻”，是自己应得的。还没高兴多久，他就接到这家车行老板的电话，说有 30 辆二手车想批发出去。石头想着，不如趁此机会干票大的，顺便尝试一下批发进货模式。

他与车行老板的沟通十分顺畅，在支付了小 1 万元货款后，30 辆二手自行车被送到了石头指定的地点。当晚，天下了小雨。为了避免部件生锈影响售卖，石头拿着塑料布赶去那边，想着给车子遮一下雨。抵达后他发现，30 辆车已经不见踪影，只有一地被钳断的车锁。

凌晨，在警局做完笔录，石头彻夜无眠。

由于打击过大，石头一度萌生了放弃做这个生意的念头。但好在骑行圈内经常有同好向他问起某款型号的车或者零件，这给了他坚持下去的动力。很久以后，他才知晓这个圈子的内幕，当年偷车的事，大概率正是他当初买货的车行做的手脚。

原来，那时候路上监控还没那么多，圈子里乱象也多。有些会收黑车的黑车行，跟扒手和小偷都有联络，他们把车卖给一些外地买家或者初入车行的“冤大头”，然后派人紧盯车辆走向，再伺机偷回来，抹去车架号后再次售卖……

这次的“翻车”事件，也让石头坚定了从此以后只做正规生意，坚守底线，绝不再触碰灰产、黑产。

在之后的生意中，石头曾经多次遇到涉及灰色、黑色地带的情况，比如，跟卖家约谈好一辆车，两人同城线下见面时发现，实际的车辆跟照片完全不符，根本就是另一辆车，并且车架号也被抹去，卖家会拙劣地掩饰说自己不会拍照，所以使用了网图。这种情况，石头心知肚明。因此，即便这辆车价格明显低于市场价，他也是绝对不敢出手收购的。

2013 年下半年，石头大二下半学期，公安部门开始打击自行车市场乱象。石头目睹了当初卖他 30 辆车的车行老板被押送走的过程。而石头因为一直坚持自己的底线，并没有被卷入这场突击的“行业洗牌”。年轻的石头深深感到，塞翁失马焉知非福，自己失了蝇头小利，却换来了正道和内心的安宁。

04
抓大放小

由于长期奔波于漳州与厦门之间，不仅消耗了大量时间，石头还肉眼可见地瘦了 30 斤。于是他决定放弃原来的倒卖二手低端车的生意，只在厦门岛内做二手中高端车生意，一来节省精力不必费时折返，二来买中高端车的客户一般都是真正的骑行爱好者，素质好、更识货，后续的维护保养需求更多，复购率也更高。

再者，石头算了一笔账：改做二手中高端山地自行车的生意后，只要平均完成 3 单 / 天，一个月差不多就可以净赚 3 万元。

2013 年初，油压碟刹开始在国内流行。这是一种新式的自行车刹车组件，相较于传统刹车，它的制动效果好，手感舒适，保养维护方便。各大品牌纷纷开始推出带有油压碟刹的整车，但基本价格都是 2500 元起步。

对于一个刚兴起的配件，大家更多只是想体验一把，尝个新鲜，很少有车行会考虑如何安装这个零部件以使整车达到一个平衡状态。于是石头灵机一动，仅用 1200 元的成本，组装出了带油压碟刹的组装车，并且保持了各配件均衡。在组装车的造型方面，他的车配色大胆，造型复古，颇受骑友们喜爱，可以轻松地以 1900 元左右的价格售出。

甚至到了后期，由于销量太好，单靠石头自己已经忙不过来了，因此他还聘请了之前那个修车摊大爷，组装一辆给 50 元的辛苦费。

那段时间，石头的生意很好，非节假日，每天可以卖出 3~5 辆组装车，节假日可以翻番，他的平均月收入达到了 6 万元。

在这个过程中，石头还发现过一个巨大的“发家”商机：每一届本科生和硕士生的毕业季，校园区域都会出现大量的滞留自行车，日积月累，学校还需要花钱从校园外雇用第三方人员进行搬运清理。如果能够跟校方谈妥，将会有一大笔进账。可惜石头当时还需要精进学业，便放弃了这条“致富”线索。

回顾整个创业过程，石头坚信，自己抓住组装车的“大块面”，放掉滞留车的“小分支”，这套抓大放小的取舍打法是得当的。

05
生命周期

然而，有这样一句诗——时来天地皆同力，运去英雄不自由。英雄如此，行业亦如此。

石头采用组装车模式盈利后，又持续经营了比较长的时间，其间也有其他商家进入组装车市场尝试分一杯羹的，但并没有对石头的生意产生实质性的威胁。因为市场上的大部分商家，都以赚钱为最终导向，流行什么就跟风进什么货，并没有像石头这样拥有对于山地车的钻研精神和骑行玩咖的审美。而石头，则是基于对二手山地车的热爱，从外观、平衡感去匹配合适的价格，才使得他的车销量蒸蒸日上，依然保持着每个月 4 万元左右的净利润。

直至共享经济爆发，共享单车雨后春笋般出现在厦门的每个角落。加上咸鱼 App 的出现，让倒卖二手自行车的“二道贩子”生意愈发难做。

石头说：“虽然骑共享单车的人跟玩高端山地车的人并不一定是同一类人，但肯定有重合，生意虽然还能做，但接着搞下去可能会跟同行恶性竞争。”因此，临近毕业，石头逐渐减少了投入在组装二手车上的精力，并最终停止了这个生意。

每一种商业模式都有自身的生命周期，石头很好地抓住了组装车模式的风口，在这个周期中利用课余时间获取了可观的利润。据石头统计，通过以上 3 种运营模式，他累计获取了接近 120 万元的利润，赚到了人生的第一桶金。大学毕业后，石头将一部分资金用来支付去国外留学的费用，他读研的专业正是金融。

现在，回国后的石头从事着高薪的金融工作，并且利用业余时间，当着一名山地自行车旅拍博主，继续着他的骑行爱好。

任何行业都有自身的周期性，没有一个生意可以脱离熵增定律。而专业的技能、该出手时就出手的勇气、耐住发财欲望守住底线的定力，以及及时调转方向的魄力，可以让我们在行业上升期中抓住可能改变一生的“曙光”。

后记

感谢我的粉丝和朋友们真诚分享了他们的开店创业故事。如果你不是倒着读这本书的话，现在应该已经沉浸式地感受了几十个创业故事中创业者的辛酸和不易了。

我想，如果你看完了，还是对创业跃跃欲试的话，那你一定是天选创业者了。

在我记录这些故事的过程中，我经常想起自己过去十年的奋斗。我认为奋斗本身就是奋斗者的酬劳。哪怕如今比起十年前，无论是创业机会还是舆论上，人们仿佛都不再那么相信奋斗改变命运了。但我固执地相信，奋斗有其魅力所在。当然，我捍卫每一个人自己的想法和价值观。

这本书不仅是关于开店创业的，我想，故事里的每一个人，在他全神贯注于自己的事业时，便拥有了他自己最好的生命注脚和生活方式。

愿你，拥有自己的事业。

愿你，在生命的旅途中发现自己的使命和人生意义。

愿你，每一天都过得充实。